産業・組織心理学講座

第2巻

PSYCHOLOGY FOR DECENT WORK
UNDERSTANDING MEANINGFUL APPROACHES TO WORK

Japanese Association of Industrial/Organizational Psychology

人を活かす
心理学

仕事・職場の豊かな働き方を探る

産業・組織心理学会
[企画]

小野 公一
[編]

北大路書房

はじめに

　本書は産業・組織心理学会設立35周年を記念して編まれた講座（全5巻）の第2巻である。本書は，講座の専門編にあたり，産業・組織心理学の中でも人事心理学のさまざまな分野を専門とする研究者が，一方では，各領域を俯瞰し歴史的な展開を見据えながら，一方では，自分の関心に沿って今日的な視点から，書き下ろしたものである。その意味で，各章の性格によって，そのどちらに重心を置くかは異なる。

　本書の構成は8章からなり，第1章「人事心理学」は，人事・労務管理の生成と並行した産業心理学の展開など歴史的な展開と人事心理学の内容全般を俯瞰したものである。第2章から第5章までは，いわゆる人事管理と呼ばれる人の採用から退職に至るまでの管理の流れに沿って展開しており，第8章はそれらと密接に関わる法律の視点から見たものである。第6章と第7章は，働く人々の社会的環境や感情などに関わる章で人間関係管理と呼ばれることが多い領域を扱っている。

　この巻で扱うさまざまなテーマは，企業経営の実践，とりわけ人的資源管理や人事管理，労務管理（以下，第1巻に従って人事・労務管理という）といわれる機能と極めて密接な関係を持ち，多くの施策が，相互に関連し合いながら，1つの企業の人事・労務管理として機能しているため，本書でも，記述の重複は避けられなかったことを，あらかじめお断りしておきたい。

　本書が，企業の人事部門の担当者や管理・監督者として働く人々の管理に当たられている読者の共感を呼んだり，企業と人との接点に興味を持っている研究者やその予備軍として研究を志している読者の関心に応えられたりするものであることを，そして，さまざまな組織に属している読者が，日々の活動との接点で何かしら得るものがあるものとなることを心から願っている。

第2巻編者　小野公一

iii

目　次

産業・組織心理学会設立 35 周年記念講座　刊行の言葉　　*i*
編集委員一覧　　*ii*
はじめに　　*iii*

第 1 章　人事心理学 ………………………………………………………… 1

第 1 節　人事心理学の歴史的展開　　*2*
　　　　1.　科学的管理法
　　　　2.　人間関係論
　　　　3.　産業・組織心理学へ
　　　　4.　日本での展開
第 2 節　人事心理学　　*11*
　　　　1.　人事心理学とは
　　　　2.　人事心理学の出発点としての差異心理学
第 3 節　人事心理学と人事・労務管理　　*17*
　　　　1.　人事・労務管理への貢献
　　　　2.　能率と職業適性

第 2 章　募集・採用と処遇 …………………………………………… 21

第 1 節　職務分析　　*22*
第 2 節　採用モデル：職務本位の採用モデルと人本位の採用モデル　　*24*
第 3 節　採用選考に用いられる測定ツール　　*27*
　　　　1.　一般知的能力検査

v

2. 性格検査
3. 採用面接
4. 新たな測定ツール
第4節　報酬制度と組織戦略　*35*
1. 報酬制度に関する研究のはじまり
2. 組織戦略と報酬制度
3. 報酬制度と動機づけ
4. 日本型成果主義
第5節　高齢者就労と退職　*42*
1. 退職と適応
2. ブリッジ就労・セカンドキャリア
3. 日本の高齢者雇用

第3章　雇用の多様化とワーク・ファミリー・コンフリクト ……………47

第1節　雇用の多様化：非正規雇用　*48*
1. 非正規雇用とは
2. 非正規雇用の現状
3. 非正規雇用の問題点
4. 非正規雇用への対応策
5. 非正規労働者の正社員登用の効果
第2節　マイノリティ労働者　*54*
1. 高年齢者の雇用
2. 外国人労働者の雇用
3. ブラック企業
4. グローバル化と高度外国人材
第3節　ワーク・ファミリー・コンフリクト　*68*
1. ワーク・ファミリー・コンフリクトとは
2. 役割間葛藤
3. スピルオーバー
4. ワーク・ファミリー・コンフリクトの3形態
5. ワーク・ファミリー・コンフリクトの2方向性
6. ワーク・ファミリー・コンフリクト経験の男女差
7. ワーク・ファミリー・エンリッチメント
8. ワーク・ファミリー・コンフリクト緩和のための支援

目　次

第4章　人事評価 ·· 77

第1節　人事評価の定義　*77*

第2節　評価目的　*78*

第3節　評価要素　*79*

 1.　評価要素の一元論・多元論

 2.　アメリカにおける一般的な評価要素

 3.　日本における一般的な評価要素

第4節　評価方法　*84*

 1.　相対評価と尺度

 2.　絶対評価と尺度

 3.　目標管理

 4.　尺度の妥当性・信頼性

第5節　評価制度の運用　*93*

 1.　納得性を高める工夫

 2.　評価者訓練と評価エラー

第6節　アセスメント　*96*

COLUMN　人事評価：アメリカの動向　*100*

第5章　人材開発とキャリア発達 ····················· 101

第1節　人材開発　*101*

 1.　人材開発の目的

 2.　企業経営と人材開発

 3.　能力の3階層モデル

 4.　人材開発の方法

第2節　キャリア発達　*108*

 1.　キャリアとは

 2.　キャリア発達関連理論・アプローチ

 3.　キャリアをデザインする

 4.　キャリア研究の視点の変化

第3節　人材開発施策とキャリア発達　*122*

 1.　人の発達に合わせて実施される階層別研修

 2.　キャリア発達の機会となる昇進昇格試験

vii

3. 部下育成計画の策定と指導の実践
4. コミュニケーション・ツールとしての目標管理制度
5. 主体性を尊重し推奨する各種制度

第6章 職場の人間関係と人間関係管理 ……………………………………… 127

第1節 組織の人間関係と現状　*128*
第2節 チームの人間関係とコミュニケーション　*129*
第3節 チームにおける人間関係の2側面と特徴　*130*
　　1. タテの関係性とLMX理論
　　2. ヨコの関係性
　　3. 関係性の広がり：ネットワーク
第4節 人間関係管理　*141*
　　1. 「組織」による支援や取り組み
　　2. 「上司」の役割
　　3. 関係性の構築
　　4. 「部下」の役割

第7章 仕事の意味と快適な仕事：well-beingとディーセントワーク… 149

第1節 働く人々のニーズ　*150*
　　1. 調査結果に見る働く人々のニーズ
　　2. 人間観の変遷と仕事の意味
第2節 職務満足感　*157*
第3節 快適な職場：well-beingとディーセントワーク　*165*
　　1. 快適な仕事づくり：職務設計と人間性疎外
　　2. 快適性の意味
　　3. QWLとディーセントワークへの展開

目　次

第8章　人事心理学と法制度 ……………………………………… 173

第1節　長時間労働と法：いわゆる過労死問題　*173*
　　　1.　過労死問題の提起
　　　2.　法制度と過労死
　　　3.　人事心理学との関連

第2節　人事考課における法と人事心理学　*177*
　　　1.　裁判例に見る人事考課
　　　2.　人事考課の法的分析
　　　3.　手続き的公正と人事考課

第3節　労働時間法制と人事心理学　*180*
　　　1.　労働時間法制の考え方
　　　2.　労働基準法の改正：変形労働時間制とみなし労働時間制
　　　3.　労働時間の裁量と人事心理学
　　　4.　高度プロフェッショナル制度

第4節　ハラスメントと法制度　*185*
　　　1.　セクシュアルハラスメント
　　　2.　パワーハラスメント
　　　3.　その他の「ハラスメント」

第5節　個別労働紛争解決と人事心理学　*192*
　　　1.　個労紛法の概要
　　　2.　あっせんに至る手続き
　　　3.　あっせんの実際
　　　4.　あっせんの展開：ラポールの形成
　　　5.　「自主的解決」への示唆

文　献　*199*
索　引　*217*

ix

第1章 人事心理学

　産業心理学の祖ともいわれるミュンスターバーグ（Münsterberg, 1913）は『心理学と産業効率』の中で，「精神技術学」と称した自身の研究を，①最適な人材を選抜すること（The Best Possible Man），②最良の仕事を見出すこと（The Best Possible Work），③最高の効果を上げること（The Best Possible Effect），という3つの分野に分けて記述した。

　その上で，①の最適な人材を選抜することに関しては，職業と適性，職業指導と科学的管理法，必要な実験心理学的方法，個人と集団，適性研究の応用事例を，②の最良の仕事を見出すことでは，学習と訓練，心的条件への物的条件の適合化，動作の経済，単調・注意・疲労などの現象，労働力に及ぼす物的・社会的影響の問題を，③の最高の効果を上げることでは，経済的要求の充足，広告・陳列の効果，購買と販売の活動，宣伝・広告の不法な模倣行為の事例を，研究テーマとしてあげている。これらミュンスターバーグの3つの分類は，それぞれ人事心理学，人間工学（作業心理学）および市場心理学に対応している（岡村，2003）。

　本章では，第2巻の理解を促進するためにミュンスターバーグの分類による「人事心理学」の歴史的な展開に重点を置き，産業心理学を受けて展開した産業・組織心理学と人事・労務管理論（人的資源管理論）との関連について紹介する。

■ 第1節 ■

人事心理学の歴史的展開

　馬場（1983）は，以下のように，産業心理学には大きく分けて3つの流れがあると述べた。

　第1は，個人差に注目した差異心理学の流れをくむ人事心理学である。人事心理学は，「人びとのもつ能力や性格などの差異に着目し，ある仕事に最もよく適した人びとを選抜し，指導することを主たる研究対象」とし，各種の心理検査や適性検査を活用し，それら検査得点と実務での成績との関係を見出すことで，有効性を立証しようとしてきた。今日では，職務分析，各種検査の開発，適性配置，人事考課，教育訓練などが中心的課題となっている。

　第2は，「実験心理学的研究から発展してきた『人間工学』の領域」で，「人間工学の主要な関心は，職務に合った人材を見出すよりも，むしろ，いかに職務をすべての人びとに適合させうるかという点にある」とする。

　第3は，産業社会心理学であるとし，「メイヨーらのホーソン実験を契機とした多くの研究によって，集団のもつ力，社会的動機づけなどの重要性」が高まり，人間関係，動機づけ，モラール，リーダーシップ，コミュニケーションなどが中心的課題であると述べた。

　さらに，1950年代以降の第4の流れとして，マーケティング心理学を取り上げ，市場調査，宣伝・広告，消費者の行動などがその中心的課題であると述べた。前述したミュンスターバーグの3つの分類でいえば，第1の流れは人事心理学，第2は人間工学（作業心理学），第4は市場心理学に対応するだろう。これらに対して馬場のいう第3の流れは，本シリーズの第3巻で扱われる組織心理学や組織行動の研究領域の主要な部分であり，人事・労務管理の視点からは人間関係論・人間関係管理の主要な研究領域でもある。

　ここでは，人事心理学研究に影響を与えた科学的管理法と人間関係論についてみていく。

第1章　人事心理学

1. 科学的管理法

　ギルブレス夫妻（Lillian Gilbreth & Frank Gilbreth）による動作研究（motion study）やテイラー（Taylor, F. W.）の課業管理（task management）は，「職務に合った人材を見出すよりも，むしろ，いかに職務をすべての人びとに適合させうるか」に焦点を当てた人間工学（作業心理学）とともに，人事心理学へも大きな影響を与えた（岡村，2003；馬場，2005）。ここでは，島（1979），百田（1991），鈴木（2004）および岩出（2005）をもとに，科学的管理法の概要を紹介する。

（1）動作研究
　ギルブレス夫妻は，作業を構成する基本的な要素となる動作（motion）を記号化し（浅井，1969），それらをサーブリッグ（Therblig：ギルブレスの綴りを逆から読んだものである）と呼んだ。1915年にフランク・ギルブレスが考案した際の動作は16種類であったが，レンガ積み作業の動作研究などを通じて18種類の基本要素を定め，それらを次の3つに分類した。
　第1の分類は，作業に必要な，主に上肢で行う8動作（延ばす・掴む・運ぶ・放す・位置を決める・使用する・組み立てる・分解する）である。第2の分類は，探す・選ぶ・調べる・考える・用意するといった主に感覚器官や頭脳で行い作業を遅らせる動作である。第3の分類は，作業には不必要な，見出す・つかみ続ける・避け得ぬ遅れ・避け得る遅れ・休むの5つの動作である。
　動作研究は，作業工程を，手や目の動き，移動，思考時間などに分類・分析することによって，無駄な動きをなくし，労働者の疲労を軽減するとともに経済合理性のある標準的な動作を確立するものである（鈴木，2004）。

（2）課業管理と時間研究
　19世紀末のアメリカで，労働力の効率的な利用を目指す能率増進運動が展開される中，企業の賃率引下げに対抗するための労働者の手段であった組織的怠業を抑止する試みがテイラーの課業管理であった。
　課業管理とは，①1日あたりの課業（標準作業量），②標準的な諸条件，

3

③標準作業量を達成した場合の高賃金，④標準作業量に満たなかった場合の低賃金，の4要件に基づく労働能率向上のための取り組みである。

　テイラーは，上記4要件を設定するために，熟練労働者を対象とした動作研究および時間研究（time study）を行い，その結果をもとに，一日あたりの標準作業量と能率的な作業方法の決定，標準作業量を達成するために必要な工具や作業条件の整備を行った。テイラーの時間研究は，金属切削の研究を基礎とする。金属切削の作業を，各要素まで分解してその作業を測定することによって，金属切削の効果を確認したのである。当初は作業時間の記録であったものから，熟練の機械工による実験を通して誤った動作や不必要な動作を発見する中で，標準作業量を設定する時間研究へと発展させていったのである。（島，1979）。その上で，標準作業量を達成した労働者に対してはインセンティブとして高い賃率で，標準作業量を達成できなかった場合は低い賃率で支払う差別的出来高給制度を導入した。これら一連の取り組みによって，労働者の組織的怠業は抑制され，生産性とワーク・モチベーションの向上がみられた。

　課業管理を含めたテイラーによる能率改善の一連の取り組みとしての管理方式は，1910年の東部鉄道運賃事件を契機に，科学的管理法として統一された（山本，1969；上野，1929）。科学的管理法による取り組みは，多くの工場で導入され成果をあげた一方で，「労働者を機械視し，機械の付属物としてしか考えていない」ことや「労働者の動機づけを過度に金銭的インセンティブにもとめる姿勢」などが批判された（岩出，2005）。

　上野（1929）は，科学的管理法の根本思想を，①公平な一日分の仕事高（差別出来高払いや標準時間に関連），②作業その他の標準化（標準作業量に関連した動作研究・時間研究や工具の訓練，工具の標準化や計画部の設置などを含む），③分任工長制度，④管理の役目に関する4原則（前記3点のまとめ）に整理した。

　岩出（2005）によれば，ミュンスターバーグをはじめとした当時の産業心理学者は，そのような科学的管理法の労働者観（合理的経済人観）を修正するとともに，科学的管理法で用いられた手続きや技法に改善を加えていった。たとえば，差異心理学の立場からは「労働者の個人差を前提とする労働者の能力と

職務の適合性が強調」され，実験心理学の立場からは「動作研究・疲労研究・選抜・訓練などの諸問題に対し，より科学的な分析方法の開発」が見られたのである。

2. 人間関係論

　1924年から1932年にかけて，シカゴのウェスタン・エレクトリック社ホーソン工場で行われたメイヨーらの実験は，集団の力や社会的動機づけが注目されるきっかけとなる実験であった。以下，メイヨー（Mayo, 1933）の他，ブラウン（Brown, 1954/1955），角（1973）および鈴木（2004）をもとにホーソン工場で行われた実験を概観する。

　ホーソン工場では，1924年から照明が作業に及ぼす影響を調査する目的で実験が行われた。その実験では，対象群は実験期間を通じて徐々に照度が上げられたが，統制群の照度は一定に据え置かれた。対象群の生産高は想定通り上昇したが，統制群の生産高も上昇した。その結果を受けて，対象群の照明は徐々に下げられたが，それでも生産高は依然として増加し続けるという想定外の結果になった（Brown, 1954/ 邦訳書 1955）。

　この照明実験の結果を受けて，メイヨーらは1927年から1932年にかけて3段階の実験を行った。第1は，電話継電器（Relay）組立作業において，休憩時間の長短と生産能率の関係を明らかにしようとしたものである。5名の女子作業員を対象に，1927年4月から1932年8月まで実験が行われた。作業室は通常の作業状態と変わらず，かつ作業を強制されることもなかったが，室内の温度，湿度，作業員の食事量，睡眠時間，作業態度などの条件は詳細にチェックされた。作業内容は，コイルや絶縁体など約40種類の部品を1つの器具（継電器）に組み立てる反復作業である。所要時間および品質なども記録される5年にわたる実験の主たる目的は，作業途中の休憩時間の回数およびその長短が生産能率にどのような影響を与えるかを明らかにすることであった。作業時間が短くなると単位時間あたりの生産能率は高まったが，その後，標準作業時間に戻しても生産能率は高いままであったことから，生産能率には，従業員のモラール，態度，感情などが影響していると考えられた。

第2は，1928年9月から1930年3月にかけて行われた全従業員に対する面接調査である。作業や待遇についてどのように感じているか，会社の方針についてどう考えているか等が質問された。最終的に約21,000名分のデータが集められ，それらを分析した結果，従業員の行動は彼ら自身の態度，感情や信念から離れて理解することはできず，その態度や感情は職場の中の人間関係や仲間集団の状況抜きには理解できないと考えられた。なお，副次的効果として，従業員は，面接調査を通じて意見を自由に述べる機会を与えられたことによる「感情的な解放」（Mayo, 1933/ 邦訳書 1967）を得ることができた。

第3は，1931年11月から1932年5月に行われたバンク（配電盤）捲線作業観察である。配線（捲線）工9名，ハンダ（溶接）工3名，検査工2名のグループによる組立作業が観察された。電話継電器組立作業実験のように，集団出来高払制が採用されたため，集団の生産高によって各人の受け取る給与額は変動する。生産高は各作業員の知能程度や職業適性などの個人的資質の影響を受けると予想したため，事前に標準知能テスト（otis examination）と器用さを評価するための溶接試験とが行われた。しかしながら，知能指数と生産高，器用さと生産高との間に直接的な関係は見られなかったことから，研究の焦点は，作業集団内の人間関係の構造（社会的関係）に移行した。その結果，従業員は会社の定めた公式集団（formal group）の規律だけでなく，非公式集団（informal group）の統制力にも動かされるものであることが明らかになった（角，1973）。

これら一連の実験に基づく理論的成果である人間関係論は，職場の制度や人事・労務管理の内容に以下のような影響を与えることになる（岩出，2005）。

第1に，仕事は集団行動であるということである。作業集団である職場では，監督者と作業者の人間関係や，監督者のリーダーシップが重要であることから，監督者のリーダーシップやコミュニケーションのスキルなどへの関心を高めた。また，科学的管理法などでは賃金インセンティブは個人単位であることを前提としていたが，集団内の協力促進が動機づけ要因であるとして集団インセンティブが強調されるようになった。

第2に，作業条件よりも，承認や受容などの人間的な欲求が従業員のモラールや生産性の決定因として重要であるということである。人間的な欲求の理解

と欲求の充足による動機づけが監督者訓練の内容として注目されることになった。

第3に，非公式集団は従業員の作業習慣や態度に大きく影響を与えるということである。職場集団内における集団規範（group norm）は人事・労務管理における人事諸政策の有効性を左右する。

最後に，非公式集団は，集団の安定を求めて結束力を高めるということである。これは，非公式集団は変化を快く思わず，変化に対して抵抗を示すということにもつながる。

上記を踏まえ，岩出（2005）は，人間関係論は，労働者を「感情をもつ人間，しかも社会集団の一員として極めて集団帰属欲求の強い『社会的存在』（social beings）とする新たな労働者観にもとづき，従業員モラールの形成，職場の協力関係やチームワーク形成の生産能率向上への意義を強調し，従業員の労働意思への接近の重要性を喚起させた点で大きな意味を持つ」ものとなったと述べた。

3. 産業・組織心理学へ

応用心理学の一領域として発達してきた産業心理学は，心理学を産業の諸問題の解決のために応用しようとするものである。ヴィテルス（Viteles, 1923）は，心理学や生理学が労働問題の解決のために実際に科学的に応用され始めたのは，1880年頃から1900年頃にかけてであると述べた。また，角（1973）は，「経済生活の諸問題に対する心理学的な研究」である経済心理学および「文化的な課題の解決に役立たせるように心理学を実際的に応用しようとする」精神技術学は，産業心理学の発展の礎石となったとする。

ティフィンとマコーミック（Tiffin & McCormick, 1965/ 邦訳書 1980）は，およそ100年の間に，アメリカ経済は「本質的に農業的で，手工業的であった段階から，高度に工業化された段階に」変わったこと，「技術的変化と，それに伴う製造，サービス，輸送，行政やその他の組織の発達は，生産の人間的側面や，商品やサービスの使用に対して，さらにそれに伴う人間問題に対して，深刻な影響を与えてきた」と述べた。そして，「職員の採用選択と訓練，作業

活動の監督，効果的な企業への人々の組織化，作業グループにおける人々の社会的相互作用，作業に含まれている刺激（金銭的その他の），人間価値システムへの包含，望ましい作業条件の創設，人間によって効果的に利用できる機器やその他の設備の設計，労使関係，技術的失業という怪物，商品やサービスの使用において，消費者としての役割を持つことにより産業によって人に課せられる影響関係，および産業組織や流通組織の広告活動，販売活動の影響」などをあげ，このような経済における主要な変化を背景として産業心理学は発達してきたとする。

　さらに彼らは，「産業における種々な人間問題の重要性の変動と，研究調査の方法が新しくなり，改良されてきたこと」によって産業心理学が取り扱う重点課題が変化したことも指摘した。初期から 1940 年代頃までの産業心理学は，従業員選考と配置，そのための心理検査の開発と利用に主たる関心が向けられていたが，1940 年代後半以降は人間関係面に著しい関心が向けられたとし，具体的には「グループの相互作用，監督とリーダーシップのプロセス，コミュニケーションのプロセス，従業員の態度とモラール」などをあげた。

　角（1973）も，初期の産業心理学者たちは「組織や集団そのものについてはほとんど関心を示す」ことがなかったが，ホーソン実験以降，「労働集団内に一定の規範」が存在すること，それが「集団の目標達成に重要」であると判明したことから，産業心理学者たちも「単に個人の行動のみではなく次第に集団行動」や組織の問題に注目するようになった。つまり，「組織における個人の行動を理解するためには，全般的な体系としての組織そのものの研究の重要性が認識され始め」，組織問題を心理学的に究明しようとしたことを契機として組織心理学が誕生することになったと述べる一方で，組織心理学者がその解決の対象とするべき組織の心理学的問題は，産業心理学の扱うものと大差はないとした。

　シャイン（Schien, 1965/ 邦訳書 1966）は，個人志向的な産業心理学から集団・社会体系志向的な組織心理学へと発展したいくつかの要因をあげるとともに，「組織内の個人の行動をつっこんで研究すればするほど『組織は複雑な社会的体系であって，個人の行動を真に理解するためには，組織を全体系として研究しなければならない』ことが次第に明らかになった」ために，組織心理学

が誕生したのであると述べている。さらに、「募集、テスト、選抜、訓練、職務分析、諸刺激、作業条件といった伝統的な問題を、全体としての組織という社会的体系と相互に関連し合い、それと密接に結びついたものとして取り扱うこと」、「組織を体系として考えることから生ずる一連の新しい問題に関心を寄せはじめたという2点で、1940年以前の産業心理学者とは異なる」と述べた。

また、岡村（1994, 2012）は、組織内で働く人びとや組織に関係ある人びとの行動に関しては、従来は産業社会心理学が主として取り上げてきたが、組織心理学において、組織内の個々人の仕事への動機づけを中心的なテーマとするようになったと述べている。組織心理学の主な研究課題として、「組織構造の問題、組織と成員の相互作用、組織と環境の相互作用、組織環境のコミュニケーション、組織におけるコンフリクト、組織における意思決定、組織の有効性、組織におけるいきがい、人間疎外など」をあげた。なお、正田（1992）は、組織心理学は、伝統的な産業心理学への批判という形を取ったと述べている。

1970年にアメリカ心理学会（APA）は、第14部門の「産業心理学」の名称を「産業・組織心理学」へと変更した。岡村（2003）は、ダネット（Dunnette, M. D.）が「産業・組織心理学は、一方では伝統的な人事心理学の研究を積み重ねながら、他方において、全体としての組織への関心とその研究がますます盛んに」なったと述べたように、今日の産業・組織心理学は、産業心理学で研究されてきた領域も含め、人事心理学、組織心理学（組織行動）、作業心理学（人間工学）、消費者心理学を研究の中心課題としていると述べている。

4. 日本での展開

産業心理学に関する専門書は、それほど時をおかずに日本でも翻訳され出版されてきた。たとえば、テイラーの『科学的管理法』は2年後の1913年に、ミュンスターバーグの『心理学と産業能率』（ドイツ版1912年：英語版1913年）も1915年に出版されている。海外の研究成果の入手がそれほど容易ではなかった時代において、上記著書を含めた知見を積極的に取り入れたこともあり、1916年頃から日本でも労働時間や疲労に関する調査が行われ、能率増進運動が積極的に展開されていった。

能率増進運動に関連する調査研究を推進したのは上野陽一である。上野は，1922年に協調会（第一次世界大戦後に，急激に高まった労働運動に対処するため，床次竹二郎，徳川家達，渋沢栄一らが発起人となって1919年に設立された半官半民の調査団体）内に設立された産業能率研究所の所長を務めた。逓信省の電信局・電話局・貯金局・保険局などで労働時間や疲労の調査が行われ，作業改善を試みた能率増進運動は，上記現業官庁の他に，三菱造船所，新潟鉄工所，鐘淵紡績（後のカネボウ），福助足袋，小林商店（現：ライオン）などの民間にも広まっていった。1925年3月に協調会内の産業能率研究所は廃止されたが，翌4月から日本産業能率研究所として再出発した（増田，1932：正田，1992：岡村，2003：鈴木，2004）。

産業能率研究所と同時期の1921年7月に，倉敷労働科学研究所（現：財団法人労働科学研究所）が設立された。倉敷労働科学研究所は，倉敷紡績社長の大原孫三郎が資金提供し設立した労働問題解決のための研究機関である大原社会問題研究所内に，社会衛生研究のための部門として設置された。倉敷労働科学研究所で，暉峻義等（労働生理学），桐原葆見（労働心理学），石川知福（労働衛生学），八木高次（生体計測学）らが行った研究は，当時主流であった能率優先のものとは異なり，労働が心身機能や態度に及ぼす影響に関するものであり，特に，科学的管理法に対しては批判を加えている（正田，1992：岡村，2003：鈴木，2004）。

また，「1920年頃に発足した職業指導運動による職業適性の研究は，児童・青年職業指導の実践活動や，職場における適材選抜の方法の研究へと結びつ」くことになった（岡村，2003）。1919年に「東京府の児童相談所に心理学部門が新設され，豊原又男を中心として児童・青年の職業指導の実践活動が行われるように」なったこと（正田，1992）や，淡路圓次郎の『職業心理学』（1927年）や『産業心理学』（1942年），増田幸一の『適性考査法』（1932年）などは，その成果といえる。なお，藤林（1935）は，労働者心理学を「労働者の個性の形成に対する環境の影響を確証し，その個性の形成に対する好ましからざる影響を除去せんがために，適当に環境の調整を行うことを目的とする応用心理学である」としている。

桐原（1953）は，「日本における産業心理学の源流は，明治時代末から大正

時代初期の動作研究及び作業研究である」と述べた。その後，大正時代末から昭和時代初めにかけて，生産能率増進を目的とした工場内の条件改善のために心理学的知見を経営管理に応用した研究がおこり，適性心理学研究や，「生産力拡充と選兵」のための研究を経て産業心理学へと発展していったこと，さらに，能率心理学や経営心理学的研究が絶えず並行して行われ，産業心理学は漸次その形を整えてきたと述べる。さらに，彼は産業心理学の新たな体系も提示した。具体的な研究分野として，①職業と適性，②習熟と養成，③労働と疲労，④産業災害と不適応現象，⑤労働の社会病理，⑥販売と消費行動の6分野をあげた。この①と②は，本書に見る人事心理学の領域に当てはまるものといえよう。

　佐々木（1996）は，「1960年代以降の産業心理学の課題は，心理学全体の領域の拡大や各領域の理論と発達に刺激されながら，また，産業社会の高度化・複雑化・多様化を反映して，多面的な広がりを見ている」と述べ，広告・マーケティング，人事・経営，集団・組織，消費者行動の各分野における関心事項について紹介している。本章と関連する人事・経営分野においては，「戦前から研究の延長線上に展開された分野であり，戦後，政府の職業安定行政，労働基準行政，人事行政のなかで進展した」ことに特徴があり，「職務分析，職業適性検査，技能検定，職業指導，労働負荷，安全・衛生，採用試験，人事考課，研修制度などの諸問題が行政の立場から」早くに取り上げられていること，「パーソナリティ検査や態度調査に関する研究や技法の開発が進」んだことから人事・労務管理にも導入され，「採用・配置・評価はもとより，能力開発や職場適応」にも利用されたことを指摘した。

■ 第2節 ■

人事心理学

1. 人事心理学とは

　前述のように，産業・組織心理学研究の中心領域として人事心理学は発展してきたといえよう。岡村（2003, 2012）は，「人びとのもつ能力，性格などの差

異に着目し，ある仕事に最もよく適した人びとを選抜し，指導することを主な研究の対象」として発展してきた人事心理学（personnel psychology）は，「個人差（差異）の研究の発展に沿って成長」し，19世紀末に出現した知的心理検査法の研究から始まったとしている。山田（1966）も，ミュンスターバーグ以降，産業心理学のテキストは数々刊行されてきたが，いずれにも共通する特徴として「人事管理分野における適応的機能に関する問題」を主として取り扱ってきたとする。

　その具体的な研究領域についてみると，カシオ（Cascio, 1998）は，「人事心理学は，行動と業務遂行における個人差と結びつけられ，それらの差異の測定と予測に結びつけられる」とする。また，*APA Dictionary of Psychology 2nd*（2007）でも，人事心理学は「産業・組織心理学の一部（枝分かれ）であり，選抜，配置，訓練，昇進，評価と従業員のカウンセリングを扱う」とする。さらに，ドレンスら（Drenth et al., 1998）が編集した *Handbook of Work and Organizational Psychology 2nd* シリーズの第3巻が『人事心理学（*Personnel Psychology*）』であるが，その章構成は，採用選抜，人事評価，アセスメントセンター方式，課業特性，職務分析，職務評価，訓練の理論や実践，若年者の社会化，管理者育成，キャリア，参加的管理，交渉，コンフリクト，女性と仕事，仕事と健康の心理学である。カートライトとクーパー（Cartwright & Cooper, 2008）による *The Oxford Handbook of Personnel Psychology* でも，知能や認知能力や情緒的なインテリジェンスなどの個人差を基幹に据え，職務分析やコンピテンシー，アセスメントセンターなどの選抜方法まで論じる人事選抜，能力開発などを展開しているが，柔軟な仕事設計による仕事生活の公平の確保などの政策，性や人種差別，ハラスメント，労使関係などの政策と実践，そして将来的な課題としての境界のないキャリア，遠隔勤務（remote working），新しい仕事の設計やモチベーションなど，非常に多岐にわたる領域を論じている。

　松本・熊谷（1992）は，職業心理学と対比させながら，「人事心理学は，職場において人的資源の最適配置をいかに実現するかという課題を追求する科学である。したがって職業心理学の関心は主として仕事に適応する個人の行動や発達にあるということができ，人事心理学の関心は主として企業・組織の最も効率的な運営の達成にあるということになる」としている。松本・熊谷の視点

12

に立てば，人事心理学の扱う領域は極めて広くなる。この視点から見ると，募集・採用や配置・異動，能力開発，人事評価などの一連の人事管理と呼ばれる施策や職場の人間関係，職務態度などと，それらと関係の深い労働条件やリーダーシップなども，この人事心理学という枠の中に入り，それらは密接に企業の人事・労務管理と結びつくことになる。小野（2009）も，「働く人々がある企業に採用されてからその企業を離れるまでのプロセスに関わるものであり，人事・労務管理領域との関係が非常に深く，企業の人事制度や，それを大きく拘束する法制度との関係も深い」と述べている。

　上記であげられた多岐にわたる項目のうち，本書では，選抜と処遇（第2章），人事評価（第4章），能力開発（第5章），職場における人間関係と人間関係管理（第6章），さらに，今日的な課題である，雇用の多様化と機会均等（第3章），働く人々の持つニーズと well-being（第7章），働き方改革で注目される法制度（第8章）について取り上げている。詳しくは各章をご覧いただきたい。

　本節では，人事心理学の出発点ともいえる差異心理学を中心に説明する。

2．人事心理学の出発点としての差異心理学

　三好（1951）は，差異心理学の対象は「個人差から民族性の差異に至るまでの一般差異の事実」であり，それらを解明することが目的であるとし，「個人・男女・民族など種種の形態で存在する人間間の心理学的差異の事実に立脚し，間変異と内変異を明らかにすることによって，個性や民族性などの構造を明らかにするところにある」と述べている。また，差異に関する基本的な課題として，第1に，個人及び集団間の心理学的差異，第2に，遺伝・気候・風土・社会的文化的水準・練習・順応などの差異に影響する遺伝的および環境的諸要因，第3は，差異の表現に関するもので，内変異表現の方法の3つを取り上げている。

　差異を明らかにする研究は，19世紀後半のイギリスのゴルトン（Galton, F.：近代優生学の創設者）による個人差の研究，すなわち人の才能は遺伝によってもたらされたものであることを証明しようとした研究から始まったといわれている（増田，1932：三好，1951：安藤，1977）。さらに，三好（1951）によれば，ある程度の立証は得られたゴルトンの研究であるが，「彼自身も認めてい

るように」，遺伝要因のみだけではなく「家庭環境・機会・訓練などの要因に負う」部分もあるとする。なお，ゴルトンの高弟であるピアソン（Pearson, K.）は，身体上および精神上の諸特性と遺伝的傾向についての研究を進めたが，その研究手法への一定の評価はあるものの，ゴルトンの研究同様に他の要因に負う点が指摘されている（三好，1951）。

　その後も，さまざまな状況のもとで知的心理検査法に関する研究が各国で進められてきた。知的心理検査は，実施方法によって個人を対象とする「個別式知能検査」と集団を対象とする「集団式知能検査」に，問題構成様式からみて主として言語を用いる「言語式（A式）」と数字・記号，図形などによる「作業式（B式）」に分類することができる。また，結果の表示方法によって「一般知能検査」と「診断性知能検査」に，測定内容によって「概観検査」と「分析的あるいは診断的検査」とに分類できる。

　ここでは，個別式知能検査および集団式知能検査に関して，増田（1932），三好（1951），安藤（1977），ギルフォード（Guilford, 1985／邦訳書 1992），ブロディ（Brody, 1985／邦訳書 1992），カウフマンら（Kaufman et al., 1985／邦訳書 1992），ロジャーら（Roger et al., 1985／邦訳書 1992），吉田（1989）をもとに紹介する。

（1）個別式知能検査

　フランスの国民教育省から就学時に遅滞児を判別する方法の開発を委託されたビネー（Binet, A.）は医師シモン（Simon, T.）の協力を得て，1905 年に「困難度を異にする 30 問」からなるビネー・シモン尺度を完成させた。その後，彼らは 1908 年に 3 歳から 13 歳までの年齢ごとに「3 ないし 8 問を配列した年齢尺度」を完成させ，知能の発達程度を精神年齢（知能年齢）で表示した。さらに，1911 年の改訂によって 3 歳から成人までの知能尺度を完成させた。ビネーとシモンによる知能検査法は現代の検査法の基礎となるものであるといわれ，多くの国で翻訳され，改訂版がつくられた（安藤，1977）。

　ターマン（Terman, L. M.）は，1916 年に大規模な集団について標準化を行い，シュテルン（Stern, W.）が提案した知能指数（IQ）による表示法を採用したスタンフォード改訂増補版ビネー・シモン知能測定尺度（The Stanford

Revision and Extension of the Binet-Simon Scale for Measuring Intelligence）を発表した。鈴木治太郎が標準化した実際的・個別的知能測定法（鈴木ビネー知能検査）は，このスタンフォード改訂増補版に基づいている。その後，ターマンは，メリル（Merrill, M. A.）とともに 1937 年に改訂版を発表した。田中寛一が標準化した「田中ビネー式知能検査法」はこの 1937 年版に基づく。さらに 1960 年および 1987 年に再改訂を行ったスタンフォード版は，代表的な個人知能検査であるといわれている。なお 1960 年版は偏差知能指数を採用しているが，それ以外のものは年齢別に問題を配当する単一尺度である。

　ヤーキズ（Yerkes, R. M.）らは，1915 年に年齢別に問題を配当する代わりに難易度順に配列した問題を課して，その合計得点から精神年齢を求める点数式尺度を作成した。前述の「田中ビネー式知能検査法」や「武政ビネー式知能検査法」はヤーキズの尺度を基礎としている。なお，ビネーが知能検査の主たる対象を障害児教育に想定していたのに対し，ターマンは，ギフテッド教育や英才児教育を想定していたとされる。

　その後，単一の測定値ではなく知能を分析的に測定する検査が，1939 年にウェクスラー（Wechsler, D.）によって開発された。ニューヨークのベルビュー病院で精神科の臨床に携わっていたウェクスラーは，知能を診断的に捉える成人用検査「ウェクスラー・ベルビュー知能尺度」を作成した。この検査は，10 歳から 60 歳を適用年齢とし，言語性と動作性の 2 つの知能指数が得られるほか，11 の下位検査の成績がプロフィールで示された，偏差知能指数が初めて採用された検査でもある。その後，1955 年には 16 歳以上を対象としたウェクスラー成人知能検査（WAIS：Wechsler Adult Intelligence Scale）が作成され，1981 年の改訂版では対象年齢は 64 歳まで拡大された。また，5 歳から 15 歳までを対象とする児童用検査（WISC：Wechsler Intelligence Scale for Children）は 1949 年に作成され，74 年，91 年に改訂，4 歳から 6 歳半までを対象とする検査は 1963 年に作成され，90 年に改訂されている。これら検査の大部分は日本版も標準化されている。

　なお，上記検査は，被験者の家庭の文化・社会・経済的環境に照らして公正ではないという批判や疑問が出され，新たな検査が開発されることになる。たとえば，カウフマン夫妻によって 1985 年に開発された K-ABC（Kaufman

Assessment Battery for Children）がある。これは問題解決に必要な情報処理能力と獲得された知識・技能を測定するもので，情報処理能力はさらに継続的情報処理（言語的・数理的能力）と同時的情報処理（空間的・直感的能力）に分けられ，2歳6か月から16歳までを対象とする（Kaufman et al., 1985/ 邦訳書 1992）。

（2）集団式知能検査

　前述したように，ミュンスターバーグを含めた初期の産業心理学者たちが，特に興味関心を持っていた分野は従業員の採用選択であった。ティフィンとマコーミック（Tiffin & McCormick, 1965/ 邦訳書 1980）は，人事問題への心理学技法の顕著な応用事例として，第一次世界大戦中の陸軍による軍隊検査（Army test）をあげる。第一次世界大戦（1914 ～ 1918 年）に参戦した国が，軍事力および生産能力増強のために，「産業心理学の実践的活動が望まれ，急速な発展をみた」（岡村，2003）のである。

　アメリカでは，「兵員選抜のための知能検査，兵員の適性検査や訓練法，将兵や兵員の評定法，戦争神経症対策としての情緒不安定性テストの開発と実践的応用」（岡村，2003）などの研究が進められた。1912 年にオーティス（Otis, A. S.）が作成した集団式知能検査をもとに，1917 年にヤーキズ（当時のアメリカ心理学会長）らが作成した兵員選抜を目的とした軍隊検査は，言語式（A 式）と非言語式（B 式）とがあり，1919 年 1 月までに約 172 万人がテストを受けた（安藤，1977）。ただし，これら検査に対する批判も多く，軍も懐疑的だったともいわれている（鈴木，2004）。その後，ノースウェスタン大学のスコット（Scott, W. D.）は，カーネギー技術研究所内に設置された応用心理学部門の責任者として，兵士や司令官の分類や適正な人員配置の仕事も行った。スコットは受験者 350 万人近くを分類し，83 の軍務に対する熟練度を図るためのテストを開発した（鈴木，2004）。第二次世界大戦当時は，心理学に対するアメリカ軍の評価は好意的なものとなっていたこともあり，軍務遂行能力に従い新兵を分類することを目的としたテストも開発された（淡路，1930；安藤，1977；鈴木，2004）。

　イギリスでは，1915 年に設立された軍需労働者保健委員会が中心となって，工場労働の能率，事故，疾病などへの対策をめぐり，「労働時間，作業環

第 1 章　人事心理学

境，婦人や年少者の雇用などの労働科学的研究」（岡村，2003）が展開された。その後，1918 年に設立された産業疲労研究委員会が研究の中心的役割を果たすことになったが，その目的は，作業方法や労働時間等の各種労働条件と，労働者の疲労や健康，および能率等に関する法則を見出すこと，そしてその成果を社会的に普及させることにあった（角，1973）。第二次世界大戦中および戦後は，医学研究審議会の応用心理学研究部によって，研究活動が続けられた（Tiffin & McCormick, 1965/ 邦訳書 1980）。また，ドイツでも「将校の選抜診断法，特科兵員の適性検査や訓練法」などで研究と実践が行われていた（岡村，2003）。

　個人対象の知能検査同様，集団知能検査も単一の測定値が得られる概観的検査が主であったが，知能の因子分析的研究の進展に伴い因子別の得点が求められる検査が作成されるようになった。たとえば，サーストン（Thurstone, L. L.）が 1941 年に作成した基本的精神能力検査（Tests of Primary Mental Abilities）などである（安藤，1977）。

　これら検査を用いて「特定の職種に対する適材の選抜，不適材の淘汰を行い，能率の増進と事故の防止を図る研究が行われ」，「適性配置，人事考課，管理・監督者の研修を含む，教育訓練などの研究へ」と発展していった。「選抜テストは，科学的管理法が主張する『労働者の科学的選抜』を手続き面で補完する産業心理学の成果」であり，「学習能力・思考の速さや正確さ・注意力・記憶力・分析力・判断力など労働者の精神的能力が，職業業績・労働移動・労働災害・失業などと関連することが明らかにされた」のである（岩出，2005）。

■ 第 3 節 ■

人事心理学と人事・労務管理

1．人事・労務管理への貢献

　本節では，産業・組織心理学，特に差異心理学を中心とした人事心理学が人事・労務管理に対してどのような貢献をしているのか，特に，能率増進および

17

職業適性への貢献の点からみていく。

　岩出 (2005) は，産業・組織心理学と人事・労務管理を次のように対比している。産業・組織心理学は「企業・組織だけでなく，あらゆる組織に働く人間の行動の解明を通じて諸問題の解決に資する知見を見出し提言することを使命とする」のに対し，人事・労務管理は「組織目的の達成に連なる有効な人間労働の実現に資する総合的な管理制度の構築を目指し，その制度的拡充に資する限りにおいて，産業・組織心理学の知見を取り入れるといった応用科学的な指向を示す」とする。また，産業・組織心理学は「産業・組織部面における人間労働の解明と積極的な政策的提言を行う基礎科学」であり，人事・労務管理は「その知見を積極的に受け入れる応用科学」であるとした上で，「管理理念的かつ管理技術的に産業心理学の成果に依拠」していることから，産業心理学は人事・労務管理の「生成に大きな役割はたしている」と述べた。

　山田 (1966) も，「産業心理学の分野において，適応的側面が主として取り扱われ，方法論的にも研究が進められたのと同様に，人事管理の分野においても早くから発達していたのが，適応的機能であった」とし，「採用，適性配置，人事考課といった側面に主として力が注がれていた」と述べている。

　また，奥林 (1975) は，人事・労務管理の理論の基礎となる学問として心理学と経済学をあげるとともに，人事・労務管理の理論において当初から共通して強調されていたのが，労働者の人間 (human being) としての取り扱いであり，その人間的性格に対する科学的知識を提供し得るのは心理学であると考えられていたこと，そして，19 世紀末から 20 世紀初頭にかけて，心理学研究が急速に発展したこと，その科学性が承認され，社会科学の各分野に応用されるようになったことが背景にあるとした。特に，第 2 節でみたように，個人差への関心から出発した差異心理学，そして応用心理学の一分野としての産業心理学が確立されたことにより，「産業心理学の普及にともなって産業心理学的視点から企業労務の諸問題が検討され始め」，「心理学の諸原理に基づいてより合理的な人事管理の諸技法が形成」（奥林，1975）されていったのである。

　繰り返しになるが，教育的見地から出発した個人差の測定は産業界へと拡大していった。差異心理学自身の研究分野の拡大と心理学の応用化傾向の発展，そして，病気・産業災害・疲労・作業能率の低下・高い労働移動・販売促進の

必要・販売員の訓練などの産業が直面した諸問題を解決する必要性の増大を背景に，主として差異心理学を基礎とする応用心理学の一分野として産業心理学が発展したのである（奥林，1975）。特に，人事・労務管理の形成初期に最も重要であった雇用管理において，産業心理学，特に差異心理学の発展が重要な役割を果たしたといえる。

最後に，人事心理学の研究成果が，能率増進と職業適性へどのように活かされたかを簡単にまとめておくこととする。

2. 能率と職業適性

岡田（2008）は「労働者の潜在的な精神的・肉体的諸能力ないし個性の個人差に着目し，労働者の能力と職務とを適合させることによって労働者から最高の作業能率を引き出そうとしている点」が産業心理学の特徴であると述べた。軍隊検査をはじめとした各種測定法の開発とその有効性が認知されるのに伴い「産業界に急速に普及」したことや，「労働者の適性と雇用との関係および意義が強調されること」によって「適材適所の認識」が広がった。産業心理学は，「労働者を人間として取り扱ううえでの管理技法や理論を発展させ，人事管理生成の基盤構築に重要な役割を果たした」のである（岡田，2008）。

また，「1920 年頃に発足した職業指導運動による職業適性に関する研究は，児童・青年の職業指導の実践活動や，職場における適材選抜の方法の研究へと」つながっていく。第二次世界大戦後の 1947 年，教育基本法・学校教育法・労働基準法・職業安定法が公布されたことを受けて，中学校・高等学校における職業指導の継続的・計画的実施，職業紹介・職業補導職などを実施する機関としての公共職業安定所などが設置された。また，1952 年には，アメリカ労働省の GATB（General Aptitude Test Battery）をもとにして，労働省職業安定局（当時）が「一般職業適性検査」を開発した。この「一般職業適性検査」は，多様な職業分野において，職務遂行上必要とされる 9 種類の適性能力を 15 種類の下位検査から測定し，「個人の能力面の特徴から，どのような職業活動に成功する可能性があるかを予見しよう」とする検査である。日本では初めての適性検査であり，信頼性の高さから継続して用いられてきた（岡村，2012）。

差異心理学を中心とした人事心理学は，人事・労務管理の理論的背景として
のみならず，実践の場面でもその知見・成果をもって貢献してきたのである。

第2章

募集・採用と処遇

　組織にとって人は重要な資源の1つである。近年，AIやテクノロジーの発展によって人の仕事は奪われてしまうのではないかといわれているが，これは人的資源の重要性が低下することを意味しない。むしろ人のほうが得意な，発想力や企画力，想像力や柔軟性，共感性や社会性といった力は，より重要度が増すと考えられる。今後の組織にとって，活躍できる力を持った人材とはどのような特徴を持つのか，どうすればそういった人材を獲得し，動機づけて，長く活躍してもらえるかを知ることが，組織全体のパフォーマンスにより大きく影響する。

　本章では，採用と処遇，そして退職を扱う。この3つは人的資源管理の，入口と途中と出口ということになる。入口としての採用選考の基礎となる職務分析や人材要件の設定について論じた後，採用選考で用いられることが多い測定ツールに関する研究を紹介する。入社後は，人事管理の核になる報酬制度について，心理学的視点から行われた研究を中心にまとめる。最後に，出口としての定年退職と，その後の再就職に関連してどのような研究知見が得られているかを述べる。

　この分野の研究の多くは，欧米，その中でも特にアメリカを中心に行われてきた。近年，中国，インド，シンガポール，オーストラリアなどのアジアの国々の研究も徐々に見られるようになりつつあるが，あくまでも少数派である。したがって，欧米での研究で得られた知見を中心に紹介することになる。しかし，国や文化によって，職場や働き方には違いが生じるし，雇用慣習も異なる。

　欧米企業の人事では，報酬制度や採用の基礎になるのは「職務」である。ど

ういった仕事をするかがもとになって，その仕事に適した人材を採用するための基準や評価方法が決定される。また，報酬額は組織にとっての特定の仕事の貢献度や，その仕事に従事する人たちの報酬の相場などを参考に決定される。

　一方で日本の採用や報酬制度は仕事ではなく，「人」本位になっている。これは入社後にさまざまな職務への異動があることを前提とする人事システムによるものである。新卒採用時には，職務は特定されずに採用の意思決定がなされる。入社後，異動のたびに仕事に合わせて給与が変動することはない。組織内の特定の仕事がなくなったとしても，その仕事に従事していた人は，組織内の他の仕事へと異動する。

　本章では，採用，処遇に関連した報酬，退職に関連して行われてきた研究からわかったことを述べるが，多くの研究が職務本位の人事制度を前提としている。そこで，日本の採用や報酬制度，あるいは退職についての概要をまとめて，その上で先行研究の知見の適用について考えつつ，その過不足から今後行うべき研究課題がどこにあるかについても論じる。

■ 第１節 ■

職務分析

　人的資源管理に関する研究の多くは，「職務」を中心に据えてきた。この職務を明らかにするために行われるのが，職務分析である。職務分析とは「職務において求められる活動，ゴール，要件などに関する理解を進めるためのプロセス」である（Sanchez & Levine, 2012）。アメリカの場合は，職務分析を通じて得られた情報がまとめられ，職務記述書が作成される。

　職務分析という言葉を経営の文脈で初めて用いたのは，テイラー（Taylor, 1911）である。その後も，科学的な経営が志向される中で方法論が発展してきた。一般に，職務分析ではその職務に従事する人や専門家（SME：Subject Matter Expert）による評定データ，SME を対象とした聞き取り調査，あるいは実際の職務遂行場面の観察等を通じて情報を収集し，それを何らかの枠組み

を用いて，整理し，体系的にまとめる。方法論の代表的なものとして OPQ（Occupational Personality Questionnaire），FJA（Functional Job Analysis），CIT（Critical Incident Technique）などがある。アメリカの労働省では，FJA をベースとする職務情報の辞書である Dictionary of Occupational Titles（DOT）に代わる新たな職業情報システム O*NET（Occupational Information Network）を，1998年に開発している。新たな職業の出現に対応し，データベース化することでより柔軟な活用を狙ったもので，1100を超える職業に関する情報がまとめられている。O*NET では，情報は図 2-1 のモデルに従って収集，整理されている。収集された情報は一般に公開されており（https://www.onetonline.org/），開発後も center of O*NET がデータのアップデートや研究を継続している。

O*NET が開発されて，10年後の2008年には，大規模な効果検証や課題の洗い出しが行われている（Tippins & Hilton, 2008）。報告された検証結果では，仕事内容の変化が速くなってきたこと，個人ではなくチームで仕事を進めることが増えたことなど，仕事の変化を受けて，職務分析方法の改善に立ち戻った議論が行われている。

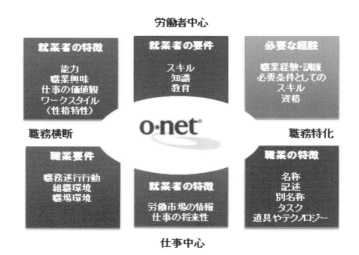

図 2-1　O*NET® の内容モデル（https://www.onetonline.org/content.html を筆者が訳出）

一方日本では，職務記述書に類似するものがあったとしても，職務分析のような系統だった手法でデータの収集や整理がなされることはほとんどない。社内の人材調達を原則とする日本企業では，これまでも職務を明確に定義していなかったが，仮に新たな職務ができても，社内にいる人材を当てることで対応できるため，職務分析は行われてこなかった。ただし現状を見る限り，職務の変化のスピードと広がりはこれまでになく大きいため，人本位といっても求める人物像には変化が生じているようである（労働政策研究・研修機構，2012）。あらゆる仕事や環境に人が柔軟に合わせられるわけではなく，人本位の人材活用を行う日本企業でも，職務の特徴を意識せざるを得ないということである。次節では採用モデルについて述べるが，その中で潜在能力を中心に評価を行う人本位の採用において，職務の特徴がどのように影響を与えるかを考える。

■ 第2節 ■

採用モデル：職務本位の採用モデルと人本位の採用モデル

欧米では職務本位の採用システムがとられることが多い。採用選考で評価する人物特徴とそのレベルを決定するために，職務分析によって当該職務の特徴を明らかにすることが，採用選考の精度を高めることにつながる（Pearlman & Sanchez, 2010）。職務分析では，職務の特徴や職務遂行時の手続きを詳細に記述するとともに，その職務を遂行するために必要な知識，スキル，能力など（KSAOs：Knowledge, Skills, Abilities, and Others）が何かを特定し，これらを選考に用いる。選考結果の妥当性検証では，当該職務におけるパフォーマンス評価（多くの場合，上司評価）が用いられる。

日本でも，中途採用では職務本位の採用が行われているが，それでもある程度の長期雇用を意識して，当該職務での活躍可能性だけでなく，職場や組織の風土との適合も重視する。日本の新卒採用は，人本位の採用が行われており，応募者がどのような人物なのか，将来的に組織内の何らかの仕事での貢献が期待できそうか，組織になじめそうか，といった観点での評価が行われることが

多い。図 2-2 は以上を簡単にまとめたものである。コンピテンシーは，性格特性のような比較的変わりにくい一般的な人物特徴とも，経験を通して身につける職業スキルとも異なり，仕事で発揮される行動特徴を指す。コンピテンシーは，職務本位の採用でも，人本位の採用でも評価内容となりうる。ただし，コンピテンシーは発揮能力であるため，日本での採用活動の中心にある新卒採用での利用は難しい。

　日本の新卒で，具体的な評価内容や評価基準はどのように決定されるのだろうか。調査では，採用選考時に重視するものとしては「コミュニケーション能力」「協調性」「主体性」「チャレンジ精神」「誠実性」などの一般的な人物特性があげられている（日本経済団体連合会，2009）。これらは特定職務の遂行にすぐ求められる特徴というよりも，入社後の育成や教育によって将来的に職務遂行ができるようになるための"潜在能力"にあたる。しかし，評価内容と職務が関係しないというわけではない。たとえば事務職系と技術職系に分けて採用を行っている会社では，評価の際に重視されるものが異なることが報告されている（日本経団連教育問題委員会，2004）。

　図 2-3 は，職務との適合（職務遂行に必要な特徴を有している程度）を評価する際の評価内容決定の概念モデルである（今城，2016）。職務との適合評価というのは，応募者が職務遂行に適している程度の評価のことである。①は欧米型の職務本位の場合で，2 つの職務があったときに，それぞれの職務遂行に

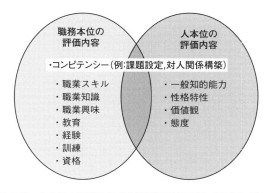

図 2-2　人本位と職務本位の採用時の評価内容（筆者作成）

```
① 欧米型の職務との適合評価のイメージ
    職務A：遂行に必要な行動特徴aを評価
    職務B：遂行に必要な行動特徴bを評価

② 職務適合潜在力評価（職務特化型）のイメージ
    職務A：遂行に必要な行動特徴a
        →将来的に行動特徴aの発現を可能にする人物特徴Xを評価
    職務B：遂行に必要な行動特徴b
        →将来的に行動特徴bの発現を可能にする人物特徴Yを評価

③ 職務適合潜在力評価（職務横断型）のイメージ
    職務A：遂行に必要な行動特徴a
        →将来的に行動特徴aの発現を可能にする人物特徴X＋Y
    職務B：遂行に必要な行動特徴b
        →将来的に行動特徴bの発現を可能にする人物特徴Y＋Z

    ⇒職務A，Bの共通部分である人物特徴Yを評価
```

図 2-3　職務との適合評価の際の評価内容決定モデル（今城，2016）

必要な行動特徴をそれぞれ評価する。③は日本の新卒採用の際のイメージで，入社後は2つの異なる職務にアサインされるが，それぞれに求められる行動特徴の発現確率を高めるような人物特徴のうち，両者に共通の人物特徴を取り上げて評価を行う。②もどちらかといえば職務本位であるが，日本企業における若手の中途採用のイメージである。入社後の仕事を特定されているため，その仕事に求められる行動特徴の発揮につながるような人物特徴を評価する。②や③の潜在能力の評価の場合，仕事で求められる行動特徴を将来的に発揮することが期待できる一般的な人物特徴職務を評価する。つまり職務と潜在能力は，職務本位の場合ほど直接的ではないものの，間接的に関連していることがわかる。

　日本の新卒採用では，入社後にさまざまな仕事ができることを予測するような，潜在的な能力の評価が必要になるが，欧米でも近年，現有能力ではなく，将来の成長や能力発揮の可能性評価である潜在能力評価の必要性が言われ始めている（Silzer & Davis, 2010）。人本位の採用モデルにおける適切な「人材要件」の具体的な設定方法は確立しておらず，今後の重要な研究課題である。

■ 第3節 ■

採用選考に用いられる測定ツール

　採用選考ではさまざまな測定ツールが用いられるが，ここではその中でも用いられることの多い一般知的能力検査，性格特性検査，面接，また今後出現することが予想されるテクノロジーを用いた測定手法について述べる。

　測定ツールを評価する際の品質基準として，「信頼性（reliability）」と「妥当性（validity）」がある。信頼性は，尺度の測定数値の安定性や一貫性を表す概念である。測定モデルによって異なった推定方法が適用されるが，慣習的にα係数が用いられることが多い（α係数の解釈における注意点は岡田（2015）を参照）。妥当性とは，一言でいうと測りたいものが測られている程度であるが，さらに基準関連妥当性，内容的妥当性，構成概念妥当性といった下位概念に分かれる。本章で扱うのは主に基準関連妥当性で，基準になるのは上司評価や業績評価，トレーニング評価などである。ただし基準関連妥当性の正しい解釈のためには，そのほかの妥当性の下位概念についても知っておくことが望ましい（村山，2012を参照）。

　採用評価に測定ツールが用いられる場合，さらに考慮すべき2つの視点がある。1つは利便性で，もう1つは表面的妥当性と呼ばれるものである。仮に信頼性や妥当性が全く変わらないとすれば，コストや時間のかかる面接ではなく，利便性の良い一般知的能力検査が用いられるかもしれない。実際日本企業の新卒採用では，採用面接を行うことが可能な程度に応募者を絞り込むために適性検査を用いることが多い。

　後述するテクノロジーの利用は，これまでの測定ツールでは測定が難しかった新たな測定領域を開拓する点でのメリットもあるが，Web面接や，SNS上での発言を用いたパーソナリティ予測など，利便性の向上に寄与するものが多い。利便性の高い測定ツールの利用によって，企業は評価コストの低減や，その結果としてアクセスできる応募を広げることが可能になる。また，応募者は測定に参加する時間や場所の制約が緩和されたり，移動にかかるコストを軽減できるなどのメリットがある。

一方でコストをかけない評価は，表面的妥当性を下げる可能性がある。採用に関していえば，表面的妥当性とは，用いられる測定ツールが採用選考に用いられることに対して，応募者が妥当であると思う程度を指す。表面的妥当性は測定の質には関係しないが，良い人材を獲得するためには考慮すべき観点である。応募者から見た際に妥当感の低い測定ツールを使うことで，企業の評判を落としたり，欲しい人材から入社を断られる危険性がある。

応募者が組織に感じる魅力に関して行われたメタ分析では，リクルーターの行動は，リクルーティングや選考のプロセスと有意な相関があった（Uggerslev et al., 2012）。またさまざまな採用選考手法に対する応募者の反応に関する研究をメタ分析した結果では，採用面接はワークサンプルテスト（実際の仕事の一部を模擬的に実施させてその結果を評価するテスト）に次いで，望ましい選考手法だと思われていた（Anderson et al., 2010）。しかし，伝統的な直接会って話をする面接ではなく，電話やインターネットを通しての面接になると，満足感が低下することも報告されている（Chapman et al., 2003）。また，表面的妥当性は採用慣習や文化的な背景によって異なることがあり，注意が必要である。たとえば日本では，学生がテストを受けて選抜されることに慣れているため，一般知的能力検査に対する納得感は高いと予想されるが，欧米では必ずしもそうではない。

採用時に用いる測定ツールには国や，雇用慣習による違いがある。20か国959組織の採用実態を調査したライアンら（Ryan et al., 1999）は，「あいまいさの不寛容」「権力格差」といった文化的要素によって，雇用慣習の違いを説明することを試みた。その結果，上記の文化的要素によって説明できる程度はさほど大きくなかったものの，一方で採用場面で用いられる測定ツールには，国による違いがあることがはっきりと示された。

次に，各測定ツールについて，使用頻度，基準関連妥当性やツールの特徴，今後の研究課題，について述べたのち，テクノロジーの発展によって新たに登場しつつある測定ツールについてふれる。

第2章　募集・採用と処遇

1. 一般知的能力検査

　日本の新卒採用では頻繁に使われる一般知的能力検査であるが，使用頻度は国によってばらつきが大きい。たとえば，アメリカでは16％（Gowing & Slivinski, 1994），ドイツでは6％（Dany & Torchy, 1994），イギリスでは70％（Shackleton & Newell, 1997），オーストラリアでは56％（Di Milia et al., 1994）という数字が報告されている。日本の場合は，新卒採用で適性検査を課す企業は85％を超えるとの報告がある（日本経済団体連合会, 2009）。日本では新卒一括採用で短期間に多くの応募者を選考する必要性があるため，適性検査が用いられる側面が強い。

　これまでの北米やヨーロッパを中心とした先行研究では，一般知的能力は採用選考場面で最も妥当性の高い測定ツールの1つとされている（Schmidt & Hunter, 1998）。ハンターとハンター（Hunter & Hunter, 1984）は，515の個別研究をメタ分析した結果，トレーニングでの成績を基準とした場合には平均的な相関の推定値.54を，パフォーマンス評価を基準とした場合には，.45を報告している（いずれも，基準変数の信頼性と範囲制限を統計的に補正）。スペインとイギリスで行われた研究をメタ分析した結果でも，トレーニング成果を基準とした場合.65，パフォーマンス評価で.44が報告されている（Salgado & Anderson, 2002）。

　なぜ，一般知的能力はパフォーマンスを妥当に予測するのだろうか。理由の1つは，一般知的能力が高いほど職務遂行に必要な知識の獲得がなされやすいというものである（Hunter & Schmidt, 1996）。パフォーマンス評価と比べてトレーニング成果を基準とするほうが妥当性が高いことも，この解釈と符合する。もう1つの可能性が，職務における情報処理の複雑性である。一般知的能力が高いと複雑な情報処理をうまく行うことができるため，パフォーマンスが向上すると考えるものである。たとえば職務の複雑性が増すほど，一般知的能力の妥当性が高くなることが，多くの研究で示されている（まとめとしてOnes et al., 2012）。

　一方で，日本での研究はあまり多くないものの，持主ら（2004）が42の個別研究をメタ分析した相関係数の平均は，.09と低い水準にとどまっている。

29

欧米の研究結果との乖離が生じた理由として，日本のデータでは，① 4 年制大卒応募者のみが対象であるため能力のばらつきが小さいため，②入社から基準となる上司評価が収集されるまでの時期が長く，知識獲得の時間が十分に得られること，③異動の結果，知的能力にあった複雑性の職務に就いていること，などが考えられるが，これらについてはさらに研究が必要である。

　少なくとも欧米では一般知的能力は妥当性が高く，その活用はもっと進んでもよいと思われる。特にアメリカでそうならない理由の１つが，人種によって差が見られることである（Schmitt et al., 1996）。この点は，他の国にとっても関係のない問題ではない。日本企業が他の国での採用で一般知的能力検査を用いる場合，日本の応募者に比べて平均値が高かったり低かったりする際には，その結果をどう実務で用いるべきかといった問題に関連してくるからである。ヒューら（Hough et al., 2001）は，一般知的能力検査のみならず，性格検査を含む他の測定ツールの人種，性別，年齢による違いを検討し，実務に活用する際のアイデアを提案している。グローバル化が進む中で，このような研究の重要性は増すだろう。

2. 性格検査

　前出のライアンら（Ryan et al., 1999）の調査では，性格検査の利用についても国によるばらつきが大きいものの，平均すると 20％～ 50％ほどの組織がたまに使うと答えている。さらに注目すべきは利用が増えるトレンドがあることである。アメリカの調査では，1983 年に調査回答企業の 4％が性格検査を利用していると回答したのに対して，1990 年には 20％がそう回答している。古くは性格検査の妥当性に関する悲観的な見方があったが（Guion & Gottier, 1965），多くの性格特性尺度をビッグ・ファイブにまとめる提案や（Costa & McCrae, 1992；Goldberg, 1990, 1992），メタ分析手法の導入によって，性格検査の妥当性が確認されるようになったことで，利用が増えたと考えられる。

　バリックとマウントの行ったメタ分析（Barrick & Mount, 1991）で，性格特性尺度のうち最も妥当性が高かったものは，誠実性（conscientiousness）で，パフォーマンス評価との相関の推定値 .20 が報告されている。ヒュー（Hough,

1992）の分析では，規則遵守行動を基準にした場合は，誠実性との関連性が強いことを示すとともに，予測したい基準変数の違いによって，妥当性は変化することを示した。またサルガド（Salgado, 1997）はヨーロッパにおける研究のメタ分析を行い，パフォーマンス評価を基準とした際に，情緒の安定性と .19，誠実性と .25 の相関の測定値を報告している。日本における研究では，都澤ら（2005）のメタ分析において，社会的内向性（− .12），身体活動性（.13），達成意欲（.12），活動意欲（.21）といったビッグ・ファイブの外向性に該当する要素で有意な妥当性が得られている。国や雇用慣習による妥当性の違いは，性格特性についても見られた。ヒューが指摘したように，日本で評価されるパフォーマンスが異なるのか，応募者母集団の特徴が異なるのか，など，考えられる要因についての今後の検討が求められる。

　先行研究で指摘される採用時の性格検査利用の課題は，自分を良く見せようとして回答することで，率直な回答時とは異なる結果となるフェイキングが生じることである。この影響について，さまざまな検討が行われてきた。妥当性の観点からすればフェイキングの影響は問題になるほどのものではない，との結論が 1990 年代にいったん得られた（Ones et al., 1996）。しかし，この議論はまだ決着していない。実は上記の結論は，フェイキングを行う程度には個人差がないという前提のもとで検証されているもので，その程度の個人差がある場合には，フェイキングが妥当性に及ぼす影響は無視できないほどに大きくなることが指摘されている（Burns et al., 2017）。

　フェイキングへの対処方法として，回答時に受検者に対して警告を行う，フェイキングの程度を測定し，得点調整を行う，などが検討されてきたが，実務上の活用にまでいたっていない。近年新たな試みとして，強制選択法を用いる提案がなされている（O'Neill et al., 2017）。強制選択法はランキング法に代表される方法であり，性格特性の個人内の強弱がはっきりと示される。ただし，個人内の相対化であるため，個人間比較が難しく，採用場面で用いることについては批判もあった。しかし，統計的なモデルやその適応方法の発展により，個人間比較を可能にする多様なアイデアが出されつつあることから（Brown & Maydeu-Olivares, 2011），今後の展開を待ちたい。

3. 採用面接

　日本に限らず多くの国で，評価のみならず採否の決定に際して面接が重視される。日本では90％を超える企業で新卒採用時には面接が実施されるし（日本経済団体連合会，2009），アメリカでも同様である（Guion, 1976）。ライアンら（Ryan et al., 1999）の調査でも，個人面接は採用選考で平均的に最もよく使われているとの結果である。

　採用面接に期待される機能をガイオン（Guion, 1976）は以下の4点にまとめた。①企業の広報活動（採用広報や動機づけなど），②応募者に関する情報収集（職歴や経済状況など），③面接以外では評価の難しい個人特性の評価（親しみやすさや会話の流暢さなど），④応募者を次の選考段階に進めるか，あるいは採用するかといった意思決定。

　先行研究では，③の評価の機能に関するものが多いが，今後の研究課題としては，①に関連する被面接者の反応に着目した研究も重要になるだろう。

　採用面接研究の歴史は比較的古く，1915年にスコット（Scott, W. D.）が営業職の採用面接に関する研究を行っている。妥当性に関する初期の研究は，結果にはばらつきがあり，質的レビューでは一定の傾向を見出すことが難しかった（Mayfield, 1964；Wright, 1969）。その後メタ分析によって，サンプルの偏りなどに関する統計処理を行った上で量的に研究がレビューされるようになると，面接評価の妥当性に関してまとまった知見が得られるようになった。これまでの主なメタ分析では（Wiesner & Cronshaw, 1988；McDaniel et al., 1994；Huffcutt & Arthur, 1994），いずれも入社後のパフォーマンスを基準として中程度の妥当性が得られること，構造化面接（structured interview）は非構造化面接よりも妥当性の水準が高いことが報告されている。

　構造化面接は，採用面接研究で得られた最も堅固な実用知見である。構造化面接とは，事前に面接で評価する人物特徴を特定・記述した上で，評価のための情報収集に必要な質問と，回答を評価するための評定項目を準備した上で実施する面接のことである。構造化面接には，大きく2つの種類がある。1つは，behavioral description interview（Janz, 1982）で，将来の行動予測のために被評価者が過去の類似場面でとった行動の様子を尋ねるものである。もう1つ

は situational interview（Latham et al., 1980）で，こちらは仮想場面での行動意図を尋ねる。

ワイスナーとクロンショウ（Wiesner & Cronshaw, 1988）は，非構造化面接で.31，構造化面接で.56の妥当性係数を報告している。またハフカットとオーサー（Huffcutt & Arthur, 1994）は構造化の程度を4段階に分け，.26 〜 .56と構造化のレベルが高くなるほど妥当性係数が上がることを示した。構造化面接の妥当性は，採用評価手法の中で比較的妥当性が高いといわれる一般知的能力検査と比較しても遜色がない（Schmidt & Hunter, 1998）。

しかし，一般知的能力検査と採用面接評価の妥当性水準は単純に比較できない（Arthur & Villado, 2008）。前者は一般知的能力と呼ばれる心理概念のレベルを測定しており評価内容を特定できるが，採用面接は評価手法の呼称であり，何が評価されるかは特定されていないからである。アメリカの産業・組織心理学会も，面接は評価手法の1つでありさまざまな人物特徴を評価できるため，妥当性に関する知見の一般化は差し控えるべきとしている（*Society for Industrial Organizational Psychology*, 2003）。今城（2016）は，妥当性のみなら

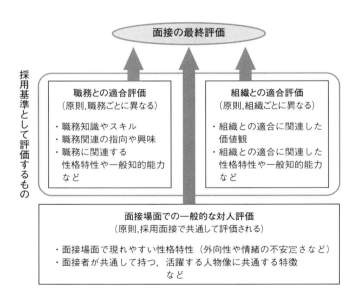

図 2-4　面接評価内容の概念的枠組み（今城，2016）

ず評価内容によって，面接研究で得られた知見の応用に限界が生じることを指摘し，図2-4の評価内容を考慮して研究を進めるための枠組みを提案している。したがって，面接評価の妥当性の水準が評価内容に応じて変化するかについては，引き続き研究が必要である。

4. 新たな測定ツール

　テクノロジーの発展によって，採用時の測定ツールにも変化が生じている。すでに行われているものとして，適性検査のWeb実施や適応型の検査（個人の能力や特性に合わせて出題項目を最適化する）がある。もう少し進んだものとして，エントリーシートの自動採点や，面接の自動採点，音や映像を使ったシミュレーションやゲームの反応による測定，などの試みがなされている。

　こうしたテクノロジーは，テスト実施の場所や時間を選ばない利便性，人が関与する手間を減らすことによるコスト削減のほかに，たとえば人の評価にある主観性を取り除くことで評価の質を向上させたり，ゲームのような共通の経験刺激を与えることで，測定の難しかったものを測定できるようになるといった，測定の質向上の可能性を有している。

　ティピンズ（Tippins, 2015）はテクノロジーを活用した採用時の測定方法に関する研究のレビューを行っている。このレビューでも，テクノロジーの適用によって測定の質を向上させる可能性のあるものとして，ワークシミュレーションテストやSJT（Situational Judgement Test）などが取り上げられていた。前者は技術的な判断やスキルを仮想現実の世界で測定するものとしての期待が高い。ただし，これらの新しい測定ツールの利用によって測定精度が向上したとの実証研究はあまりなく，これまでのテストと同レベルの精度の実現をまずは目指している段階である。一方で，アジアに進出している欧米の企業で，現地の人を採用する際に，言語を用いないテストや，モバイル機器によるテストの実施によって，応募者プールを増やすことに成功した事例はある。

■第4節■

報酬制度と組織戦略

　報酬制度に関しては，心理学者だけでなく労働経済学者や社会学者も研究を行ってきた。心理学における報酬制度の研究は，残念ながら体系だっておらず，継続的に行われているわけでもない。しかし，働く人や企業にとって，報酬の話は最も重要なトピックの1つであることは間違いない。本節では，1990年代以降の潮流となっている組織のビジネス戦略に合わせた戦略的な報酬制度の考え方について説明を行う。その後，欧米や日本での報酬制度の中心になる成果に基づく報酬についての研究を紹介する。その後，日本企業における報酬制度の現状と，そこでの研究課題について論じる。

1. 報酬制度に関する研究のはじまり

　制度としての報酬には，直接的なものと間接的なものがある。前者は主に金銭による報酬で，後者は福利厚生に当たるものである（図2-5）。本節では，主に金銭報酬である直接報酬について述べる。ちなみに，成果主義は，給料のような固定給にも，賞与のような変動給にも反映させることができる。たとえば基本給は，年功や成果，能力などによって，その水準に個人差が生じるし，賞与は業績との連動が基本給よりも強いことが多い。

　報酬に関して最も影響力がある心理学者の1人がローラーである。報酬に

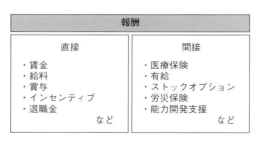

図2-5　さまざまな報酬例（筆者作成）

関する初期の彼の本である *Pay and Organizational Effectiveness*（Lawler, 1971）
では，それまでに行われた個人レベルの研究をレビューするとともに，報酬が
働く個人にとってだけではなく，組織のパフォーマンスにとっても重要であ
ると論じた。その後，*Pay and Organizational Development*（Lawler, 1981）では，
報酬は組織開発の重要な道具であるとして，報酬制度の意思決定の研究の必要
性を述べた。さらに *Strategic Pay*（Lawler, 1990）では，報酬制度は，組織の
競争優位性に関連すると論じている。さらに，この本で，変化が加速するビジ
ネス環境下では，職務をベースにした給与制度では変化に十分に対応できない
として，人の能力をベースにした給与制度が必要だと論じている。ちょうどこ
のころから，産業・組織心理学でも，報酬制度への関心が高まり，コンスタン
トに研究が行われるようになった。

2. 組織戦略と報酬制度

報酬制度はさまざまな視点から設計されるが，戦略的人的資源管理の考え方
が取り入れられるようになると，報酬制度も組織戦略に沿ったものが志向され
るようになる。つまりローラーが論じたように，報酬制度は組織の競争優位性
に寄与するように設計される。戦略的な報酬制度の設定は，2つのステップか
らなる（Wright et al., 1999）。すなわち組織目標と報酬目標のアライアンスを
図ることと，他の人事制度との統合を行うことである。

アメリカにおいて報酬制度が設計される場合，伝統的には職務の評価と職務
の市場価値を勘案しつつ，報酬のルールや水準が決まることが一般的である
（Martocchio, 2011）。このような方法は，職種による労働市場があり，外から
の調達を中心とする人材マネジメントとは相性がよい。特定の職務の貢献度や
組織がその職務に価値を置く程度によって，組織内での報酬の水準がいったん
決定されるが，社外から優秀な人材を調達するために，その仕事の市場価値も
考慮する。戦略的な報酬設計のためには，報酬の基準となる知識や経験などの
要素を採用や昇進といった他の人事制度で考慮することも求められる。

ただし，具体的な戦略的報酬制度の設計方法の知見は不十分で，実務場面で
は手探りの設計が行われている。たとえば，スクラー（Schuler, 1986）は報酬

制度を設計する際の視点として、基本給の高低、内的公平性と外的公平性、インセンティブの多寡、雇用の安全性の高低、などをあげている。少なくとも、これらの視点と組織戦略の間に大きな不整合が生じていないかは、確認することが望ましい。

3. 報酬制度と動機づけ

　アメリカでは特に、成果連動型の金銭報酬（PFP：Pay for Performance）が従業員のモチベーションに及ぼす効果に関する研究が多く行われている。それらの結果をみると、PFPは意外に効果が大きいことがわかる。たとえば、ロックら（Locke et al., 1980）のメタ分析では、個人へのインセンティブの支給が30％も生産性を向上させたと報告している。その後のメタ分析も、PFPのポジティブな効果を支持する結果を示した（Jenkins et al., 1998）。なぜ金銭的なインセンティブが、効果をもたらすのかについて、ボナーとスプリンクル（Bonner & Sprinkle, 2002）は図2-6のような概念整理を行っている。

　概念図（図2-6）では、金銭的なインセンティブは個人の努力を促進し、個人の努力が成果につながっている。インセンティブが努力につながるメカニズムには、個人の期待価値や自己効力感がある。また、インセンティブが努力に、

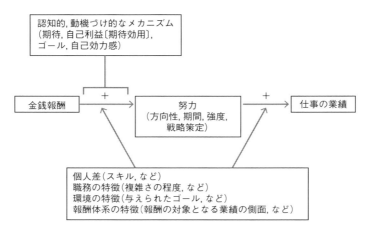

図2-6　成果連動型の金銭報酬が業績に与える影響の概念モデル（Bonner & Sprinkle, 2002）

努力がパフォーマンスにつながる程度は「個人差」「仕事の違い」「環境の違い」「インセンティブのあり方の違い」によって変動する。ちなみに，インセンティブのあり方は，組織戦略との関連から考えることができる。たとえば，講師の質がそろって高いことを売りにしてきた学習塾が，数名の人気講師の授業を核にする戦略をとる場合，報酬は人気に連動して支払われるようになる。その際に，今いる講師の個人的な特徴や仕事そのものの特徴を考慮しつつ，結果的に上記のようなインセンティブのあり方が狙った効果を生むことができるのか，またそれによって生じるコストはどのようなものかを考える際に，この図は便利である。

　成果型の報酬には，能力の高い個人を引きつけることで，組織全体のパフォーマンスを向上させる仕分け効果（sorting effects）と呼ばれる効果もある（Gerhart & Milcovich, 1992）。あるガラスメーカーが，定額給与から成果主義に移行した結果，生産性が44％向上したが，そのうちおよそ50％は個人のパフォーマンス向上によって（インセンティブ効果），残り50％は成果の上がっていなかった労働者が辞め，より成果を上げる労働者が入ったことによるものであった（仕分け効果）（Lazear, 2000）。異なる報酬体系は，異なるタイプの人にとって，入社への動機づけとなる。つまり報酬体系は，人材や組織への貢献の評価のあり方に関する組織からのメッセージとなり，リクルーティングツールになりうる。

　上記の２つの効果に加えて，ゲハートら（Gerhart et al., 2009）は，組織目標と報酬体系を連動させる際に参考になる視点として，インセンティブルールの極端さやリスクの程度，行動指標か結果指標か，個人の成果か組織の成果か，などをあげている。仕事が相互に独立している場合には個人の成果に基づくほうがよいが，仕事が相互に連携している場合には集団の成果のほうが適している。結果指標を用いることは，目標達成に直接的に寄与しない組織行動を生じにくくさせる。一方で，行動指標は目標の明確さに欠けるため，強いインセンティブになりにくい。このように報酬制度には，さまざまな性質があるため，実務場面では適当なレベルを決めたり，複数の組み合わせを検討するなどしている。

　ゲハートらは，今後の課題を５点あげている。１点めは報酬制度には１つの

ベストなものは存在しないし，金銭的報酬は個人を動機づけるかといった問いに対する，シンプルな回答もない。フェファーとサトン（Pfeffer & Sutton, 2006）が主張するように，結局うまくいくかどうかはエビデンスを集めて検証するしかない。2点めに，これまでの報酬に関する研究は，個人の動機づけやパフォーマンス向上に偏っているため，仕分け効果のような組織レベルでの研究がもっと行われるべきである。3点めに，実証研究では PFP が一般にポジティブな効果があることが示されているが，そのプロセスについては不明な点が多い。4点めに，PFP が機能するかどうかは，コスト・ベネフィットの分析や ROI 分析が必要である。たとえば，インセンティブを極端に成果に連動していくと，あるポイントで人の行動が変化する。たとえば，成果を大幅に上昇させるために，それまでにはとらなかったリスクをとるようになる。その行動は，どの程度の利益をもたらすことが期待できるのかと，そのためのリスクとコストを考えることである。最後の5点めに，経営者の PFP について触れている。実態として経営者の報酬は業績と強く連動しているが，これまでの研究は，業績との連動の行き過ぎによる失敗ばかりが注目されてきた。しかし，経営者の報酬と業績の連動が本当に望ましくないのかを結論づけるほど，研究がなされているとはいえない。これまでの一般社員を対象とした先行研究での知見の適用可能性も含め，さらに研究することが必要だとしている。

4. 日本型成果主義

日本では1990年代ごろから，成果主義が導入されるようになった。成果主義導入当初はさまざまな問題や批判があったものの，その後徐々に日本型の成果主義に落ち着きを見せている。なぜ日本型成果主義は，日本企業に受け入れられたのか，また今後どのように変化する可能性があるかについて述べる。

成果主義は欧米の報酬制度では古くから用いられていたが，日本では経済や企業業績が極度に低迷する中で，導入が促進された。右肩上がりの成長を前提とした報酬制度が立ち行かなくなり，成果主義を導入することで，年功で一律に上がっていく賃金を抑え，より業績との連動が強い報酬制度を実現しようとしたとされる。このような変化は報酬制度だけでなく，より厳密な評価制度が

用いられるようになったり，目標設定とそれを用いたパフォーマンス管理も合わせて行われるようになった。

　しかし，成果主義は導入当初かなり批判を浴びた。高橋（2004）は，成果主義の主な問題は，①金銭的報酬を目当てに努力をすることは内的動機づけを阻害すること，②目の前の成果を追い求めるあまり短視眼的になってしまうこと，にあるとしている。その結果として，協調行動がとられなくなることも問題視された。成果の見えるもの，短期で結果が出るものが評価されやすくなることは，日本企業の長期雇用や，相互依存性の高い仕事の仕方には合わないということだ。日本型の成果主義は，特に②の批判に応えられるものになっている。

　石田（2006）は，日本型の成果主義は役割をその中心に置いたことが特徴的であるとしている。旧来の職能等級やアメリカ型の職務等級の特徴と比較したものが表2-1である。

　旧来の報酬制度は職能等級をベースに成り立っていた。これは人本位の考え方で，人の能力があるレベルに達すると該当する職能等級に割り当てられ，それによって報酬レベルが上がる。つまり個人は与えられた仕事に関係なく，自分の能力を伸ばすことを考えればよい。職能等級は，長期雇用とゼネラリストとしての知的熟練に向けた育成方針と相性がよく，一時期多くの日本企業が採用していた。職務等級は，アメリカで一般的な職務本位の等級制度で，難しい仕事ほど等級が高く，等級の高い仕事に従事すれば高い報酬が得られる。能力が高い人が自分の能力水準を必要としない簡単な仕事についた場合，高い報酬は望めないため，自分のレベルに合った仕事に就くよう促される。一方で，自分の能力水準以上の仕事につくことは原則ないため，職務等級のもとでは仕事と人のミスマッチは起こりにくい。そして両者の中間をとる形で作られたのが，役割等級である。役割等級は人本位であり，「役職×職務＝役割」とすることで，

表2-1　3つの社員等級制度の強みと弱み（石田，2006）

	対象	人と仕事のミスマッチ是正機能	人材育成機能	成果評価機能
職務等級	職務またはポスト	強	弱	普通
役割等級	人	強	普通	強
職能等級	人	弱	強	弱

組織への貢献度と連動した等級を実現した。これによって，職務等級に比べて人材育成との連携がとりやすくなり，異動も可能になる。さらに人基準であったとしても，年功ではなく，役割を通してどのように組織の成果と連動しているのかはより明確になったのである。役割は直接的に組織目標への貢献として付与されるため，時として組織目標との連動の強弱が変化する可能性がある職務等級よりも，成果との結びつきが強くなる。

　このような日本型の人事制度を，産業・組織心理学の観点から見たときにどのような議論ができるのだろうか。日本企業において成果主義がどのように従業員の動機づけに影響するかを詳細に見た研究はいくつか存在する。たとえば，ホワイトカラーを対象とした研究で，成果主義の導入だけでは動機づけは高まらないが，能力育成の機会があわせて提供されたときには高まることが示されている（玄田ら，2001：大竹・唐渡，2003）。また，成果主義は，補完的な施策の導入がない場合には，職場のモラールにマイナスの影響がある（守島，1999）。あるいは，職場での個人間の競争が激しくなり，協働する雰囲気が減ったとの調査結果もある（社会経済生産性本部，1999）。大竹・唐渡（2003）や日本労働研究機構（2003）の調査では，もともと賃金が下位の人たちにとって，「成果」を問うことは動機づけを低めることが報告されている。

　上記の研究から見えてくるのは，現在の自分の成果の評価，今後成果をあげられる可能性，自分の成果が正当に評価される期待，などの影響である。能力開発の制度が整っていれば，今後成果を出す可能性を感じ，動機づけが高まるだろう。現在賃金の低い人たちは，成果をあげていない，あるいは今後成果をあげる可能性が低いとの認識があるため，もちろん成果主義の導入は望ましくないだろう。モラールの低下に関しては，集団の成果ではなく個人の成果を評価対象にしたことで，集団への協力行動が減ったとの意見が出されている。相互依存的な仕事をしている場合には，協働しない限り個人の成果もあがらないのだが，そのような認識がないため，知識やノウハウの出し惜しみがあるかもしれない。あるいは，集団での成果が出たとしても，自分の貢献が明確ではないために評価されないと感じているのかもしれない。詳細な心理的プロセスを明らかにすることは，事前に生じうる問題を予測することや，状況に合わせた適切な対処方法を検討することに役立つだろう。

■ 第 5 節 ■

高齢者就労と退職

　本節では，従業員の退職，特に定年退職と，その後の再雇用，あるいはセカンドキャリアについて考える。転職や何らかの事情による仕事キャリアの中断としての離職とは異なり，定年退職というのは仕事中心の生活からの離脱を意味する。新卒での就職が本格的な仕事生活のスタートだとすると，定年退職でそれはいったん終わりを告げる。定年退職は自発的なものではなく，原則同じルールがすべての従業員に適応するという意味で，人的資源管理の重要な要素である。このテーマが重要な理由はもう 1 つある。近年の高齢者雇用を取り巻く状況変化である。少子高齢化によって生産人口が減少する中で，高齢者に働き続けてもらうことは社会的な意義が大きい。現在の日本の高齢者は，体力的には前の世代と比べると 10 歳近く若返っているといわれている（東京都健康長寿医療センター研究所他，2012）。しかも彼らの就労意欲は高い。平成 29 年度版の高齢社会白書によれば，60 歳以上で現在仕事をしている人の約 4 割が「働けるうちはいつまでも働きたい」と回答し，70 歳くらいまでもしくはそれ以上との回答と合計すれば，約 8 割が高い就業意欲を持っている。年金の支給を遅らせるという事情もあり，2013 年には「65 歳までの定年の引上げ」「65 歳までの継続雇用制度の導入」「定年の廃止」のいずれかの措置が企業に求められるようになった。このような状況変化の下，組織にとっても働く個人にとっても定年退職の意味は変化しつつある。

　本節では，最初に定年退職に関連した心理学的な研究について説明する。次に，今後ますます割合が高まると考えられるセカンドキャリアに関連する研究を見ていく。最後に日本企業の高齢者雇用や退職に関する実務について触れ，心理学的な研究知見の適用可能性や，今後求められる研究課題を述べる。

1.　退職と適応

　退職（retirement）に関する心理学的な研究は，近年増加しているが，その

背景には，日本を含む多くの国で，少子高齢化が進んでいることがあげられる。それに伴って，退職の様相は変化している。たとえばアメリカでは，1950 ～ 1980 年ごろには男性従業員はなるべく若くして退職することを目指していた。その後 1980 ～ 2000 年ごろは，経済的，社会的な状況変化によって，退職年齢の若年化に歯止めがかかる。2000 年以降は，退職の様相は多様性を増し，先行きが不透明な状態になっている（Shultz & Wang, 2011）。

　心理学者は退職をどのように捉えて，研究を行ってきたのだろうか。心理学では主に，①退職を意思決定プロセスとするもの，②退職を適応プロセスとするもの，③退職をキャリア発達の一ステージとするものという 3 つの視点から退職を捉えてきた（Wang & Shi, 2014）。

　退職を意思決定プロセスとしてみる場合は，従業員の意思で退職がなされるという前提があり，たとえばどの程度の貯蓄があり，退職後どの程度お金が必要かを考えて意思決定がなされる（Laitner & Sonnega, 2013）。退職を適応プロセスとしてみた場合は，退職の事前準備や，退職後の活動の変化といった視点が入ってくる。また，体力，認知能力，意欲，お金，友人や家族などの人間関係，メンタルタフネスのような，さまざまな資源を活用しつつ，変化に適応することが想定されている（Wang et al., 2011）。退職をキャリア発達の一ステージとする考え方では，プロティアンキャリア（protean career）のモデルが用いられる（Kim & Hall, 2013）。この考え方のもとでは，キャリアは環境に合わせて柔軟に変化するものと捉えられるため，退職者はどのように自分のキャリアゴールと退職後の仕事やそれ以外の活動の統合を図るか，などが関心事になる。

　それぞれの視点に関連する研究が行われているが，意思決定だけでなく，その後の適応も合わせたプロセスとして，ワンとシュルツ（Wang & Shultz, 2010）は図 2-7 のモデルを提案している。

　退職の計画から始まり，退職の意思決定，退職後の生活への移行と適応へと進むが，その間に早期退職や，ブリッジ就労（bridge employment）と呼ばれるメインで行っていた仕事からは退職するものの完全な退職（full retirement）までの間に就く仕事といったオプションが入っている。また，プロセスに影響する要因として，個人の特徴だけでなく，仕事や家族，社会経済的なものを想

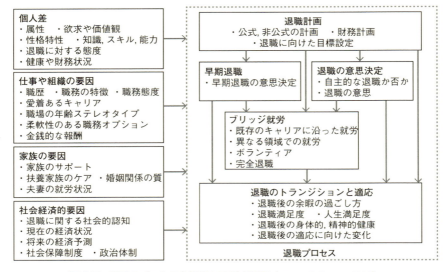

図 2-7　退職のプロセスと影響を及ぼす要因（Wang & Shultz, 2010）

定している。家族や社会経済的な要因に関しては，経済学や社会学に研究知見が多く，退職に関する社会的な規範や価値や，高齢者雇用に関する組織の制度やサポートの仕組み，などが影響を及ぼすと考えられる。

2. ブリッジ就労・セカンドキャリア

　アメリカの退職研究ではブリッジ就労という言葉が使われるが，日本では似た概念を「セカンドキャリア」と呼ぶ。セカンドキャリアという言葉は，プロのスポーツ選手の引退後のキャリアという意味で使われていたが，近年は一般のホワイトカラーの中高年が，何らかの事情でそれまでのメインのキャリアを離れた後，異なる職種や業界での仕事に就く場合にも，使われるようになっている。ただし，ブリッジ就労は再雇用を含むのに対して，セカンドキャリアはそれを想定しないなどの違いがある。

　本節では，下記の定義に従って，ブリッジ就労という概念を用いて，退職後の就労について論じる。ブリッジ就労とは高齢者がキャリアのメインとしてい

た仕事を離れ，完全な仕事生活からの引退までの間に行う就労のこと（Shultz, 2003）であり，パートタイムや自営業，業務委託などの雇用形態を含む。再雇用もブリッジ就労の1つである。

ワンら（Wang et al., 2008）は，ブリッジ就労をさらに，それまでのキャリアと同様の仕事を行うキャリア・ブリッジ就労と，それまでのキャリアとは異なった仕事に就く異分野でのブリッジ就労に分け，それらの先行要因を検討した。退職年齢が若く，学歴が高く，健康であるほど，ブリッジ就労をすることが示された。一方，それまでの仕事がストレスフルであった場合，ブリッジ就労をしない傾向があった。退職前の仕事への満足度はキャリア・ブリッジ就労は促進したが，異分野でのブリッジ就労には関連せず，経済的な余裕のなさは異分野のブリッジ就労のみを促進した。オランダのデータで行われた同様の分析結果では，男性で，もとの職務が高い教育レベルを求められるものであり，若く，健康な人ほどブリッジ就労をしており（Dingemans et al., 2015），概ね，アメリカの研究と同様の結果を示した。

3. 日本の高齢者雇用

日本の高齢者雇用に関しては，労働政策研究・研修機構が注目テーマとして，2005年以降，さまざまな角度から実態調査や分析を行っている（http://www. jil.go.jp/tokusyu/korei/index.html）。日本の場合，少子高齢化の影響で，定年退職や再雇用，高齢者雇用のあり方は変化している。諸外国と比べると，日本の高齢者は高い就労意欲と，60歳以上の男性の高い就労率が特徴で（日本は31％なのに対して，アメリカは24％，イギリスは14％），日本の男性高齢者は社会で活躍し続けているといってよいだろう。

今の日本では，高齢者は75歳までは十分元気で就労が可能な人が多い。社会的，経済的観点からは，高齢者が単に就労するだけでなく，活躍してくれることへの期待は高い（Akiyama, 2015）。その一方で，高齢者が定年退職後の就労を希望しながら，職に就かない理由の最も大きいものは，「就きたい仕事がない」ということである。働いて欲しい社会と，働きたいが条件の折り合わない高齢者の溝をどう埋めていくのかは，今後の大きな課題である。

45

冒頭で述べたように特に定年退職は本人の意思決定というよりも，全員に適用される。その点では意思決定としての退職という考え方は，早期退職制度の活用を除いては存在しない。その後の再雇用制度を活用するか，つまり同じ会社にとどまるか，転職して活躍の場を模索するか，仕事からは完全に引退するか，といった決断を迫られることになる。ブリッジ就労か，完全な引退かの決定要因を分析した研究は大いに参考になる。報酬は重要なポイントではあるものの，それ以外にもブリッジ就労促進の要因はあった。高齢者側に立った就労の継続という観点から，日本でも同様の研究が必要だろう。

第3章

雇用の多様化と
ワーク・ファミリー・コンフリクト

　今日，多様化するライフスタイルに合った働き方を就労者一人ひとりが選択できるような社会環境の整備が求められている。しかし，雇用を取り巻く状況が急速に変化するなか，働く人々の間では，雇用形態による処遇の格差・不平等，違法労働や過重労働の横行，また仕事と生活のアンバランスなど多くの問題が生じており，それらの問題が適切に解消されない場合，労働者の雇用と生活が劣化しかねない状況にある。

　このような問題に対する1つの視点が機会均等である。日本では，雇用の機会均等は男女平等の文脈で論じられることが多いが，本来，雇用機会を均等にすることは，個人の属性が理由で募集・採用，配置，昇進，教育・訓練，賃金，退職などにおいて不利な扱いや差別を受けることがない仕組みを作ることを意味しており，この点において均等化の対象は性別にとどまらず幅広い範囲に及ぶといえる。機会均等には，性別や性的指向以外にも，人種，肌の色，婚姻・妊娠・子どもの有無，宗教や信仰，年齢，障がい，国籍，民族性などさまざまな個人の属性が関連する。つまり，雇用における機会均等を促進することは，さまざまな異なる特性を持つ人々が活躍できる職場環境を整備することを意味しており，個人の多様な経験や能力が活用されることにより組織や職場の活力が高まる可能性を示唆するものである。

　しかし現実においては，いまだ多様性や機会均等に関わる多くの課題が残されている。そこで本章では，まず雇用の多様化と機会均等の課題を探るために，非正規雇用，マイノリティ労働者（特に高年齢者と外国人），ブラック企業，グローバル化と高度外国人材を取り上げる。そして働く人々の生活のニーズと

機会均等の課題を探るためにワーク・ファミリー・コンフリクトを取り上げる。これら5つのテーマを取り上げ，日本が直面する働き方の多様化と雇用機会の均等に関わる問題点と課題について考察する。

■ 第1節 ■

雇用の多様化：非正規雇用

1. 非正規雇用とは

　非正規雇用は，法令や統計上の定義，事業所における呼称などによりさまざまな類型がある。厚生労働省が2012年に発表した「望ましい働き方ビジョン」では，まず正規雇用の労働者を以下の①②③を満たす者とし，これらをすべて満たす者以外の雇用形態を「非正規雇用」としている。

① 労働契約の期間の定めはない
② 所定労働時間がフルタイムである
③ 直接雇用である（労働者派遣のような契約上の使用者ではない者の指揮命令に服して就労する雇用関係（間接雇用）ではない）

　一般的に非正規雇用は，労働契約に期間の定めを設ける「有期契約労働者」，所定労働時間がフルタイムではない「短時間（パートタイム）労働者」，雇用関係と指揮命令関係が異なる間接雇用の形をとる「派遣労働者」に分類され，勤め先での呼称が「パート」，「アルバイト」，「労働者派遣事業所の派遣社員」，「契約社員」，「嘱託」等を含んでいる。

2. 非正規雇用の現状

　非正規雇用の労働者は増加している。1984年には雇用者全体に占める割合が15.3％だった非正規雇用労働者は，1999年には24.9％に上昇し，2004年以

降は30％台で緩やかに増加し続け，2017年には37.3％になっている（図3-1）。非正規雇用労働者の割合は，年齢層によって異なるが，特に近年では55〜64歳および65歳以上の高年齢層で増加する傾向にあり，この層が非正規雇用労働者全体に占める割合は2017年には15.8％まで上昇している。また，2017年の55〜64歳層と65歳以上の非正規雇用の割合を合わせると36.5％になり（図3-2），高齢層が非正規雇用の3分の1以上を占めている。これには2013年の

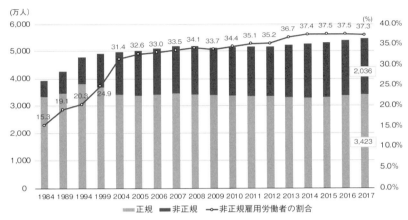

図 3-1　正規雇用と非正規雇用労働者の推移（資料出所：総務省，2017）

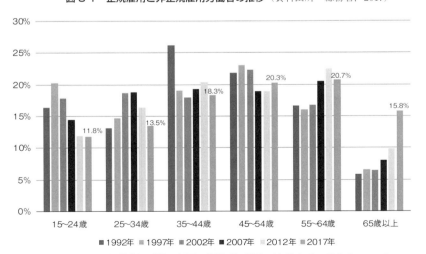

図 3-2　年齢階級別非正規雇用労働者の推移（資料出所：総務省，2017）

高年齢者雇用安定法の改正により，非正規として再雇用される高齢者が増えたことが関係していると思われる。若年層に関しては，2007年までは15～24歳および25～34歳の層が増加する傾向にあったが，その後緩やかに減少しており，2017年の時点では非正規雇用の労働者全体に占める割合は15～24歳が11.8％，25～34歳が13.5％となっている。

　2014年に厚生労働省が実施した「就業形態の多様化に関する総合実態調査」では，パートタイム，契約社員（専門職），派遣社員として働く者が現在の就業形態を選んだ理由（複数回答）を報告している（図3-3）。調査結果を見ると，パートタイムについては「自分の都合のよい時間に働けるから」が最も多く2人に1人（50.0％）がこの理由をあげているのに対して，契約社員は「専門的な資格・技能を活かせるから」が最も多く（46.0％），次いで「正社員として働ける会社がなかったから」が多い（31.8％）。派遣社員については「正社員として働ける会社がなかったから」が最も多く（37.7％），3人に1人以上が正規雇用の機会がないことを理由としてあげている。このように，非正規雇用労働者の間で，就業形態によって非正規で働く理由に違いが見られる。

　正規雇用の機会がないため非正規雇用で働く労働者は「不本意非正規」と呼ばれ，2017年時点で非正規雇用の労働者全体の約14％を占めている。年齢層別に見ると，15～24歳が約9％，25～34歳が約22％となっており，若年層の非正規労働者のほぼ3人に1人が正規雇用をみつけることができないために非正規雇用に就いている。

　雇用形態別の賃金（時給ベース）を見てみると（図3-4），一般労働者（常用労働者のうち短時間労働者以外の者）と短時間労働者に共通して，正社員・正職員よりもそれ以外の労働者，すなわち非正規労働者の賃金のほうが低い。2017年の全年齢層の平均賃金で見ると，一般労働者（正社員・正職員）1,937円，一般労働者（正社員・正職員以外）1,293円，短時間労働者（正社員・正職員）1,432円，短時間労働者（正社員・正職員以外）1,081円となっており，正社員・正職員の一般労働者の平均賃金が最も高く，正社員・正職員以外の短時間労働者が最も低くなっている。特に，両者の差は年齢の上昇とともに拡大する傾向にあり，非正規労働者は年齢が上がっても，賃金があまり増加しないことがわかる。

第3章　雇用の多様化とワーク・ファミリー・コンフリクト

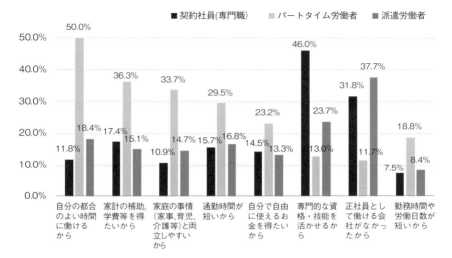

図3-3　契約社員，パートタイム，派遣社員が現在の就業形態を選んだ理由（複数回答）
（資料出所：厚生労働省，2014）

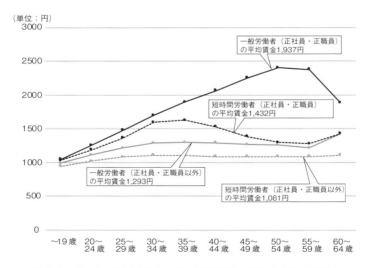

図3-4　賃金カーブ（時給ベース）（資料出所：厚生労働省，2017）

51

3. 非正規雇用の問題点

厚生労働省の「望ましい働き方ビジョン」(2012年)では、非正規雇用の問題を以下の5点に整理している。

①雇用の不安定さ

　非正規雇用は正規雇用と比べて景気の後退時に雇用調整の対象となりやすく、不安定雇用であるため、法が保障する権利や労働条件改善の要求の主張を躊躇させるという問題も指摘されており、安心して働くことを妨げられやすい。

②経済的自立の困難さ

　非正規雇用は低賃金であり、年齢や勤続に伴う賃金上昇が少ない。これは有配偶率の低下と少子化にも影響を及ぼしている。将来の労働力を確保していくためには、非正規雇用で働く労働者の賃金面の改善が必要である。

③キャリア形成の機会の乏しさ

　非正規雇用の場合、正規雇用と比べて能力開発機会が不足しており技能を獲得しにくい。また、獲得した技能も広く汎用性のあるものとしては評価されにくい傾向にある。このため、希望する職業や正規職へのステップアップが難しく、キャリア展望が持ちにくい。特に、若者のキャリア形成に向けた対応が必要である。

④セーフティネットの不十分さ

　厚生年金が短時間労働者に適用されないこと等による生活の不安定さの問題が存在するため、セーフティネットの整備が必要とされている。また、既に適用されている制度についても適切な運用を徹底していく必要がある。

⑤ワークルール適用の不十分さ、労働者の声の届きにくさ

　労働基準法、労働安全衛生法等の労働関係法令が非正規雇用労働者に対しても適用されることが、使用者・労働者の間で十分に認識されていない。また、労働組合への未加入などの理由により、非正規雇用で働く労働者の声が使用者に届きにくい状況がある。

4. 非正規雇用への対応策

　個人のライフスタイルが急速に多様化している現在，働く人が自らの働き方を選択できることが望ましい。しかし現状では，非正規の働き方を選択すると雇用の安定性と処遇の公正さを犠牲にせざるを得ず，また正規の働き方を選択すると，長時間労働でワーク・ライフ・バランスが阻害されるなど，現状における働き方の選択肢には多くの課題や問題がある。また，不本意非正規の割合が若年労働者の間で高まっていることから，活力ある社会の形成のためにも，若者の安定雇用と希望が持てるキャリア形成を促進するための対応策が不可欠である。

　厚生労働省の「望ましい働き方ビジョン」では，「雇用の安定の確保」「公正な働き方の確保」「労働者による多様な働き方の自律的選択」の3つを基本として，非正規雇用から正規雇用へと登用される機会とそのために必要となる能力形成を行うことの重要性を指摘している。そのためには，公正な処遇の確保と「多様な正社員」（雇用期間を定めず，労働時間，職種，勤務地等を限定した働き方）の導入を促進し，正規雇用の労働者の働き方もワーク・ライフ・バランスの実現に向けて変えていくことにより，正規雇用と非正規雇用の二極化を解消し，働く人々が自分自身のライフスタイルとニーズに応じて，多様な働き方を選択できる仕組みづくりが不可欠である。

5. 非正規労働者の正社員登用の効果

　北海道二十一世紀総合研究所（2014）の「非正規労働者正社員化等プロジェクト」では，非正規労働者の正社員登用の効果として以下の4点をあげている。第1に，正社員にステップアップする機会が設けられていることにより，非正規労働者のモチベーションが高まる可能性がある。定期的な正社員登用の機会を提供し，必要とされる知識やスキルを明確に提示することで，正社員になることへの目標設定が可能になる。第2に，正社員に登用されることにより会社へのコミットメントが高まり，従業員の定着率が高まる可能性がある。第3に，正社員登用制度は，意欲や能力の高い人材を中・長期的に評価することを可能

とし，そのため採用リスクが軽減され即戦力となる人材を選抜することが期待できるとしている。第4に，正社員化に向けた取組みは，正社員に登用されることを目指す非正規労働者だけではなく，既存の正社員にも良い刺激を与え，従業員間の切磋琢磨が促進され組織全体の活力が高まるとも考えられる。また，若手の正社員が非正規労働者のOJTに関わる場合，若手社員本人の人材育成にもつながると考えられる。

■ 第2節 ■

マイノリティ労働者

1. 高年齢者の雇用

（1）高年齢者の増加と雇用の確保

　日本の人口は2017年9月時点において1億2,671万人で，前年と比較すると21万人減少している。一方，65歳以上の高年齢者については1950（昭和25）年から継続的に増加しており，2017年9月には3,514万人で，前年より57万人増加している。また，総人口に占める高年齢者の割合は27.7％で過去最高となっている。

　日本において高年齢者が増加する中，2013年に改正された高年齢者雇用安定法では，65歳未満の定年を定める事業主に対して，高年齢者の雇用を確保するために，①定年の引上げ，②継続雇用制度（現在雇用している高年齢者が希望する場合，定年後も65歳まで引き続き雇用する制度。定年後の再雇用制度や定年時の勤務延長制度等）の導入，③定年の定めの廃止，のいずれかの措置を導入するよう義務づけている。

　高年齢者の雇用は労働力を拡大させるだけでなく，幅広い年齢の国民が活躍することで社会全体の活力を高める可能性がある。日本の超高齢化を背景に，企業における高年齢者の雇用のあり方は，定年後の再雇用など次第に変化しつつある。2017年3月に政府が決定した「働き方改革実行計画」では，個人が年齢に関わりなく活躍できる「エイジレス社会」の実現のために，高年齢者の

第 3 章　雇用の多様化とワーク・ファミリー・コンフリクト

就業を促進することが 1 つの検討テーマとして掲げられている。

（2）高年齢者の就業と就業意欲の現状

　総務省が 2016 年に実施した「労働力調査」によると，この年の労働力人口 6,673 万人のうち 65 ～ 69 歳は 450 万人，70 歳以上は 336 万人で，労働力人口全体に占める 65 歳以上の割合は 11.8％となっており（図 3-5），1990 年（5.6％）の 2.1 倍に上昇している。また，65 歳以上の労働力人口の推移については，1990 年には 497 万人であったが，2016 年には 1,122 万人と 2.25 倍に増加している。

　総務省統計局の「就業構造基本調査」（2012 年）によると，高年齢者の年齢階級別有業率と無業者の就業希望の状況は，60 ～ 64 歳層における有業率は 59.8％だが，65 ～ 69 歳層では 39.0％に低下している。しかし，60 歳代後半の無業者のうち約 18％は就業を希望している。また 70 歳代ではさらに有業率が下がるものの，70 ～ 74 歳の層でも約 25％は有業であり，無業者の 12.0％が就業を希望している。

　高年齢者の就労の特徴として非正規雇用があげられる。65 歳以上の雇用形

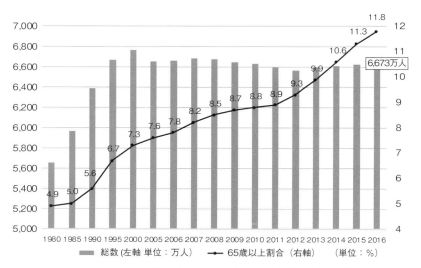

図 3-5　労働力人口に占める 65 歳以上の割合の推移（資料出所：総務省，2017）

55

態をみると（図3-6），2012年以降非正規の従業員・職員が急速に増加する傾向にある。2016年では正規雇用の従業員・職員が99万人であるのに対して，非正規雇用は301万人であり，役員を除く雇用者に占める非正規の割合は75.3%となっている。

内閣府が2014年に全国の60歳以上の男女を対象に実施した「高齢者の日常生活に関する意識調査」の結果によると，「何歳頃まで収入を伴う仕事をしたいか」の問いに対して「65歳くらいまで」と回答した者の割合は16.6%であるのに対して，「70歳くらいまで」が21.9%になっており，60歳代で仕事をやめることを希望する者は相対的に少なく，「70歳くらいまで」「75歳くらいまで」「80歳くらいまで」を希望する者を足し合わせると約38%になる。さらに，「働けるうちはいつまでも」と回答した者が42.0%となっており，高年齢者の就労意欲の高さがわかる。

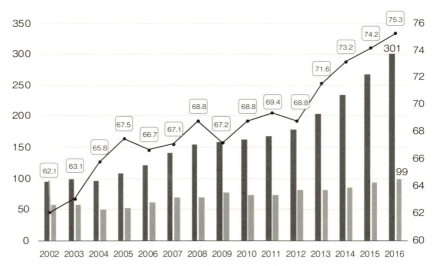

図3-6　65歳以上の正規・非正規従業員・職員数の推移（資料出所：総務省，2017）

（3）企業による高齢者雇用確保のための措置

　厚生労働省の「平成 29 年高齢者の雇用状況」をもとに，高年齢者雇用安定法により企業に義務づけられた 65 歳までの雇用確保措置の実施状況を見ると，従業員 31 人以上の全企業（155,638 社）の 99.7％で措置がとられており，未実施は 0.3％（475 社）にすぎない。企業規模別に見ると，301 人以上の企業では 99.9％（16,216 社），300 人以下の企業でも 99.7％（139,422 社）が実施しており，規模による実施状況の差はほとんどない。

　雇用確保措置をとっている企業に関してその内訳を見ると，①「定年の引上げ」17.1％（26,592 社），②「継続雇用制度の導入」80.3％（124,982 社），③「定年制の廃止」2.6％（4,064 社）となっており，定年制度による雇用確保よりも，継続雇用制度を導入する企業の比率が高くなっている。

　希望者全員が 65 歳以上まで働ける企業は 75.6％（118,081 社，65 歳以上定年 17.0％，65 歳以上の継続雇用制度 56.0％，定年制の廃止 2.6％）で，企業規模別に見ると，従業員 300 人以下の企業では 78.0％（109,098 社），301 人以上の企業では 55.4％（8,983 社）となっており，300 人以下の中小規模の企業における割合のほうが高い。定年制を廃止している企業は少ないが，企業規模別に見ると，300 人以下の企業 2.8％（3,983 社），301 人以上の企業 0.5％（81 社）となっており，ここでも中小企業の割合が高くなっている。

　全体的に見ると，現状では高年齢者の雇用確保を 65 歳までとするケースが多く，65 歳以上への確保は十分に広がっていない。たとえば，希望者全員が 66 歳以上まで働くことができる継続雇用制度を導入している企業のうち「希望者全員 66 ～ 69 歳」は 0.6％，「希望者全員 70 歳以上」は 5.1％である。65 歳以上に定年を引き上げる企業を定年の年齢別に見ると，65 歳定年の企業は 15.3％（23,835 社），66 ～ 69 歳定年は 0.7％（1,048 社），70 歳以上定年は 1.1％（1,709 社）となっており，65 歳定年に偏る傾向がある。

　このように，企業の間では高年齢者の雇用確保に向けた取り組みが進みつつあるが，65 歳以上になっても働き続けられる制度の整備は今後の課題として残っている。高年齢者の労働参加率を高めることは，労働力人口の増加につながるだけではなく，意欲ある高齢者の知識や経験を積極的に企業活動に活かすことにより，組織全体の活力向上にも寄与すると考えられる。

（4）高年齢者の雇用といきがい

　労働政策研究・研修機構が 2015 年に実施した「60 代の雇用・生活調査」によると，高年齢者の就業の主な理由は「経済上の理由」「いきがい，社会参加のため」が上位を占めており，特に女性や 65 〜 69 歳の年齢層に関しては，経済的な理由で働く者の割合が低下し，いきがいや社会参加のために就労する割合が高くなっている。また，厚生労働省の「第 9 回中高年者縦断調査」（2013 年）によると，高年齢者の場合，正規雇用・非正規雇用に共通して，勤務時間が長くなるとともに満足度が低下する傾向にある。60 歳以上の高年齢者が非正規雇用を選ぶ場合，「自分の都合のよい時間に働きたい」を理由とすることが多いが（2015 年「労働力調査」），勤務時間の柔軟な設定は，高齢者の働きやすさを高めることに加えて，仕事の満足度を高め，意欲的に働くことを促進すると考えられる。

2．外国人労働者の雇用

（1）外国人労働者の増加

　経済のグローバル化の進展に伴い，日本で働く外国人が増加している。厚生労働省の「『外国人雇用状況』の届出状況まとめ」によると，2017 年 10 月末時点で日本に在留する外国人労働者は 1,278,670 人で，前年の同時期と比較して 194,901 人の増加，約 18％の上昇となっている。これは，2007（平成 19）年に外国人雇用の届出が義務化されて以来，過去最高の数値となっている。「外国人労働者」には留学生，研修生・技能実習生，日本の大学・大学院を卒業・修了した労働者等が含まれるが，厚生労働省は，外国人労働者が増加した背景には，①政府が推進する外国人高度人材や外国人留学生の受け入れが進んでいること，②雇用情勢の改善を背景に「永住者」「日本人の配偶者」「永住者の配偶者」等の「身分に基づく在留資格」の人々の就労が増加していること，③技能実習制度の活用が進んでいること等の要因があると指摘している。

　在留資格別に見ると，「専門的・技術的分野^{注1}」の労働者が 238,412 人（2016年同期比 18.6％増）で，「身分に基づく在留資格」は 459,132 人（11.1％増）となっている。在留資格別に外国人労働者の増加の推移を見ると（図 3-7），過

第3章 雇用の多様化とワーク・ファミリー・コンフリクト

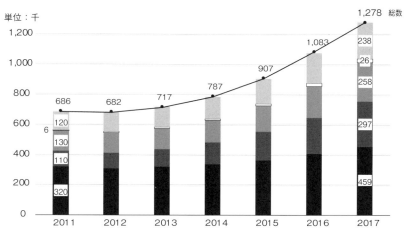

注：
　身分に基づく在留資格：わが国において有する身分または地位に基づくものであり，永住者，日系人等が該当
　資格外活動：本来の在留目的である活動以外に就労活動を行うもの（原則週28時間以内）であり，留学生の
　　アルバイト等が該当
　技能実習：平成22年7月の入管法改正による在留資格
　特定活動：法務大臣が個々の外国人について特に指定する活動を行うもの
　専門的・技術的分野の在留資格：就労目的で在留が認められるものであり，経営者，技術者，研究者，外国料
　　理の調理士等が該当

図 3-7　在留資格別に見た外国人労働者数の推移（資料出所：厚生労働省，2017b）

去10年の間「身分に基づく在留資格」の割合が最も高いが，2013（平成25）年頃からは「技能実習」と「資格外活動（留学）」の割合が急速に高まっている。2016（平成28）年末の時点で日本に在留する外国人技能実習生は228,589人だが，実習実施機関の半数以上が従業員数19人以下の零細企業で，実態として，実習生は低技能外国人労働力として利用される傾向にあるという（守屋，2018）。

外国人労働者を国籍別に見ると中国が最も多く372,263人（29.1％）で，ベトナム240,259人（18.8％），フィリピン146,798人（11.5％）の順となっている。2016年からの増加率はベトナム（39.7％）とネパール（31.0％）が高いが，守屋（2018）によると，ベトナムとネパール国籍の増加は近年の外国人労働者・技能実習生・留学生の間で顕著な傾向である。増加の要因としては，日本と両国の間には経済的な格差があるため日本での就労が魅力的に映り，日本での技

能実習や留学に対する人気が高まっていることが関係しているという。ベトナムやネパールからの外国人留学生には来日のために借金をする者が多く，その返済や学費・生活費のために働きながら学ぶ傾向が高まっており，これが労働力を必要とする日本の中小企業のニーズとマッチして不法就労問題を生んでいるという（守屋，2018）。また，ベトナムやネパールなどの非漢字圏の外国人労働者は日本語の習得に時間がかかるため，高技能の仕事に就くことを困難にしているという。

　守屋（2018）によると，外国人労働者の問題は，主としてアルバイトとして就労する外国人留学生や，中小企業で就労する研修生・技能実習生の低技能な外国人労働者と，日本国内の大学等を卒業し企業に就職する中レベルないしは高レベルの技能を持つ外国人労働者では実態が異なる。以下では特に低技能層に焦点を当て，技能レベルの高い高度外国人材についてはグローバル化の節で焦点を当てることにする。

（2）外国人研修生・技能実習制度

　日本の外国人研修生・技能実習制度は，18歳以上の外国人を日本に受け入れ，日本での研修・技能実習を通して技能や知識を習得させ，帰国後には母国でそれらの技能や知識を活用することで国際貢献するための制度である。公益財団法人国際研修協力機構（JITCO）によると，外国人研修生・実習生の受け入れには「企業単独型」と「団体監理型」の2種類がある。企業単独型は，日本の企業等が海外の現地法人や取引先企業の職員を受け入れて技能実習を実施する方式で，団体監理型は，事業協同組合や商工会等の営利を目的としない団体が技能実習生を受け入れ，傘下の企業等で技能実習を実施する方式である。

　守屋（2018）は，現状，外国人研修生・技能実習生はその大部分が団体監理型の低技能・低賃金労働力として使われており，母国に帰国した後もその技能が十分に活用されない状況にあると述べている。また，元研修生・実習生が日系企業に就職できず，日本での就労経験が活かされていないことも問題になっているという。このような状況を打開するために，守屋は以下のような政策を提案している。①すべての外国人研修生・実習生が夜間や休日に，政府の援助をもとに無料で地元の専門学校，日本語学校，短大，大学で，日本語や日本的

ビジネスのスキルを学ぶことができる仕組みを作ること。②政府主導によりビジネス日本語や日本的経営の知識に関する資格認定の枠組みをつくり，日本政府の仲介を通して，研修生・実習生の母国に進出する日本企業が，一定の資格認定を受けた研修生・実習生を積極的に雇用する仕組みを構築する。

（3）中小企業における外国人人材活用の課題

　厚生労働省によると，2017年時点で外国人労働者を雇用する事業所は全国194,595か所で，全体の27.8％（54,020事業所）が東京にある。また，外国人労働者を雇用する事業所は東京，愛知，大阪，神奈川，埼玉に集中する傾向があり，これらの上位5都府県だけで全体の半数を超えている。

　外国人労働者は中小企業に偏っており，事業所の規模で見ると「30人未満」が最も多く，事業所全体の57.5％，外国人労働者全体の33.9％を占めている。外国人労働者を雇用する事業所はいずれの規模においても増加しているが，特に，「30人未満」の事業所は2016年から14.2％増加しており，最も高い増加率となっている。業種で見ると，外国人労働者，外国人労働者を雇用する事業所ともに製造業が最も多く，外国人労働者は全体の30.2％，外国人労働者を雇用する事業所は全体の22.2％を占めている。

　守屋（2018）は日本の中小企業における外国人労働者の定着に影響を与える人材管理について3点指摘している。第1に，中小企業が外国人のキャリア開発を重視し，積極的に関与するかが定着に影響する。特に外国人材のキャリア開発には，日本語，日本的ビジネスマナーなどの文化的理解を促進することと，会計，経理，国際貿易実務，マーケティング等の専門性を高めることの2つの側面があり，両者ともに大切である。第2に，報酬管理の公正さが外国人の信頼と定着を促進する。そのためには，適正な評価基準を設け，問い合わせがあったときには客観的かつ納得性のある説明ができる仕組み作りが不可欠である。第3に，外国人への福利厚生面でのサポートの定着を進める。とりわけ，労働者本人の母国への帰国や家族の呼び寄せにかかる費用面での支援や，女性の外国人材に対する子育て関連の福利厚生の充実も大切である。

3. ブラック企業

(1) ブラック企業とは

　近年頻繁に聞かれるようになった「ブラック企業」に明確な定義はない。しかし一般的に，ブラック企業は「違法な労働条件で若者を働かせる企業」を意味する。厚生労働省は「ブラック企業」という言葉は使用せず，「若者の〈使い捨て〉が疑われる企業等」としており，ブラック企業の特徴として，①労働者に対し極端な長時間労働やノルマを課す，②賃金不払残業やパワーハラスメントが横行するなど企業全体のコンプライアンス意識が低い，③このような状況下で労働者に対し過度の選別を行う，などをあげている。日本社会には，ブラック企業の問題が取り上げられる以前からサービス残業，過労死，過労自殺等の働き方の問題が存在していたことを考えると，ブラック企業の問題は個別企業の労務管理のあり方にとどまらず日本社会全体の労働環境に関わるものであり，より一般的に「違法な労働を強い，労働者の心身を危険にさらす企業」の問題であるともいえる。

　浜口（2013）によると，従来の日本型雇用システムでは，正社員は会社の指揮命令のもとで働くことの代償として長期的な雇用と生活が保障されており，職業人生全体として見るならば「保障と拘束の交換」の釣り合いが取れていたという。ブラック企業の特徴はこの保障の不在にある。従来の雇用システムにおいては，長時間労働など働き方だけに限っていえば「ブラック」なケースであっても，長期的には雇用や生活が保障されていたため必ずしもブラックではなかった。しかし今日問題になっているブラック企業の場合，雇用や生活の保障がないことに加えて過酷な働き方を強いられるため「ただのブラック」ということになる。そのような労務管理の広がりが今日の「ブラック企業現象」だといえる。

(2) ブラック企業の特徴

　ブラック企業対策プロジェクト[注2]によると，「ブラック企業」はIT業界の過剰労働を描いた黒井勇人の小説『ブラック企業に勤めてるんだが，もう俺は限界かもしれない』が2009年に映画化されてから広く認知されるようになっ

た。今日「ブラック」と呼ばれる過酷な労働条件は小売，外食，介護，保育等の業種へも拡大しており，これらの業種の多くの企業では「正社員」として採用された者であっても，長期的な雇用や生活の保障がなされないまま，短期間で心身の健康を崩し離職に追い込まれることも珍しくないという。NPO 法人POSSE は，ブラック企業の労務管理を，「若者を戦略的に〈使い潰す〉ことで利益をあげる〈新しい労務管理〉」として警鐘を鳴らしている。

ブラック企業被害対策弁護団は，ブラック企業に典型的に見られる違法行為として以下の点をあげている。

①長時間労働

1 か月 80 時間以上の長時間労働は心身の健康に悪影響を及ぼし，鬱病の罹患，過労死・過労自殺につながるリスクがあるとされているが，ブラック企業ではこれを大幅に超える長時間労働が強要されるケースが多いという。

②残業代の不払い

ブラック企業が残業代を支払わない常套手段として「残業代を支払わない決まりがある」，「残業代を支払わない合意ができている」等の理由を示すことが多く見られるという。また，仕事が終わらないことを個人の能力の低さを理由にした残業代の不払いが常態化していることもブラック企業の特徴だという。

③固定残業代，雇用形態の一方的な変更

契約前に明示しないまま，基本給に固定残業代を含めることで，違法に低賃金・長時間労働を強要する。「営業手当」，「役職手当」，「技術手当」などの名目で，その定額手当を残業代の代わりとし，追加の残業代を支払わずに長時間労働を課す。また，求人や面接での説明と実際の契約書の内容や，入社後の就労実態が異なるケースも頻発しているという。

④裁量労働制や管理監督者制度の濫用

ブラック企業では「変形労働時間制」や「フレックスタイム制」を意図的に「誤って解釈」するケースが多く，それらの制度を適用することで残業代等を適法に支払わず，過度な長時間労働を強要するという。また「管理

監督者」には，労働時間や休日に関する規定は適用されないが，肩書は「店長」などの管理監督者を示すものであっても，実際には管理監督者とはいえない，いわゆる「名ばかり管理職」である場合も多い。

⑤パワーハラスメント

ブラック企業ではパワーハラスメントが常態化しているという。解雇したい社員を自発的に離職させるために，意図的にパワーハラスメントを行い鬱病に追い込むケースも見られるという。

⑥過労鬱，過労自殺，過労死の隠蔽

ブラック企業では，長時間に及ぶ過重労働を課すことで若者の心身を破壊するケースが多いが，ほぼすべてのケースで，恫喝などさまざまな方法で申請をさせず被害者は労働災害申請ができないという。結果として被害は私傷病扱いとなり，負担は被害者個人へと転嫁される。

（3）ブラック企業の労務管理

今野（2015）は，ブラック企業の最大の特徴として大量募集と大量離職をあげている。大量に雇われた新卒社員の「選抜」過程では過酷な競争が強いられ，能力がなく不要な人材と判断された者には退職が強要され，選抜に残った者が使い潰されていくのだという。今野は，これは特定の上司についたために生じる問題ではなく，高度に組織化された「労務管理の戦略」が引き起こす問題だという。今野（2015）はブラック企業の労務管理を以下のように整理している。

第1段階　大量募集

正社員採用であることを強調し大量に新卒者や若者を採用する。たとえば，求人票に示された給料には「一定の残業代がすでに含まれている」として固定残業代の制度を悪用したり，正社員の採用ではないにもかかわらず「正社員募集」として偽りの採用活動を行うなどのパターンが見られる。

第2段階　選別

大量に採用した社員から，体力のある者，サービス残業などの違法労働に耐える者を選別する。このような選別には，すでに選別されてきた社員

に対して「次は自分が辞めさせられるかもしれない」という恐怖感を与える効果もある。

　ブラック企業は，正社員採用した社員を「見習い」扱いし，入社した社員に対して「試用期間だからいつでも首にできる」という態度をとることが多く，能力が低いと判断すると辞めさせる特徴がある。自らの意思による退職であれば，企業には法律上の責任がないように偽装できるため，意図的にハラスメントを行うことで社員を精神的に圧迫し「自己都合退職」に追い込むことも多い。そして，退職しない者に対しては「カウンセリング」と称して継続的にハラスメントを行う。

第3段階　使い潰し

　選別に残った社員たちが使い潰されていく過程には，以下のような特徴が見られる。①残業代の不払い，②異常な長時間労働，③幹部や社長に起用して使い潰す，④上司や同僚によるハラスメントの横行，⑤簡単に辞職を認めない，⑥心身の健康を崩すと自己都合退職へと追い込む。

（4）社会問題としてのブラック企業

　ブラック企業によって多くの若者が使い潰されることで，若者の働くことに対する意欲や希望が劣化する。また，ブラック企業は，合法的に事業を行う企業の利益を不正な競争で圧迫し，産業のあり方を歪めることにもなりかねない。ブラック企業対策プロジェクトは，日本の健全な産業社会を守り，良質な雇用を増やすためにも，ブラック企業の違法行為を是正する必要があるとしている。ブラック企業の問題は個別の企業や被害ケースに限られたものではなく，日本の雇用労働に関わる社会問題だといえる。

4．グローバル化と高度外国人材

（1）グローバル人材の育成

　今日，経済のグローバル化が加速する中，多くの日本企業において「グローバル人材の育成」が急務となっている。グローバル人材には，国内での勤務に

求められる仕事の遂行能力に加え，多言語運用，異文化間コミュニケーション，プレゼンテーション等の情報伝達能力，さらに異文化適応能力，交渉力，メンタルタフネスなど異質性への対応能力が必要とされ，不確実性の高い環境において文化的背景の異なる人々との相互理解を深め，利害の調整ができる多次元的な能力が求められる（永井，2012）。

　「産学官によるグローバル人材育成のための戦略」（産学連携によるグローバル人材育成推進会議，2011 年 4 月）は，グローバル人材を「世界的な競争と共生が進む現代社会において，日本人としてのアイデンティティを持ちながら，広い視野に立って培われる教養と専門性，異なる言語，文化，価値を乗り越えて関係を構築するためのコミュニケーション能力と協調性，新しい価値を創造する能力，次世代までも視野に入れた社会貢献の意識などを持った人間」と定義し（永井，2012），その育成において重要な課題となる次の 3 点を指摘している。①語学力・コミュニケーション能力，②主体性・積極性，チャレンジ精神，協調性・柔軟性，責任感・使命感，③異文化に対する理解と日本人としてのアイデンティティ。また，これらの要素に加えて，幅広い教養と深い専門性，課題発見・解決能力，チームワークと異質な者の集団をまとめるリーダーシップ，公共性・倫理観，メディア・リテラシー等もグローバル人材の育成に関係すると考えられる。

（2）高度外国人材

　グローバル人材の課題は誰がどこで働くかを想定するかによって異なるが，ここでは特に中レベルから高レベルの知識・技能を持つ「高度外国人材」を取り上げ，その採用と定着の課題について考察する。

　日本で就労する高度な技術や専門的知識を持つ外国人材は近年増加する傾向にある。2017 年 10 月末時点において，専門的・技術的分野の在留資格を持つ外国人労働者数は 23 万 8 千人に達し，前年同期と比較して約 18％増加している（「平成 29 年『外国人雇用状況』の届出状況まとめ」）。日本では，外国人の高度人材の受入れを促進するために，ポイント制に基づく出入国管理の優遇措置制度を 2012 年 5 月 7 日より導入している。この制度は，高度外国人材の活動内容を，「高度学術研究活動」，「高度専門・技術活動」，「高度経営・管理活動」

の３種類に分類し，それぞれの特性に応じて，「学歴」，「職歴」，「年収」等の項目ごとにポイントを設け，ポイントの合計が70点以上の場合には出入国管理上の優遇措置を与えるものである。

守屋（2018）によると，高度外国人材を雇用したことがない日本の中小企業にとって，ポイント制に基づく外国人材の受け入れはレベルが高く，実態として制度利用のハードルは高いという。労働政策研究・研修機構が2012年に実施した「企業における高度外国人材の受入れと活用に関する調査」では，企業および外国人個人に対する調査から，いくつかの興味深い結果が報告されている。

①企業調査（N=1,338）の結果，高度外国人材の雇用を考えたことがない企業が多く，過去３年間の採用実績は「一度も採用したことがない」が71.2％，「過去３年間に採用したことがある」が19.6％，「過去３年間は採用したことがないが，それ以前に採用したことがある」が9.6％だった。

②高度人材ポイント制については，88.9％の企業が制度の導入を認知しておらず，ポイント制に申請したことのある企業は，回答企業全体のわずかに4％だった。

③個人調査の対象者（N=334）のうち中国の出身者が53.3％を占めている。業種は製造業が最も多く（37.4％），規模では「1,000人〜4,999人」（24.9％）と「100人〜299人」（20.1％）が多い。平均勤続年数は約５年で，約83％が正社員として雇用されていた。職位は「役職なし」が68.3％で，「販売，営業」，「システム開発・設計」，「研究開発」の３職種がそれぞれ10％以上の割合を占めている。

④外国人材全体の約86％の者が現在の仕事に満足しており，「現在の会社でずっと働くつもりである」が約45％，「現在の会社かどうかは不明だがずっと日本で働く」が約22％だった。将来の希望は「高度な技術・技能を活かす専門人材」（37.6％），「海外の現地法人の経営幹部」（26.2％）などとなっておりキャリア志向が高い。

(3) 高度外国人材の定着化の課題

守屋（2016）は，高度外国人材の受け入れ政策の問題は，日本企業に雇用されている外国人が「高度人材」であることは稀で，むしろ「普通人材」が一般的である点にあるとしており，今後の外国人材の受け入れにおいては「高度人材」のみならず「普通人材」の在留基準や永住許可のあり方の検討も重要であると指摘している。

守屋（2018）によると，日本における高度外国人材の受け入れ体制は未だ整備されていない。外国人が日本で生活しながら働くためには未ださまざまな障壁が存在しており，企業・社会・国それぞれのレベルでの制度改変が必要である。たとえば守屋は，インターナショナルスクールに子どもを通わせるための支援や日本語教育の強化，外国人が受診しやすい医療制度の整備等を含む全般的な支援体制を整えていくことが大切だとしている。

■ 第3節 ■

ワーク・ファミリー・コンフリクト

1. ワーク・ファミリー・コンフリクトとは

今日多くの人々にとって，仕事と私的生活（家事，子育て，介護，余暇，地域活動等）は，どちらを取るかの選択肢というよりも，いずれも犠牲にすることなくいかにマネージするかの対象だといえる。しかし依然として，バランスの取れた仕事と私的生活を送ることは容易ではなく，一方を重視するともう一方が犠牲になりやすい。

1980年頃から北米を中心に，仕事と家庭生活の相互関連性についての研究が蓄積されてきている。これは，女性が職場進出するようになった結果，共働き夫婦や女性のひとり親など，仕事と家庭両方の責任を同時に果たさねばならない人々が急増し，仕事と家庭生活の両立が働く人々の共通課題になったことと関係している。このような社会的な変化を背景に，研究者の間では働く人々の仕事と家庭役割の葛藤に関する研究関心が高まっていった。この葛藤は「ワー

ク・ファミリー・コンフリクト」と呼ばれている。

　これまでの研究によって，ワーク・ファミリー・コンフリクトが個人に及ぼす影響についていくつか重要な事実が明らかにされている。たとえば，コンフリクトは仕事や家庭生活に関する不満感を高め生活全体の質を低下させること，またワーク・ファミリー・コンフリクトを継続的に経験すると社会的不適応行動（たとえば，児童虐待やアルコール依存）の可能性が高まることも報告されている。

2．役割間葛藤

　ワーク・ファミリー・コンフリクトは，役割間葛藤（inter-role conflict）の一形態である。役割間葛藤は，ある集団のメンバーであることで受ける役割要請が，同時に別の集団に所属していることにより受ける役割要請と両立できない場合に経験するものである。役割要請を両立できないということは，一方の役割を担うことにより，もう一方の役割を遂行することが難しくなることを意味している。ワーク・ファミリー・コンフリクトは，仕事と家庭生活が対立関係にあることを前提とする概念で，個人の時間やエネルギーは有限であるため，請け負う役割の数が増えるほどそれぞれに費やすことができる時間やエネルギーは減少し，役割間葛藤が生じやすくなると考えられている。

3．スピルオーバー

　ワーク・ファミリー・コンフリクトに関する多くの先行研究が，一方の役割領域で生じる感情（態度や気分）が，他の役割領域においても生じることを報告している。役割間で感情が伝達されることを「スピルオーバー」という。1つの役割から他の役割への負のスピルオーバーを指して，たとえば，感情のネガティブ・スピルオーバー（Bartolome, 1983），ストレインに基づく葛藤（Greenhaus & Beutell, 1985），エネルギー干渉（Small & Riley, 1990）などの概念が用いられてきた。

　エドワーズとロスバード（Edwards & Rothbard, 2000）は，生活領域間で

スピルオーバーするものとして，感情（気分），行動パターン，スキルなどを
あげている。仕事領域から家庭領域へ負の感情がスピルオーバーする例として，
仕事に起因する不満や不安等が家庭に持ち込まれ，その結果その人は家庭にお
いても不満，不安な状態を継続する場合が考えられる。また，仕事で時間厳守
の規則に縛られている人が，家庭において子どもにも時間厳守を求める場合，
行動規範がスピルオーバーしていると見ることができる。逆に，家庭から職場
への感情のスピルオーバーの例として，家庭生活の中の問題やフラストレー
ションが職場へと持ち込まれ，その結果仕事に集中することが難しくなり，生
産性が低下する場合がある。

4. ワーク・ファミリー・コンフリクトの 3 形態

　グリーンハウスとビュテル（Greenhaus & Beutell, 1985）は，ワーク・ファ
ミリー・コンフリクトを，①時間，②ストレイン，③行動を軸として 3 つの形
態に分類している。

①時間に基づく葛藤
　　時間に基づく葛藤は，仕事（家庭）役割に費やす時間の長さが，家庭領域（仕
　　事）における役割遂行を妨害する場合に生じる。これは，時間は有限なリ
　　ソースであるため，ある役割要請に応えるために時間を費やせば，他の役
　　割遂行に投資できる時間は自ずと減少し葛藤が生じやすくなることを示し
　　ていて，ワーク・ファミリー・コンフリクトの典型といえる。
②ストレインに基づく葛藤
　　仕事および家庭の役割ストレッサー（たとえば，役割負荷の高さ，役割の
　　曖昧さなど）は，緊張，不安，疲労，イライラのようなストレインを引き
　　起こす可能性がある。ストレインに基づく葛藤は，一方の役割によって生
　　み出されたストレインが，もう一方の役割の遂行を困難にするという意味
　　を持つ。
③行動に基づく葛藤
　　ある役割において期待される特徴的な行動パターンが，別の役割において

期待される行動パターンと対立する場合にも葛藤が生じる。たとえば，ある人が職場で管理職であると同時に家庭では親である場合，管理職に期待される行動パターン（たとえば，論理的であること，冷静に判断を下すこと）と，親として期待される行動パターン（たとえば，寛容であること，やさしく接すること）をうまく調整できないとき，そこに葛藤が生じる可能性がある。

5. ワーク・ファミリー・コンフリクトの 2 方向性

グリーンハウスとビュテル（Greenhaus & Beutell, 1985）によると，「仕事領域から家族生活領域への葛藤（Work-to-Family Conflict：W → FC）」とは，仕事に費やす時間，仕事に起因するストレイン，仕事上期待される特徴的行動パターンが，その人の家族領域での役割遂行を妨げるような葛藤の一形態と定義されている。同様に「家庭生活領域から仕事領域への葛藤（Family-to-Work Conflict：F → WC）」とは，育児・家事等の家族役割に費やす時間，そこから生じるストレイン，家族役割に期待される特徴的行動パターンが，その人の仕事に関わる役割遂行を妨害するような役割間葛藤の一形態と定義される。

これまでの研究により，これら 2 方向のコンフリクトのうち「仕事領域から家族生活領域への葛藤（W → FC）」のほうが生じやすいことが明らかにされている。このことは，時間やエネルギー投資の要請が家族よりも仕事においてよりいっそう強いことや，スケジュール調整が家族生活よりも仕事においてよりいっそう困難であることが関係していると見ることができる。一般的に，F → WC よりも W → FC のほうが職務満足感や生活満足感に対してより強い負の影響を与えることが報告されている。

6. ワーク・ファミリー・コンフリクト経験の男女差

一般的に，働く女性は仕事の責任と家族ケアの責任を同時に負うことが多いため，ワーク・ファミリー・コンフリクトのリスクは男性よりも女性のほうが高いと考えられがちである。しかし，上述したコンフリクトの 2 方向性を考

慮に入れると、男女の葛藤経験はより複雑なものとなる。一般的に、男性は家族における稼得役割（道具的役割）が強調されることが多いため、仕事が家族領域に介入しやすいのに対し、女性の場合家族におけるケア役割（情緒的役割）が強調される傾向が強いため、家族的責任が仕事に介入しやすいと考えられてきた。つまりこれは、男性は女性よりも「仕事から家庭生活への葛藤 W → FC」を経験しやすいのに対し、女性は男性よりも「家庭生活から仕事への葛藤 F → WC」を経験しやすいことを意味している。

筆者が 2012 年に民間企業の研究開発技術者 4,139 人（男性 3,425 人、女性 714 人）を対象に実施した調査のデータを用いて、ワーク・ファミリー・コンフリクトの男女差を見てみる。

図 3-8 は「仕事から家庭生活への葛藤（W → FC）」を男女で比較したもので、各質問項目について「該当する」および「やや該当する」の合計割合（％）を男女別に示している。図からわかるように、6 項目中 4 項目で男性のほうが女性よりも仕事から家庭への葛藤を多く経験しており、「仕事のために家庭のことが思うようにできない（男性 58.6％、女性 41.4％）」、「仕事が忙しいため家族との予定が合わないことがある（男性 61.3％、女性 38.7％）」、「仕事のために家族とくつろぐ時間がない（男性 62.0％、女性 38.0％）」、「仕事が忙しいと仕事を家に持ち帰る（男性 66.7％、女性 33.3％）」の経験頻度で男女差が大きくなっている。しかし、「仕事が忙しいと家にいる時でも仕事のことを考える（男性 45.1％、女性 54.9％）」、「仕事で精神的につらいと家にいるときもイライラ

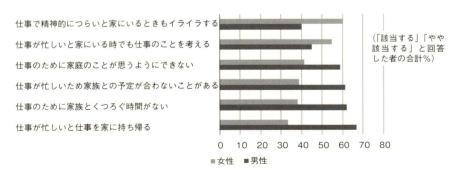

図 3-8　W → F コンフリクト経験頻度の男女差　（筆者作成）

第3章　雇用の多様化とワーク・ファミリー・コンフリクト

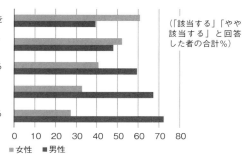

図3-9　F→Wコンフリクト経験頻度の男女差（筆者作成）

する（男性39.9％，女性60.1％）」では女性の経験頻度の方が高くなっており，「仕事から家庭生活への葛藤」は必ずしも男性特有のコンフリクトとはいえず，特に心理的なスピルオーバーについては女性の方が葛藤を経験するリスクが高い可能性がある。

　図3-9は「家庭生活から仕事への葛藤（F→WC）」を男女で比較したもので，図3-8と同様に各項目について肯定的な回答の割合を男女別に示している。図が示すように，「家庭の事情で仕事を休んだり，早退・遅刻することがある（男性59.4％，女性40.6％）」，「家庭や家族のことで仕事が中途半端になることがある（男性67.3％，女性32.7％）」，「家庭の事情で職場の人に対して肩身の狭い思いをすることがある（男性72.4％，女性27.6％）」の3項目で男性のほうがより多くの葛藤を経験している。この結果から，必ずしも男性が「家庭生活から仕事への葛藤」を経験しないわけではないことがわかる。つまり，家庭責任の仕事へのしわ寄せは女性特有の問題とはいえず，少なくとも技術者については男性にとっても問題になりつつあり，働く男女共通の問題になってきているといえる。

　かつては，男性は仕事が家庭生活に影響を与えやすいのに対し，女性にとっては家族的責任が仕事における時間や集中力等に影響しやすいことから，性別によって葛藤の性質が異なるのではないかと考えられていたが，女性の社会進出が進み，男性の働き方や生活に関する考え方が変化する中，男女のワーク・ファミリー・コンフリクトの経験も変化してきていると見ることができる。これはワーク・ライフ・バランス施策のあり方を考えるときに，男女が経験する

葛藤に共通部分が大きいことを念頭におく必要があることを示唆している。

7. ワーク・ファミリー・エンリッチメント

ここまで見てきたように，仕事と家庭生活のネガティブな関係を探るワーク・ファミリー・コンフリクト研究には多くの蓄積があり，成熟した研究領域になっている。しかし最近，研究者の間では仕事と家庭生活のポジティブな関係性についての問題意識が生まれつつあり，領域間の相互強化的な関係や相乗効果へと研究関心がシフトする傾向が見られる。むろん，コンフリクト研究に較べれば歴史が浅いため研究蓄積はいまだ少ないが，仕事と家庭のポジティブな関係は今後の研究の重要な展開方向を示していると思われる。

ワーク・ファミリー・エンリッチメントは，1つの役割における経験が別の役割における経験の質を高めることを指す（Greenhaus & Powell, 2006）。ハンソンら（Hanson et al., 2003）は，エンリッチメントを2つのタイプに整理している。1つは「道具的エンリッチメント（instrumental enrichment）」と呼ばれるもので，ある役割領域で獲得された能力やスキルが別の役割領域に持ち込まれ，有効に活用される場合である。たとえば，職場で身につけた問題解決のスキルを家庭生活の中で活用することにより，家庭での問題がより効果的に解決される場合がこれにあたる。もう1つは「情緒的エンリッチメント（affective enrichment）」と呼ばれるもので，喜びや嬉しさなど，ポジティブな感情や気分が一方の役割領域からもう一方の領域へと伝達される場合で，上述したスピルオーバーに関連するものである。

カールソンら（Carlson et al., 2006）はワーク・ファミリー・エンリッチメントを2つの方向性に分けて，それぞれの側面について言及している。まず「仕事から家庭へのエンリッチメント」には以下の3つの側面がある。

①情緒：気分や態度が関連する側面。仕事を通して経験する良い気分が，家族との関係を向上させること。
②発達：スキル，知識，行動が関連する側面。仕事を通して獲得する知識やスキルが，家族との関係を向上させること。

③資本：自信や達成感など，仕事を通じて獲得する心理的リソースが関連する側面。仕事を通して得られる個人的な達成感が，家族との関係を向上させること。

　一方，「家庭から仕事へのエンリッチメント」については，「情緒」と「発達」の側面は同様だが，3つめの側面として「資本」ではなく「効率性」をあげている。これは家庭における役割を担うことで，職場での従業員としての効率性が向上する場合を指している。たとえば，子育ての役割があるため職場で無駄な時間を過ごすことができず，結果として仕事を効率的に行うことができるようになる場合がこれにあたる。グリーンハウスとパウエル（Greenhaus & Powell, 2006）によると，一般的に「家庭から仕事へのエンリッチメント」のほうが「仕事から家庭へのエンリッチメント」よりも発生頻度が高いという。

8. ワーク・ファミリー・コンフリクト緩和のための支援

　ワーク・ファミリー・コンフリクトは公式な職場制度（たとえば，休業や短時間勤務）だけでは解消できないことを認識する必要がある。確かに，仕事から離れて家族のケアに専念することが必要な人には休業などの公式制度があることは重要だが，仕事と私的生活の全体的な調和を考えるならば，本当に重要なことは「日常的なコンフリクト」をいかに緩和するかにあるといえる。そのために必要な支援において，おそらく，最も重要な鍵は職場レベルにおける「非公式な取り決め」にあると考えられる。たとえば，すべての従業員に対して一律な働き方を求めていないか，必要に応じて仕事時間や段取りを個人の判断に委ねているか，あるいは上司は部下の私的ニーズを把握し柔軟に対応できているかなども，仕事と家庭役割の葛藤を緩和させる上で重要な要素といえる。

注）
1. 「教授」，「芸術」，「宗教」，「報道」，「高度専門職1・2号」，「経営・管理」，「法律・会計業務」，「医療」，「研究」，「教育」，「技術・人文知識・国際業務」，「企業内転勤」，「興行」，「介護」，「技能」が該当。
2. ブラック企業対策プロジェクトホームページ　http://bktp.org/
3. ブラック企業被害対策弁護団ホームページ　http://black-taisaku-bengodan.jp/

第4章

人事評価

　人はさまざまな場面で他人を評価している。あの人は頭が良いとか，面白いなどさまざまであるが，これは自身のモノサシによって判断された主観的な評価にすぎない。広辞苑で「評価」という言葉を調べると「モノの価値を定めること」となっている。人の評価が「ヒトの価値を定めること」だとしたら，企業におけるヒトの価値とはどのようなもので，どのような方法で測られているのだろうか。

■ 第1節 ■

人事評価の定義

　企業における人の評価にはさまざまな用語が存在する。人事評価，人事考課，人事査定，人事測定，人事検査，アセスメントといったものである。名称が異なるものの，それぞれに明確な定義がされているわけではなく，結局は同じような意味で使用されているという指摘もある（遠藤，1999）。

　そこで本章では，目に見えやすい業績や行動特性を対象とした評価を総じて「人事評価」という用語で統一し，それとは別に目に見えにくい能力や性格を対象とした評価を「アセスメント」と呼ぶことにする。

　人事評価の定義としては，「従業員の日常の勤務や実績を通じて，その能力

や仕事ぶりを評価し，賃金，昇進，能力開発等の諸決定に役立てる手続き」（白井，1982）や「個々の従業員の職務実績・職務遂行能力・勤務態度を合理的に制定された一定の評価項目に従って直接上司その他が評価する制度」（岩出，2016）がある。これらを参考にしつつ，本章では人事評価を「処遇を始めとした多様な目的に生かすために，従業員の組織での働きぶりを，ある一定の基準に従って判断する手続き」と定義する。

■ 第2節 ■

評価目的

　企業における人事評価は，処遇など多様な目的に生かすために行われている。その主要な目的として以下の4つがあげられる。

　まず1つめの目的は，昇進・昇格，昇給，賞与といった処遇を決定することである。人件費の原資やポスト（役職）には限りがあるために，処遇に格差をつけることが必要となる。さらに近年は，動機づけをするために成果主義的評価を導入し，処遇格差をつける企業が増えてきている。

　2つめの目的は，従業員個々の能力を見極め，適性配置を決定することである。職種別採用が一般的である欧米企業とは異なり，日本企業においては組織に入ってさまざまな職場でさまざまな職務を経験させながら，適性を見出していく。人事評価により，成果が出ていない原因を判断し，職場や職務が適していない場合は配置転換を行う。

　また，成果が出ていない原因が能力的な問題である場合は，教育訓練で解決できる可能性もある。教育訓練ニーズを見出すこと，人材育成に役立てることが人事評価の3つめの目的といえる。近年では評価結果を伝える評価面接が上司と部下とのコミュニケーションを促進し，重要な育成機会とされている。上司からのフィードバックにより，業務の改善点に気づかせたり，自己啓発目標を立てさせたり，キャリア形成の支援をしたりするなど，評価の育成面での期待が高まっている。

第4章　人事評価

　4つめの目的は，評価基準を示すことによって従業員に期待の人物像を提示することである。つまり，評価基準を示すことによって，企業は組織目標を達成するために従業員の行動を変えることができる。今野・佐藤（2009）が人事評価を「従業員の道しるべ」と表現しているように，最短で成果を出すことを良しとする企業なのか，それとも時間がかかっても丁寧に顧客との関係を築くことを良しとする企業なのか，行動と方向性をわかりやすく伝える手段となりうる。

　以上のように，組織における人事評価はさまざまな目的に対応するために行われている。「目的別人事評価」という用語があるように，厳密には人事評価はその目的に応じて，最も適切な方法が取られるべきであるとされる（森，1969）。

■ 第3節 ■

評価要素

　人事評価は個人に格差をつける処遇に活用されるだけではなく，人の育成や人に理想の人物像を伝える目的がある。つまり，評価制度を設計する際には，組織の目的に応じて，人の働きぶりや能力のどのような点，どのような内容を評価基準としていくのか，評価要素を絞り込む必要がある。重要だからといって100種類もの評価要素を測るなら，評価者の手間が増え，適切な評価ができなくなるであろうし，被評価者の道しるべになるどころか，かえって道に迷わせてしまうだろう。ここでは，一般的な評価要素について説明する。

1.　評価要素の一元論・多元論

　人の働きぶりのどこを評価するのかを決定する際に，まず要素を1つに絞り評価するのか，要素を複数にして評価するのかを考える必要がある。要素を1つに絞って評価するものを一元論，要素を複数用意し，多角的に評価するもの

79

を多元論といい，それぞれを支持する立場から論争がなされてきている（高橋，2010）。

一元論のメリットとしては，コストや効用といった経済的指標で「優れている」から「十分ではない」といった単一の基準で見るため，データとしての扱いやすさ，評価のしやすさがあげられる。しかし，営業のように，一定期間の売り上げといった成果を１つの要素として評価しやすい職務もあれば，経理や人事といった間接部門のように明確な成果があるわけではなく，１つの要素では評価しにくい職務もある。このような職務の違いを無視して，１つの基準で見ていくと，正確に働きぶりを評価できない可能性もある。

一方，多元論は，仕事の成果を行動や心理指標から多次元的に判断し，評価していくものである。さまざまな観点から評価できることや，職務にあった評価基準を用意できる点が有効である。

アメリカではパフォーマンス評価として８次元で評価していく「キャンベル・モデル」（Campbell et al., 1993）がある。日本にも導入されている「コンピテンシー・モデル」も達成とアクション，援助・対人支援など人の職務行動を多次元で見ていくのが基本である。また，伝統的な日本の評価制度である「職能資格制度」でも，能力，業績，態度の３次元が評価要素となっており，こちらも，多次元で見ていくのが一般的である。

ただし，多元論のデメリットとしては，評価要素が増え，複雑化すると，それだけ評価の手間が増えることである。近年の管理職者は部下の管理だけではなく，プレーヤーとして成果を出すことを求められるプレーイングマネージャーであり，評価要素が多すぎれば，業務中の評価にかける時間が多くなってしまう。また，時間をかけずに行おうとすると，人為的な評価エラーを招きやすくなる（小野，1997）。

2. アメリカにおける一般的な評価要素

アメリカではパフォーマンス評価（performance appraisal）もしくは近年ではパフォーマンス・マネジメント（performance management）が行われている。パフォーマンスとは，「組織目標に対する貢献度という観点から評価さ

第 4 章　人事評価

表 4-1　キャンベル・モデル（8 次元）(Campbell et al., 1993)

①職務限定的熟達度	自己の職務・役割で中核的な専門業務を遂行する程度
②職務非限定的熟達度	担当している仕事内容に関わりなく，誰もが実行すべき業務の遂行度
③文書・口頭コミュニケーション熟達度	口頭もしくは文書によって情報の伝達を効果的に行う程度
④努力の発揮	悪条件や逆境にあっても仕事を完遂し，努力する程度
⑤自己規律の維持	時間や生活態度を自己管理する程度
⑥同僚成果・チーム成果の促進	チームメンバーの参加意欲を高めるとともに，職場仲間をサポートしている程度
⑦監督・リーダーシップ	率先垂範し，仕事の手順を教え，職場仲間の仕事に影響を与える程度
⑧管理・実務	目標を設定し，危機管理をし，支出を抑え，部門の利害を代表し，部門全体の管理を行う程度

れる行動」（Campbell et al., 1973）とされ，単なる「行動」（behavior）とは
区別される。キャンベルら（Campbell et al., 1993）は表 4-1 のように 8 次元で
パフォーマンスを評価する。

3.　日本における一般的な評価要素

(1) 職能資格制度の評価要素

　職能資格制度は，1969 年に日経連の報告書『能力主義管理』で提言された
ことから次第に普及していき，1990 年初頭まで日本の多くの大企業で使用さ
れていた能力主義的な人事制度である。職能資格制度の評価要素は，表 4-2 の
ように業績，能力，態度の 3 次元で評価する（鎌形，2005；岩出，2016）。
　また，管理職能，中間指導職能，一般職能といった職務遂行能力のレベルに
よって，評価すべき要素は異なってくるという考え方から，これら 3 つの評価

表 4-2　職能資格制度の評価要素 3 次元（岩出，2016, pp.139-141）

業績評価	評価期間中における仕事の量や質，達成すべき数値目標や課題など職務遂行の度合いを評価する。
能力評価	従業員が知識・技能・理解力・判断力・交渉力などをどの程度保有しているかを評価する。
態度評価	評価期間中に従業員がどのような態度・行動・取り組み姿勢で業務を遂行したのかを評価する。一般的には責任性・積極性・挑戦性・協調性・規律性などの面から評価する。

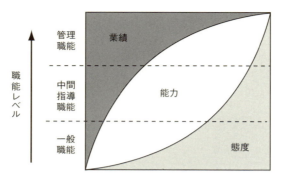

図4-1 3次元の評価要素とウェイトのイメージ（岩出，2016，p.141）

要素は評価ウェイトで違いを出すのが一般的である。たとえば，図4-1のように，一般職能（入社～10年ぐらいまで）は職務への取り組み姿勢などを見る態度評価のウェイト（比重）が最も大きく，中間指導職能では知識や技能といった能力評価のウェイトが最も大きく，管理職能になると成果を数値で見ていく業績評価のウェイトが最も大きくなるという具合である。

しかし，能力の基準として，最低在位年数や最高在位年数が決まっていることにより，実質的に職能資格制度は年功要素の強いものとなっていた。その結果，バブル崩壊後の長引く不況期に，職能資格制度を廃止する企業が増えたのである。ただし，新しい制度を導入しても評価要素の3次元，態度，能力，業績といった枠組みは大きく変わってはいない。

（2）コンピテンシー・モデルの評価要素

職能資格制度の能力評価に代わって用いられるようになっているのが，コンピテンシー評価である。コンピテンシー（competency）とは，「行動によって見極められる動機，自己効力感，思考，スキル，知識などを含む総合的な能力の概念であり，高業績や有能さにつながると予測されるもの」と定義される（加藤，2011）。

コンピテンシーはもともとアメリカの心理学者マクレランド（McClelland, 1973）によって考え出された能力の概念であり，マクレランドのコンピテンシーの捉え方の特徴は，読解力，文章力，計算力のような伝統的な能力（IQ）だ

けでなく，コミュニケーション能力，忍耐力，適度の目標設定や自尊心の発達
といったパーソナリティー変数を含めたものを，コンピテンシーとして捉えた
ことである。ただし，マクレランドは採用の際の基準としてコンピテンシーを
提唱しており，日常的な人事評価の手法として発展させたのは，マクレランド
の流れを汲むボヤジス（Boyatzis, 1982）やスペンサーとスペンサー（Spencer
& Spencer, 1993）である。

　特に，スペンサーとスペンサー（1993）は表 4-3 のような 20 次元のコンピ
テンシー・モデルを提示した。これ以降，さまざまなコンサルティングの会社
が独自のコンピテンシー・モデルを作成していく。このようなコンピテンシー・
モデルは，アメリカでは 1990 年代，日本では 2000 年代に普及する。

　また，コンピテンシー・モデルのもう 1 つの特徴は，モデル作成時にある。
実際に職務を遂行している高業績者と平均的な業績者の成果の差を生む行動を，
行動結果面接（BEI：Behavioral Event Interview）により抽出し，具体的な
行動基準を明示していく点である。この面接を職務ごとに行い職務ごとのモデ

表 4-3　一般的なコンピテンシー・モデル（Spencer & Spencer, 1993 をもとに筆者作成）

A：達成とアクション	①　達成志向 ②　秩序・品質・正確性への関心 ③　イニシアチブ ④　情報収集
B：援助・対人支援	⑤　対人理解 ⑥　顧客支援志向
C: インパクト・対人影響力	⑦　インパクト・影響力 ⑧　組織感覚 ⑨　関係構築
D: 管理領域	⑩　他者育成 ⑪　指導 ⑫　チームワークと協力 ⑬　チームリーダーシップ
E: 知的領域	⑭　分析的思考 ⑮　概念的思考 ⑯　技術的・専門職的・管理的専門性
F: 個人の効果性	⑰　自己管理 ⑱　自信 ⑲　柔軟性 ⑳　組織コミットメント

ルを作成する。つまり，コンピテンシー・モデルは，職務や職位によって評価要素や要素のウェイトがそれぞれ異なるものとなる。

表4-3のモデルは一般的なコンピテンシー・モデルとして紹介されているものであるが，同書の後半部分には「技術者および専門職」，「セールス職」，「支援・人的サービスの従事者」，「管理者」と職務ごとにコンピテンシー・モデルが提示されており，それぞれ評価要素の数，内容，ウェイトが異なるものが示されている。

ただし，アメリカのように詳細な職務分析を行う習慣がない日本企業においては，独自に職務ごとの高業績者と平均的な業績者の行動パターンを比較し，モデルを設計する土壌がない。そこで，外資系コンサルティング企業の既存のモデルを使用することが多いが，自社独自の事情に合わないモデルになっていたり，職務や職位が異なるにもかかわらず，全社員を同じコンピテンシー・モデルで評価しており，運用がうまくいっていないというのが実情のようである。そこで，職能資格制度の能力の部分を行動基準として標記の仕方を変えただけのもので設計しているケースもあり，日本に導入され20年近くを経て，本来のコンピテンシー・モデルとは異なる設計・運用をしている企業も多い。

しかしながら，コンピテンシー・モデルに限らず，さまざまな職務，さまざまな職位の人を同じ評価要素で適切に評価するのは難しいはずである。森(1969)が指摘しているように，「人事評価の評価要素の選定は対象や目的によって異なるものになる」という前提を再確認する必要があるだろう。

■ 第4節 ■
─────────────────────────────────

評価方法

働きぶりのどのような要素を評価するかを決定した後は，その要素をどのように測定するかという評価方法を考える必要がある。評価方法は大きく分けて2つあり，1つは相対評価，もう1つは絶対評価である。

近年，相対評価は悪，絶対評価が善という観念が浸透してきているが，高橋

（2006, 2010）は教育界を中心としたその流れには注意が必要であるとしている。特に，企業においては労働費用という原資が限られているため，賃金の分配という視点で見れば，相対評価のほうが合理的な面もある。相対評価，絶対評価の長所と短所を考慮しつつ，企業の評価目的と照らし合わせながら最も適しているものを選定していく必要がある。

1. 相対評価と尺度

　相対評価は，評価対象者を比較することによって優劣を決めるもので，たとえば A 評価 10%，B 評価 20%，C 評価 50%，D 評価 20% のようにあらかじめ総枠が決められている。長所としては，賞与の分配やポスト（職位）が限られている昇進の決定のための明確な指標にしやすい。

　相対評価の代表的な尺度は以下の 3 つである。1 つめは強制分布法・分布制限法（forced distribution）である。あらかじめ決められた分布に従って評価対象者を序列化する方法であり，企業だけでなく学校でも使用される。長所は，各グループを最初から決まった人数にすることができる点である。一方で，被評価者の働きぶりが正規分布していなくとも，正規分布しているがごとく強制的に A ～ D にバラツキを持たせることになる。結果として，ある部門で多くの人が素晴らしい成果を上げたとしても，C や D 評価を無理やりつけなければならず，つけられた被評価者は不満を持つことになる。また，部門間での比較ができないため，優秀な人が集まる部門では，組織全体の中で見れば優秀であるにもかかわらず，部門内の比較により不当に低い評価をつけなければならないという短所がある。特に，オボイルら（O'Boyle et al., 2012）の研究によれば，従業員のパフォーマンスは正規分布ではなく，パレート分布[注2]であることが実証されており，正規分布を前提にしている強制分布法の有効性を疑問視する声もある。

　2 つめは序列法（ranking method）である。業績や特性などの評価要素ごとに序列をつけ，最後に総合順位によって評価をつけていく方法である（表4-4）。最も単純で評価しやすいため，他の方法と比べて容易に実施しやすい。デメリットしては，評価対象者が増えると正しく序列づけするのが困難になる一方で，

表 4-4　序列法（藤田，1962，p.134 を一部修正）

要素 被評価者	仕事の量	仕事の質	協調性	信頼性	積極性	順位計	総合順位	評価
佐藤さん	2	1	1	1	2	7	1	A
鈴木さん	3	3	2	3	1	12	2	B
高橋さん	7	7	6	7	7	33	6	D
田中さん	6	4	7	7	5	30	5	C
伊藤さん	4	4	4	4	3	19	3	B
渡辺さん	1	2	3	2	4	12	2	B
山本さん	5	6	5	6	6	27	4	C

人数が少ないときには順位づけする意味がなくなることである。さらに，統計的にはそれぞれ異なっているべき仕事の量や質，協調性についてのバラつきを，順位は等間隔に連続した整数にしてしまうため，両端に近い順序の差と中央部に近い順序の差が同じように取り扱われてしまう。また，同一または同類の職務の範囲に限られる（藤田，1962）。

　3つめは一対比較法（method of paired comparison）である。ペアとなった対象者を比較することによって，対象者の業績・特性を序列づける。最も正確な相対評価の方法とされる。標準得点を求めることにより，グループ間，部門間の比較が可能となる。ただし，対象者が増えると，比較すべきペアの数が増え，時間と労力がかかり，評価者にとって大きな負担となる。

2.　絶対評価と尺度

　絶対評価は，ある基準に照らし合わせて評価する方法である。評価者は基準が明確であるため評価しやすく，被評価者はより良い評価を得るための基準がわかりやすく，納得性が高い。

　絶対評価の尺度は相対評価より多いが，本章では図式評定尺度法，照合表法・チェックリスト法，重要事象法，行動基準評定尺度法，行動観察尺度法，目標管理制度の6つを取り上げて説明していく。

　図式評定尺度法（graphic rating scales）は，個別の評価要素に対して，程度を表す尺度基準で，たとえば図4-2のように，非常に高い〜非常に低いまで

第 4 章　人事評価

	非常に高い ←———————————————→ 非常に低い				
協調性：	5	4	③	2	1
信頼性：	5	4	3	②	1
積極性：	5	④	3	2	1

図 4-2　図式評定尺度法（鎌形，2005）

の 5 段階を設け，それに照らし合わせて評価する。運用が容易であるため，絶対評価の方法として最も取り入れられている。しかし各従業員に数値データを提供できる一方で，非常に高い〜非常に低いといった基準が不明確のため評価エラーが起こりやすい。

照合表法・チェックリスト法（checklists method）は 100 項目あまり記述されている職務行動の中から，当てはまる項目のみをチェックしていくものである。職務行動を示す文書が長所，短所も含めて表 4-5 のように提示されており，被評価者の行動で思い当たる項目にチェックをし（表 4-5 の①），その項目についてあらかじめ用意された評点を合計した総合点で評価する（表 4-5 の②）ので，扱いやすい。日本では開発者であるプロブスト（Probst, 1931）の名前をとってプロブスト法とも呼ばれる。事実のみをチェックするので客観的である反面，評定項目が多すぎるため煩雑であり，評価者の負担が大きい。

重要事象法（critical incident method）は，極めて優れた職務行動と，特に優れていない職務行動を記録し（図 4-3），評価の基準にするものである。従業員のパフォーマンスの何が「正解」て，何が「不正解」なのかを明確にできるため，フィードバックしやすい。一方で，部下全員の行動を記録しなければならず，大変な時間と労力がかかる。また，すべての従業員を比較，序列化するのが困難なため，処遇との結びつけも難しい。

なお，重要事象法は，その後，行動基準評定尺度法（BARS）や行動観察尺度法（BOS），さらにはコンピテンシー・モデルといった職務行動をベースとした人事評価技法として発展していく（高橋，2010）。

行動基準評定尺度法（BARS：Behaviorally Anchored Rating Scale）は，実際の職務の重要事象に限定し，基準を職務行動で定義したものである。たとえば，ある評価要素について最も優れたレベルは，どのような行動なのかが明

表 4-5　チェックリスト法（森，1969，pp.117-118 を参考に著者作成）

①勤務報告書（一部）

☐	責任を果たす	✔	礼儀正しい
✔	判断力が足りない	✔	協調的である
☐	かなりの監督が必要	☐	忍耐力がない
☐	饒舌である	☐	怒りやすい
☐	指示を直ちに理解する	☐	不注意である
☐	常に喜んで仕事をする	☐	迅速かつ活動的である
✔	規則正しい	✔	仕事が遅い

②採点基準表（一部）

2	責任を果たす	2	礼儀正しい
-1	判断力が足りない	0	協調的である
-2	かなりの監督が必要	-1	忍耐力がない
-1	饒舌である	-2	怒りやすい
1	指示を直ちに理解する	-1	不注意である
2	常に喜んで仕事をする	1	迅速かつ活動的である
1	規則正しい	-1	仕事が遅い

【優れた職務行動の例】
4 月 18 日　　品質保証部が 1 ヶ月以上取り組んできた製品 A の品質の問題点について，
　　　　　　その原因を発見することで幅広い職務の知識を示した。

【悪い職務行動の例】
7 月 28 日　　割り振った仕事を終わらせるよう部下に残業を命じたものの，部下が断っ
　　　　　　たので，機転を利かせることもなく感情的に叱った。

図 4-3　重要事象法（Henderson, 1980, p.138）

確にされている。行動のわかりやすい基準を提供するため，非常に正確であり，フィードバックがしやすい。また，従来の評価方法よりも評価者間の信頼性の点でより一貫性があるとされている（Rarick & Baxter, 1986)。反面，開発するのに時間と労力を要すること，評価者も被評価者も結果よりも行動すること自体を重視しすぎてしまうこと，そして行動のリストをいくら長く作ったとしても，すべての行動を網羅できるわけではない，というところがデメリットとされる。

　なお，コンピテンシー・モデルは行動基準評定尺度を基礎としているといわれており，表4-6のように行動をレベル分けし，それぞれのレベルの職務行動を表記する形式が非常に似通っている。また，メリット，デメリットについてもBARSとほぼ同じであるといえる。

表4-6　「計画性」に関する行動基準評定尺度法（BARS）
(Schneier & Beatty, 1979, p.60；Rarick & Baxter, 1986, p.37)

7	非常に良い	・総合的なプロジェクトの計画を作成し，上手に文書化し，必要な承認を得て，関係者すべてに計画を配布する。
6	とても良い	・計画し，コミュニケーションを取り，節目に気を配る。たとえば，計画に関係するプロジェクトがどこであるか，週ごとに伝える。 ・あまり起こらないようなオペレーション上の問題が起きても，効果的にコミュニケーションが取れる。
5	良い	・すべての職務やそれぞれのスケジュールを割り振りする。たとえば，スケジュールを変えることを依頼したり，息抜きを認めたりする。 ・顧客が要求する時間的制約の希望を叶える，つまり頻繁に時間とコストをオーバーする。
4	平均	・締め切りのリストを作成し，プロジェクトの進行によって改定する。たいてい予想外の出来事を加える。たとえば，顧客からの頻繁なクレームの原因を作る。 ・綿密な計画を持っていても，節目を把握することができない。たとえば，計画通りに実行できないことを報告しない，もしくは計画通りにいかないときに他の問題が起きるなどである。
3	平均以下	・計画が明らかにされていない，いつも現実味のないタイムスケジュールが組まれている。 ・1，2日以上余裕を持って計画できないのは，プロジェクトの締め切りについて現実的に考えてないからである。
2	ひどい	・遂行すべき仕事について計画もしくはスケジュールが立てられていない。 ・割り振られたプロジェクトに対する計画がほとんど，もしくは全くない。
1	受け入れ難い	・計画性がないため，めったにプロジェクトが完成せず，そして気にする様子もない。 ・計画性がないことによって継続的に失敗しており，どのように改善すべきかについても考えていない。

同様に，重要事象法から発展した行動観察尺度法（BOS：Behavioral Observation Scale）は，選択された行動の頻度について記録していく方法である。リッカートの5段階尺度を用いて，5. いつも（80～100%），4. たいてい（60～79%），3. 時々（40～59%），2. めったにない（20～39%），1. 全くない（0～19%），のように頻度を記録していく。メリットは，行動の頻度を記録することで，主観的判断を避けることができ，またフィードバックもしやすい点である。デメリットは開発するのに時間と労力を要することである。

最後に，目標管理（MBO：Management By Objectives）は，上司と部下が評価期間の最初（期初）に達成目標を話し合い，期末にその目標の達成度により評価するものである。日本においては，業績評価をする際に非常に多く使用されているため，次項で詳しく説明していく。

3. 目標管理

目標管理は，1954年にドラッカー（Drucker, P. F.）が「目標と自己統制による管理（management by objectives and self-control）」という概念を提示したことに始まるとされる。しかし，目標管理という言葉を最初に使ったのはドラッカーではあるものの，それよりかなり以前からアメリカの代表的企業の実務家たちによって目標管理が行われていたともいわれている（奥野，2004）。定義は，「行動計画に組み込み得る具体的で測定可能，かつ期限の明確な目標や目的を，上司と部下が相互に設定し，その目標を追求することによって組織目標を達成するとともに，上司と部下が合意した客観的業績基準をもとに評価が行われ，目標達成度と進捗状況が観察・測定される管理プロセス」とされる（McConkie, 1979；高橋，2010；奥野，2004）。評価といえば，上司が部下に対して一方的に行うものであったが，そのプロセスに部下が入るという点で画期的な方法といえよう。ただし，上司と部下には立場上矛盾する側面があり，どちらを強調するかによって目標管理はかなり様相の異なるものになる（奥野，2004）。

図4-4のように，全体目標の達成に向けて各人の努力を終結させるトップダウンの側面が強いものであれば，他の評価方法と大差がないといえる。また，部下と上司が対等に話せるようなものであれば，コミュニケーションが促進さ

第4章　人事評価

れる。そして，目標の自己設定，自己統制による目標の達成，自己評価を可能にするボトムアップの側面が強いものでは，組織目標を達成させるというよりは，従業員の自律性を高めたり，動機づけたりする意味合いが大きくなる。

　日本の目標管理はアメリカのものよりも，コミュニケーションや育成を目的にする傾向が強い（奥野，2004）。コミュニケーションには，人材育成の効果が伴うといわれており（高橋，2010），目標管理は業績評価の尺度とされながらも，日本の企業においては人材育成の目的もあって導入されているといえる。

　目標管理のメリットは，担当する仕事が多様であっても，目標達成度という表面的には共通した1つの評価基準を設定することができる点である（古畑・高橋，2000；高橋，2010）。配置転換が多くゼネラリスト志向の強い日本企業においては，全社的に共通した評価基準のほうが好まれるため，目標管理が多

トップダウンの側面	コミュニケーション	ボトムアップの側面
上司 ⬇ 部下	部下 ⬄ 上司	上司 ⬆ 部下
・行動の指針としての目標 ・方向づけのための目標	・支持，支援的態度 ・報告，連絡，相談	・自己統制のための目標 ・動機づけのための目標

図4-4　目標管理の2側面とコミュニケーションの機能（奥野，2004）

	部下（本人）		上司	ポイント
期初	目標設定	面談 ⇒	確認・指導	・面談で合意決定される目標が評価基準となる
	確認	⇐ 返却	目標レベル調整	
期中	課題遂行	支援	課題遂行の支援	・目標達成を目指す職務遂行上の自己管理の徹底
期末	自己評価	提出 ⇒	1次，2次評価	・合意による最終評価決定 ・フィードバックによる能力開発型の人事
	評価内容確認	⇐ フィードバック	最終評価	

図4-5　目標管理のプロセス（労務行政研究所，2014年10月，p.66；岩出，2016，p.147を参考に筆者作成）

くの企業で導入されてきた。一方，デメリットとしては，目標の設定，目標への取り組み，評価といったサイクルが，一般的には半年～1年の期間で行われるため，時間を要する点である。日本における一般的な目標管理のプロセスは図4-5のようになっている。

4. 尺度の妥当性・信頼性

先に紹介した評価尺度は，その尺度自体に誤りがあっては適切な評価をすることができない。そこでその尺度が正確に評価できているかどうかを検証する方法として，尺度の「信頼性」と「妥当性」の検証が必要となる。これらについては第2章でも述べているので，簡単にふれることにする。

尺度の「信頼性」とは，何度やっても同じ結果が出るかという尺度の安定性である。同じ人を同じ尺度で調べているにもかかわらず，測るたびに異なる評価結果になってしまっては，正確な評価ができているとはいえない。

信頼性の分析の方法は2つある。1つめは再検査法である。同一の検査を，同一人物に一定期間を置いて2回測定し，両者の得点間の一致度（相関）を検討する。何度測定しても同じような得点になるのが信頼性の高い尺度といえる。

2つめは内的整合性による方法である。内的整合性をチェックする方法として「クロンバックのα係数」がある。α係数が1.0に近いほど信頼性が高くなる。

次に，尺度の「妥当性」についてみると，妥当性を検証する方法としては，主に3つあげられる。1つめは内容的妥当性である。尺度が測定対象としている内容領域をどの程度反映しているかを表す。2つめは構成概念妥当性である。構成概念が理論的な仮説や枠組みとして妥当であるかということである。3つめは基準関連妥当性である。尺度による測定結果が他のこと（基準）の予測に役立つかどうかをチェックするものである。たとえば，採用選考時の適性検査の結果と入社後の人事考課の相関が高ければ，基準関連妥当性が高いということになる。能力適性検査と人事評価の妥当性係数は，日本の研究で.29～.42，アメリカの研究で.51～.53という結果が出ており，性格適性検査では.22ほどである。面接の妥当性係数は，構造化面接で.44，自由面接で.33程度とされている（二村，2009）。

人事評価の尺度は一度完成したら終わりというのではなく，信頼性や妥当性の検証といったメンテナンスを行うことにより，より精度の高いものとなる。しかし，日本においては尺度の信頼性と妥当性に関する検証はあまり徹底されていないという状況である（二村，2005b）。

■ 第5節 ■

評価制度の運用

　かつての日本の企業では，人の能力はそれほど差があるわけではなく，差をつけて競争をあおるよりも，職場のチームワーク，和を優先させてきた。しかしながら，年功主義から能力主義，さらに成果主義へと移行していく中で，評価結果をわかりやすい形で処遇に結びつける動機づけが必要になってきている。特に，今後は少子化が進み，優秀な人材をリテンションするためには，能力や結果に対してそれなりの処遇をし，納得性を高めていくことが重要である。

1.　納得性を高める工夫

　かつての日本企業では，平等主義，集団主義の下，評価基準，評価結果を被評価者である部下に知らせることはなく，処遇を以て察するしかなかった。しかし，近年は人事評価のプロセスや結果を開示することで納得性を高めるようになってきている。評価プロセスの秘密主義を排した公開性の導入である（岩出，2016）。

　ただし，評価基準や結果を伝えられたからといって，必ずしも納得性が高まるとはいえない。特に，普段から上司と部下との関係がよくない場合には，かえって不満を高める結果となる。また，尺度が適切であっても，人が評価する限り主観を完全に排除できるわけではない。そこで取られているのが，評価者を増やす工夫である。一般的に評価者は直属の上司であり，一次評価者と呼ばれる。そこに二次評価者，三次評価者を加え複数で評価することにより，客観

性を持たせることがねらいである。一般的に，二次評価者は直属の上司の上司，三次評価者は所属部門の最高責任者となることが多い。

さらに，上司からの評価だけではなく，部下や同僚，時には顧客といったさまざまな角度から評価していく「多面評価」もしくは「360度評価」という方法もある（図4-6）。より多くの立場の人から評価されることで客観的な評価ができる。近年は，評価自体よりもフィードバックのほうに重きが置かれ「360度フィードバック」とも呼ばれている。

多面評価は匿名で実施されることが多い。特に，部下が上司を評価する場合は，人間関係を考慮し，適切に評価ができないことが考えられる。そのため匿名で行うことにより，自由な評価が可能となる。その一方で，匿名であるがために，よりバイアスがかかった評価が行われたり，真剣な評価が実施されなかったりする点がデメリットとしてあげられる（武脇，2016）。

また，上級管理者は組織目標や評価基準を理解しているが，同僚，部下，組織外の関係者，顧客というように，組織の中心部から遠くなるにつれ，組織目標や評価基準の理解度が薄くなっていく危険性が考えられる。その証左として，アトキンスとウッド（Atkins & Wood, 2002）の評価者間の評価結果の相違を調査した研究によれば，各評価者とそれとは独立して設定した評価センターとの相関関係を比較したところ，上司と評価センターの評価は有意な正の相関が

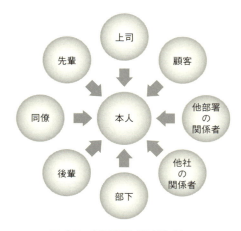

図4-6　多面評価（筆者作成）

あったが，自己と評価センターは負の相関を示し，同僚や部下と評価センター
は有意な相関が見られなかったという。

　ただし，同じ研究で自己評価を除く，上司，同僚，部下の評価の平均は評価
センターによる評価と最も強い相関があったため，結論としては多面評価の有
効性を示しているといえよう。

2.　評価者訓練と評価エラー

　被評価者に評価結果を納得してもらうためには，評価者が適切な評価を行う
ことである。そのためには，評価制度を理解し，評価基準に精通する必要があ
る。そこで実施されているのが評価者訓練である。評価者訓練の内容は，①評
価者訓練の目的と人事評価制度の周知，②評価のステップとそのポイント，③
評価エラーとその対応策，④管理者の役割と評価調査の仕方や面接技法の習得，
⑤事例研究，⑥ロールプレイング，などがあげられる。企業の会議室で評価者
訓練が行われることもあるが，1～2泊程度の合宿研修が行われることもある。
このような評価者訓練が行われるタイミングとしては，評価する立場に昇進し
たときというのが多い。

　上記に述べた評価者訓練の内容の中で，最も行われているものが，③評価エ
ラーとその対応策についてである。評価者の持つ個人的な属性は少なからず評
価に影響を与え，評定誤差やバイアス（歪み）が生じる可能性があり，表4-7
にまとめられているような評価エラーを認識しておく必要がある。

　ただし，評価者訓練で評価エラーを事前に教えることにより，バイアスを減
らすことはできるものの，真のバラつきまで減らしてしまう危険性も指摘され
ている（今城，2017）。たとえば，自分が評価を高めにつけてしまう傾向がある
ことに気づいた評価者が，不当に低く評価してしまうような場合である。この
ようなデメリットについても，評価エラーとともに伝えておく必要があるだろう。

　また，ギルフォード（Gilford, 1936）は評価者が備えているべき点として7
つの要件を指摘する。①評価に関心を持つ人であること，②評価に時間を割き
える人であること，③良識あり円満な人柄であること，④人に対して同情的で
あり，理解しようとする態度を持つ人であること，⑤不必要に自己を主張し

表 4-7　評価エラー（筆者作成）

ハロー効果	何か１つ良いことがある（もしくは悪いことが１つある）と，すべてが良く（悪く）見えてしまう誤り。
直近効果（期末誤差）	評価の期末に見られたことには大きく影響を受け，逆に期初のことは小さくなってしまう誤り。
論理的誤差	思い込みや，特性間の一般的な関連性に基づいて推測し，本来の特徴を見誤ること。
対比誤差	評価者が自分を基準にして見ることで，客観的な特徴を見失うという誤り。自分の得意分野か不得意分野で評価が甘くなったり，辛くなったりする。
寛大化傾向	評価者自身の自信のなさや，人間関係の配慮から評価が甘くなる誤り。
厳格化傾向	教科書的な理想論を基準にして実際の評価よりも低く評定しようとする誤り。
中心化傾向	実際に個人差を認識しながら，無難にしておこうとして評価が平均的なところに集中してしまう誤り。

ない人であること，⑥自己の能力とその限界をよく承知している人であること，⑦評価過程の誤差の作用をよく理解しており，しかもそれを埋めあわすような訓練を受けていることである。逆にいえば，評価に関心がなく，評価に時間を割けないほど忙しく，他人を理解しようとしない人，不必要に自己を主張したがる人は，評価エラーを起こしやすい人である。ただし，ギルフォードのいうような条件を満たした人が最初から数多くいるわけではない。藤田（1973）が「分析者も訓練者も選ぶものではなく，つくりあげるものである」というように，評価者訓練で適切な評価者として育て上げることが何より重要である。

■ 第 6 節 ■

アセスメント

　人事評価が昇進・昇格，昇給，賞与といった処遇や能力開発のために行われる働きぶりの評価であるのに対して，アセスメントは専門的な訓練を受けたアセッサー（評価者）が心理測定ツールに基づいて，潜在能力や資質といった人物の特性を測定するものである（小野，1997；厨子，2010）。

第 4 章　人事評価

　人事評価が対象にする目に見えやすい業績や行動特性とは異なり，アセスメントは目に見えにくい能力や性格を対象にするため，訓練を受けたアセッサーが測定する。属人的な人事評価のみでは被評価者の納得性が得られにくいため，アセスメントという科学的なアプローチによって，人事評価に納得性，公平性をもたらすことができる（二村，2002）。被評価者からすれば，職務以外の場面で自己アピールでき，直属の上司や担当面接官による人物評価の要素が入りにくいのが長所である。アセスメントに使用される心理測定ツールは，能力，性格，興味などの個人差を尺度化した適性検査や管理職の選抜に使用されるアセスメント・センター方式が一般的で，過去の評価ではなく，将来を予測するような場面に向いている。

　本節では昇進を決める際に使用されるアセスメント・センター方式について見ていく。アセスメント・センター方式は，管理職としての適性を調べるものであり（鎌形，2005），日本でアセスメントといえば，アセスメント・センター方式のことを指すことが多い（二村，2005a）。

　アセスメント・センター方式の歴史は，1930 年代にアメリカのスパイ養成プログラムとして開発されたことに始まる。ただし，費用がかかることから第二次世界大戦後にいったん廃止されたが（二村，1998），1950 年代にブレイ（Bray, D. W.）が AT&T（アメリカ電話電信会社）で一般企業向けに開発したのがきっかけとなり普及していく。日本においては，ブレイが経営する DDI 社と総代理店契約をしたマネジメント・サービス・センターが 1973 年にプログラムの導入・実施を行ったのが始まりとされる[注3]（マネジメント・サービス・センター，1989）。

　プログラムは，中間管理職者層を対象に，通常 2 泊 3 日程度の集合研修の形で行われる。内容は一般的な教育訓練の方法であるインバスケット・ゲーム，インシデント・プロセス，マネジメント・ゲーム，ロールプレイングといった実際の状況に近い形で行われるシミュレーション演習や，グループワークやディスカッションなど，複数の測定ツールを用いる。一般の教育訓練と異なる点は，アセッサーが複数つき，研修の実施中に一人ひとりの行動観察を行う点である（伊藤ら，2011）。さらに，適性検査，多面観察評価，面接が行われることもあり，それらの結果を総合的に診断，評価する。

97

訴訟社会といわれるアメリカでは，アセスメントによる客観的なデータが重視されるのに対して，長期雇用が主流の日本では適性検査などの潜在能力について評価するアセスメントは採用時のみ行うことが多く，そのため文献で紹介されるアセスメントツールは圧倒的に少ない（二村，2005a）。さらに，アセスメントツールの中核にあるツールの信頼性と妥当性に関する検証もあまり徹底されていない状況にある（二村，2005b）。

　図 4-7 は人事評価方法の特徴を x 軸，評価要素の特徴を y 軸にし，効果を表したものである。本章の最初で，目に見えやすい業績や行動特性を対象とした評価を総じて「人事評価」という用語で統一するとしたが，図 4-7 では一次評価者のみで行う評価を人事考課，複数名の評価者で行う評価を多面評価と定義し，別々に表記している。

　主観的よりも客観的のほうがよく，潜在的より顕在的なほうがよいという風潮もある。しかしそのような観点から，評価ツールとしてどれが一番優れているかを見るのではなく，評価の使用目的を考え，その目的に合わせてどの評価

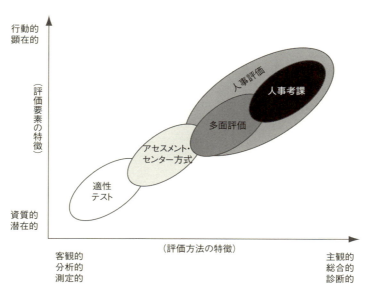

図 4-7　評価方法の機能と効果性（二村，1998，p.204 を参考に筆者一部修正）

方法を使用するのが効果的かを見極めることが大切である。

　以上のように，本章では人事評価について，使用目的に合わせて評価要素（何次元で評価するか）と評価方法（相対評価か絶対評価か，さらにどの尺度を使用するか）を適切に選択することの重要性，また効果的に運用するために公平性を確保すること，評価者訓練を実施することの重要性について述べた。さらに，過去の働きぶりを評価する人事評価とは別に，将来の管理職適性を判断するアセスメント・センター方式について紹介した。管理職の職務は過去の働きぶりからだけでは予測しにくい点があり，アセッサーにより管理職適性について分析，測定していくことが必要であろう。

注）
1. 労政時報第3903号（労務行政研究所，2016）の調査では，行動プロセスを「業務遂行プロセスでの行動事実，望ましい行動の実践度」，コンピテンシーを「発揮能力や行動特性モデル等に基づき，自社で『コンピテンシー』と定義して評価を行っているもの」と区別しているが，本来のコンピテンシーの概念からするとどちらもコンピテンシーに含まれるものといえる。
2. 正規分布では，従業員の大多数が平均的な業績を上げていることになるが，パレート分布でいくと大多数が縦軸側（図の左側）におり，つまり業績が低く，一部の数少ないハイ・パフォーマーが彼らの何倍もの業績を上げていることになる。そうであるなら，企業はハイ・パフォーマーにより良い処遇を与える必要があり，一方で大多数の人は貢献度よりも良い処遇を得ていることになる。

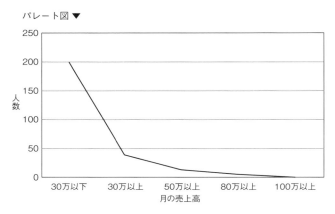

3. マネジメント・サービス・センターは，アセスメント・センター方式のプログラムを「ヒューマン・アセスメント」という名称で商標を取った。そのため，アセスメント・センター方式は「ヒューマン・アセスメント」と呼ばれたり，他社の登録商標を避けて「人事アセスメント」と呼ばれたりすることがある。

COLUMN

人事評価
アメリカの動向

　近年，アメリカ企業ではノー・レーティング（no-rating）が流行りである（松丘，2016；今城，2017）。年単位の目標管理と，それに付随した社員のランクづけ（A，B，Cといった相対評価）を廃止する企業が増えているという。年単位の目標管理ではスピード感が足りず，従業員のランクづけは評価者の労力を要するわりに，従業員への効果があまりないからである（松丘，2016）。このように考えられるようになったのは，第4章でも紹介したオボイルら（O'Boyle et al., 2012）の研究結果で，従業員のパフォーマンスは正規分布ではなく，パレート分布していることが明らかになったことである。大多数の従業員は中間値以下にいるため，相対評価で強制的にA，B，C，D評価を割り振るのでは適切な評価といえず，かといって絶対評価で大多数の人にC，D評価ばかりつけるなら，多くの従業員がモチベーションを下げることになる。そこでランクづけをやめてしまったほうがよいという判断をする企業が出てきたのである。

　日本では1990年代半ばあたりから年功要素の強い職能資格制度をやめ，代わりに成果主義的人事制度としてランクづけが導入された。ランクづけについては，実際，現場でうまくいっていない点も耳にすることがあるが，ノー・レーティングという言葉のみが流布し，目標管理やコンピテンシー評価までやめてしまう企業が出るのだろうか。

　アメリカの産業・組織心理学会大会（2016年）においては，「ノー・レーティングの検証はこれからであり，『評価をやめるかどうか』よりも『評価を行う目的は何か』を改めて考えることが重要だという結論に達した」（今城，2017）という。

　第4章を執筆するにあたり，50年も前の1969年に出版された森の『労務管理概論』から，人事評価の評価要素の選定は対象や目的によって異なるものになるべきであるという「目的別人事評価」という用語を引用した。この50年，日本においては全社的に同じ制度を入れることばかり考えてその目的をあまり考えておらず，一方，アメリカにおいては精密な評価尺度を開発することに注力しすぎて目的を忘れていたように思われる。

　ノー・レーティングの前に，今一度，目的別人事評価の考えに立ち戻ってもよいのではないだろうか。

第 5 章

人材開発とキャリア発達

　企業（組織）にとって重要な経営資源は，人，物，金，情報といわれている。その中でも"人"は，調達（雇用）した後も，中長期的な視点で育成・強化することが求められる最も重要な経営資源であるといえる。本章においては，主に組織の視点に立った人材開発と個人の視点に立ったキャリア発達，およびその関連性について解説する。

■ 第 1 節 ■

人材開発

1. 人材開発の目的

　人材開発の第一の目的は，組織において高い成果を上げることができる人を育成・強化することであるが，それを実現するためには，組織にとって望ましい人材を育成するという視点だけでなく，一人ひとりの個人が仕事に意味ややりがい，喜びを感じ，自らの成長（知識，スキル，態度，意識など）を実感し，仕事に取り組むことができる状態を実現するという視点が重要である。すなわち，組織はそのための多様な"場"を個人に提供し，個人の発揮するパフォーマンスの結果が組織の成果・発展につながるという相互作用を実現する必要がある。組織の発展と個人の成長の両立を目指すのが，人材開発の究極の目的である。

2. 企業経営と人材開発

　企業は，その存在意義を示すものとして，企業理念・経営方針を掲げている。その企業理念・経営方針に基づき，全社事業計画が策定され，さらに，事業組織の事業計画が策定される。この事業計画を実現するための経営資源である"人"を育成・強化するのが人材開発の目的となる。

　図 5-1 に事業計画と人材育成の関連を「企業の人材育成サイクル」として示す。全社の人材育成担当部門は，全社の人材強化計画・教育計画を策定・実行する。各事業組織においては，全社の人材強化計画・教育計画を踏まえ，各事業組織ニーズに基づいた人材強化計画・教育計画を策定・実行する。個々人は，これらの人材強化計画・教育計画を踏まえ，自らの業務目標を策定し，能力強化や将来ビジョンを見据えた上で，個々人の能力開発計画を策定・実行する。このように，人材開発は，企業の人材育成サイクル，事業組織の人材育成サイ

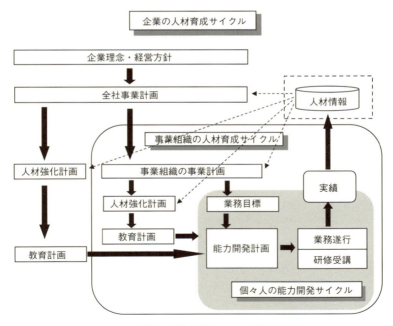

図 5-1　企業の人材育成サイクル（筆者作成）

クル，個々人の能力開発サイクルが連動することによって実現されるものであり，人材開発においては組織と個人に関する総合的な視点が極めて重要である。

3. 能力の3階層モデル

人材の能力を階層モデルとして表現したものはさまざまみられるが，ここでは一例として，能力の3階層モデル（図5-2）を提示する。

第1層（最も基本）にあるのが，"人間力"として表現されるものである。第1層は，個人特性やパーソナリティに依存する面もあるが，変えることができないものとして捉えるのではなく，学習経験や職業経験によって強化することができるものとして位置づけられる。たとえば，自己信頼，責任感，誠実さ，達成動機，開放性，気力，ポジティブ思考などで表現されるような，感情，認知，行動，態度等の基盤となるものである。

第2層は，"コンピテンシー"ないしは"成果再現性のある思考・行動特性"として表現されるものである。成人して以降も，職業経験などを通じて強化・向上させていくことができるものとして位置づけられる。たとえば，顧客満足度思考，コミュニケーション，計数感覚，情報収集力，時間資源活用，分析的思考力，コンセプトメイキング，組織活用力，リーダーシップなど，組織の成

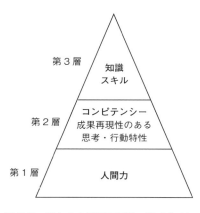

図5-2　能力の3階層モデル（筆者作成）

果に直接的に結びつき，継続的に再現できる能力のことである。

　第3層は，業務を遂行するために必要とされる"知識"や"スキル"である。業界や職種等に固有の知識やスキルであり，業務の変化の激しさや頻度によっては，常に新たな知識，スキルを習得し，レベルアップすることが求められる。たとえば，経営管理，生産管理，経理・会計，プロジェクトマネジメント，営業，要素技術，商品等に関する知識やスキルである。

　なお，上記の3階層のそれぞれの内容の中で，組織にとってどの能力がより重要であるかは，業種，職種，職位，年齢層等によって異なるものであり，その強化に適した能力開発が必要である。

4. 人材開発の方法

（1）職務・業務経験

　人材開発の最も根幹をなすものは，業務遂行そのものである。業務を遂行すること自体が，知識，技能・技術，態度を向上させていくことに繋がる。さまざまな業務を遂行することにより，具体的な業務経験だけでなく，成功や失敗から学び，多くの関係者（上司や顧客など）から学ぶという経験をすることとなる。すなわち，業務遂行そのものが教育・訓練であるといっても過言ではない。さまざまな業務経験を通じて人材開発が進展する。

（2）人事異動

　人事異動の目的は適材適所の見極めという側面も当然あるが，多様な業務経験を通じた視野・識見の深化・拡大，社内外の人脈形成，マネジメント力養成を目指した施策でもある。人事異動直後は組織の一時的なパフォーマンスダウンに繋がる可能性があるが，中長期的な視点に立った組織力の強化と個の能力開発とキャリア形成を目的とした組織的な取り組みに他ならない。

　一方で，事業構造の変化など組織の事情に伴う要人員配置計画や人事異動などは，必ずしも個人の希望とは一致しないことも多い。また，現代のように非常に変化の激しいビジネス環境においては，そもそも人事戦略として，それを明確に計画すること自体が相当に困難である。個人として自らの将来ビジョン

を描くことの重要性に加え，組織としての運用の工夫が不可欠である。

(3) OJT

　OJT（On the Job Training）は「職場内訓練」とも呼ばれ，職場の先輩や上司が，後輩や部下に対して日々の仕事を通して知識やスキルなどを教え，指導することを指す。基本的に1対1で行うため，相手の理解度に合わせた細かな教育ができるというメリットがあり，多くの企業で最も重視されている。一方で，その効果は指導者の力量によるところが大きく，指導者は自分の仕事との両立が難しいという課題もある。また，近年，成果主義の浸透や雇用形態の多様化などにより，先輩と後輩，上司と部下という上下関係が成り立たない職場が増え，OJT が機能しにくい状況になっているといわれている。しかしながら，OJT は職務・業務経験を促進する人材育成の基本をなすものであり，組織として，いかにしてそれを機能させるのかが重要な課題である。

(4) Off-JT

　Off-JT（Off the Job Training）は「職場外訓練」とも呼ばれ，職場を離れたところで行われる集合形式の研修や通信教育・e-learning 等によって教育することを指す。集合型の研修には，新入社員研修や新任管理職研修といった階層別の研修，営業スキル研修やプロジェクトマネジメント研修など業務に直結した技術・スキルを習得する研修，40歳・50歳など節目となる年齢に応じた研修などがある。大人数に対して一度に実施でき，専門的な知識やスキルを体系的に教育できるというメリットがある。一方で，習得した内容が通常業務に直接結びつきにくいことなどの指摘がある。形式としては，講義，グループ討議，ロール・プレイング，ケーススタディ，ビジネスゲーム（シミュレーション）など，目的に応じたさまざまな教授法が実施されている。具体的な，教育体系の例を，図5-3に示す。

(5) 面談

　教育研修のほかに，目標管理などにおいて実施される「面談」という形で従業員の能力開発を支援している企業も多い。

社内資格等	階層別教育	職種別教育	ヒューマン	キャリア教育	自己啓発
役員	役員研修				
S3				キャリア50	
S2	部長研修	経営管理			語学研修
S1			メンタルヘルス	キャリア40	
A3	シニアマネージャー研修	プロマネ / リーダーシップ / コーチング			資格取得
A2					
A1	新任マネージャー研修			キャリアデザイン	
B3	主任研修				通信教育
B2	2年目研修	営業			
B1	新入社員研修				

図 5-3　教育体系の例（筆者作成）

　目標管理（目標による管理）（MBO：Management By Objectives）（第 4 章第 4 節参照）は，個人の自主性を重視した企業経営の仕組みで，通常は人事評価とともに運用されている。具体的には，人事評価の対象期間に合わせて，期初に上司と面談を行い，半年あるいは一年の仕事の目標を設定する。ここでは従業員が自主的な目標を掲げ，それが組織全体の目標と整合性がとれるように，上司と相談しながら確定させる。期中は，その目標の達成に向けて取り組み，必要に応じて上司に報告や相談を実施する。期末には，目標の達成度について上司と面談し，自己評価と上司評価のすり合わせを行う。このように，自ら設定した目標に取り組み，それに対して上司からフィードバックを受ける。業務遂行は人材開発の根幹であることから，目標管理は，人事評価の枠組みを超えた人材開発支援としての機能も果たしている。

（6）自己啓発

　自分自身の知識や能力を向上させるために自発的に学ぶことを「自己啓発」と呼ぶ。多くの企業では，従業員の自己啓発を促進するために，資格取得講座や通信教育の受講料を援助したり，教育機関やセミナーの情報提供をするなど，受講支援の取り組みをしている。また，資格取得報奨金制度など，自己啓発の結果に対する報奨制度を持つ企業も多い。

（7）コーチング

　本間・松瀬（2006）は，コーチングを「人間の無限の可能性と学習力を前提に，相手との信頼関係をもとに，一人ひとりの多様な持ち味と成長を認め，適材適所の業務を任せ，現実・具体的で達成可能な目標を設定し，その達成に向けて問題解決を促進するとともに，お互いが学びあい，サポートする経営を持続的に発展させるためのコミュニケーションスキル」と定義している。この定義には，コーチングの創生期において影響を及ぼした人間性心理学，すなわち，人間存在の価値を尊重し，成功して最高の状態に向かおうとする力を信じるという基本的な人間観が受け継がれている。

　コーチングの具体的な目標は，相手の内側にある内発的な動機を刺激し，相手の思考を「しなければならない」から「したい」に変え，自発的な行動を促進することである。対話によって相手の目標達成や自己実現を促進することを目指すが，基本的な技法として，傾聴，共感，詳細な探索，確認，要約，挑戦，理解，探検，言い換え，反映，目標設定などを駆使し，結果的に自発的な行動に結び付ける。これらの技法は，コーチングのみならず，メンタリングやカウンセリングにも共通するものである。

（8）メンタリング

　直属の上司ではない経験豊富な従業員による支援として「メンタリング」があげられる。メンタリングをする経験豊富な人をメンター[注1]，メンタリングを受ける経験の浅い人をメンティーと呼ぶ。メンターとメンティーとの間で，仕事上の技術や態度が伝達されることをメンタリングと呼び，継続的に面談を実施する形態が一般的である。メンタリングの機能には，メンティーのキャリア発達を促進させる働きであるキャリア的機能と，ロールモデル，カウンセリング，受容などの心理・社会的機能がある。メンターは，指導，教育，援助，助言などにより，メンティーの成長・発達を助けるが，具体的な内容は，仕事のやり方から人間関係の築き方，職業人生そしてキャリア形成に関することまで多様であり，これがメンティーの成長やキャリア発達に寄与する。本来のメンタリングは相互の信頼と共感によるインフォーマルな関係であるが，1980年代にメンタリングの効果が明確になるにつれ，組織内の制度として，メンターをつ

けるというメンタリングプログラムが導入されている。

　なお，コーチングとメンタリングの主な違いについて，ロウら（Low et al., 2007）は，コーチングが現在のパフォーマンスを向上させることに主眼を置き行動志向であるのに対し，メンタリングは将来のキャリアを見据えた長期的な計画に関わるものが多く，コーチングよりも長期間継続されることが多いとしている。

(9) キャリアカウンセリング

　キャリアカウンセリングは，社会システムや産業構造の急激な変化に伴うキャリア上の諸問題を解決する有効な手段である。キャリアカウンセリングでは，個人における職業や進路の選択，選択のための準備や能力開発，個人と環境との調和・調整の促進など，職業生活に関わる多様な支援が行われる。個人の生涯におけるさまざまな役割（たとえば，職業人や生活者など）とのバランスを考え，個人なりの生き方を考えるための過程を支援することも含まれる。

　具体的には，自己理解や仕事理解，目標設定やキャリアプランニング，意思決定や能力開発，適応などの支援を進めることで，個人のキャリア形成やキャリア開発を促す。専門的な行為として，①個別あるいはグループカウンセリング，②コンサルテーション，③プログラム開発・運営，④調査・研究，⑤他の専門家などとの連携・組織づくり，⑥測定・評価・診断等があげられる（渡辺・Herr, 2001）。働く場所や対象者によって，働き方や役割，用いる方法や手段などが多岐にわたる。

■ 第2節 ■

キャリア発達

1. キャリアとは

(1) キャリアの定義

　スーパー（Super, 1957, 1984）は，キャリアを「自己発達の全体の中で，労

働への個人の関与として表現される職業と人生の他の役割との連鎖」と定義し，キャリア発達を「前進する過程」として捉え，生涯にわたって繰り返される「選択と適応の連鎖の過程」であることを強調している。主体的な選択と意思決定を繰り返すことによって人は生涯発達し続けるとしている。

　一方，組織内における外形的なキャリアについて，シャイン（Schein, 1978）は，組織内のキャリア発達の流れを3次元モデルとして提示している（図5-4）。水平にいくつかの仕事を経験しながら，中核的な仕事をするようになり，さらに経験を積んで役職が上がっていくことになる。

(2) 働くこと，キャリア発達，生涯発達

　キャリア研究においては，人は仕事への取り組み，キャリア発達というプロセスを通じ結果的に心理・社会的発達を遂げていくということについてさまざ

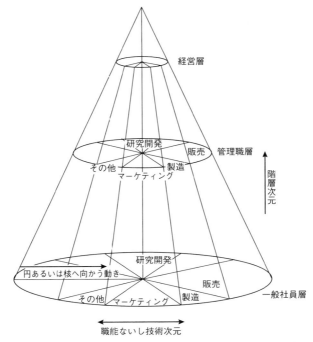

図5-4　組織の3次元モデル（Schein, 1978；渡辺, 2007）

まな視点から論じられている。ホール（Hall, 2002）は，仕事への取り組みと職業キャリア発達，生涯発達との関係について，「職業キャリア発達はプロセスであり，仕事へのチャレンジや継続的な学習によって促進され，生涯を通じた仕事の連続と役割に関する経験の連続によって，自分の価値・興味・能力に気づき，過去と現在と将来の自己概念が統合されていく」としている。また，金井（2002）は，職業キャリア発達と生涯発達，すなわち心理・社会的発達との連続性について，「職業キャリア発達は，成人になってからの生涯発達とほとんど重なり合う。仕事以外の領域で自己実現を図ることもできるが，仕事の世界への時間投入量を考えると，仕事をしながら発達していく面が大きい」としている。

　働くことについての価値観が多様化し，キャリア発達に対する支援の必要性が盛んに論じられる現代，仕事への取り組みがどのようにキャリア発達，生涯発達と関わっていくのかという視点を持つことが重要である。

2. キャリア発達関連理論・アプローチ

　キャリア発達関連理論・アプローチについて，簡単に解説する。

(1) 6角形モデル（ホランド）

　ホランド（Holland, 1997）は，キャリアが個人のパーソナリティと仕事の環境との相互作用の結果として構築されるとして，個人 – 環境適合（person-environment fit）理論をベースに職業選択やキャリア行動を説明している。ホランドは，VPI（職業興味検査）などのツール開発のベースとなる6角形モデル（図5-5）で有名である。この6角形モデルは，ホランド自身が「類型論 – 交互作用理論」と呼ぶパーソナリティ類型論と興味の測定が理論的背景となっており，①職業選択は，パーソナリティの表現の1つである，②職業興味検査はパーソナリティ検査である，③職業的なステレオ・タイプは心理学的・社会学的に確かで重要な意味を持つ，④同じ職業に就いている人々は似通ったパーソナリティの特性および発達史を共有している，⑤同一の職業群に属する人々は似たようなパーソナリティを持つもので，さまざまな状況や問題に対して同

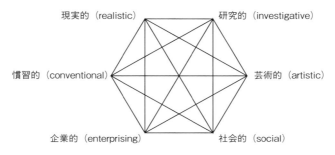

図 5-5　ホランドの 6 角形モデル（Holland, 1997）

じように反応したり，それぞれ特徴的な対人関係の作り方をしたりする，⑥職業満足，職業上の安定性や業績は，個人のパーソナリティとその人の働く環境との一致度に依拠する，という 6 つの理念により構成されている。

　さらに，①大多数の人は，6 つのパーソナリティ・タイプ（現実的，研究的，芸術的，社会的，企業的，慣習的）のうちの 1 つに分類され得る，②環境特徴は，6 つの環境モデルで説明され得る，③人々は，自分の持っている技能や能力が生かされ，価値観や態度を表現でき，自分の納得できる役割や課題を引き受けさせてくれるような環境を求める，④人の行動はパーソナリティと環境との相互作用によって決定される，という 4 つの仮説をもとに構築された。

　ホランドの理論は，職業選択理論として構築されたものであるが，一方ではパーソナリティ・タイプの発達理論でもある。彼は，初期の経験が特徴的な自己概念や行動形態，パーソナリティ傾向の獲得に影響するとして，パーソナリティ・タイプがどのように分化し発達するかを示している。

(2) ライフ・キャリア・レインボー（スーパー）

　スーパー（Super, 1980）は，キャリア発達に役割（life space）と時間（life span）の視点を取り込み，それに影響を与える決定要因とその相互作用を含む包括的概念として，ライフ・スペース／ライフ・スパンの理論的アプローチを提唱した。ライフ・スペースは，個人が置かれている社会環境的側面に注目した概念で，社会的な立場や担っている役割（子ども，学生，余暇人，市民，家庭人，労働者，その他）を表している。人生におけるさまざまな役割は，個

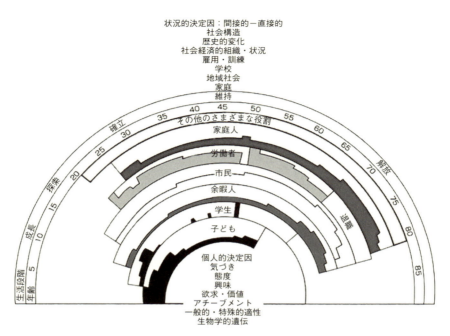

図5-6 ライフ・キャリア・レインボー (Nevill & Super, 1986 を一部改訂)

人の価値観, 人生観, 生き方を構成する「人生構造」として表される。また, ライフ・スパンとは, ライフ・スペースにおける役割を選択し, その役割に適応していく発達的なプロセスに焦点を当てた概念で, 各プロセスの段階には発達課題が想定されている。これらの2つの概念は, ライフ・キャリア・レインボーと呼ばれる図に描かれている(図5-6)。人は, ライフ・スペースとライフ・スパンの2次元の中で生きており, ともに個人の現在の位置づけを認識する座標として, 個人のキャリアの方向性を計画するのに役立てることができる。

(3) 発達段階

代表的な発達段階モデルについて, スーパーとレヴィンソンを取り上げる。

1) キャリア発達段階 (スーパー)

スーパー (Super, 1985) は, 個人のキャリアが心理社会的成熟や環境適応に関する課題達成とともに発達していくと考え, 成長期(0〜14歳), 探索期

(15〜24歳),確立期(25〜44歳),維持期(45〜64歳),解放期(65歳以上)の5段階からなるキャリアの発達モデル(図5-7)を提唱しており,各段階には,達成するべき発達課題が示されている。

このモデルは,マキシ・サイクルと呼ばれる生涯を通じた一連のライフ・ステージを右の縦軸,サブ・ステージは破線,各サブ・ステージの間は対処方法を表している。また,スーパーは各発達段階の間には移行期があり,そこにはミニ・サイクルと呼ばれる再探索,再確立の過程があると述べている(Super et al., 1996)。しかし,女性の場合は結婚や出産を機に仕事を離れることも多く,女性のキャリア発達をこのモデルで説明することには限界があると考えられる。

ところでスーパーは,思春期におけるキャリア発達の中心的なプロセスが成熟であるとして「キャリア成熟(career maturity)」の概念を見出した。キャリア成熟は,「個々のライフ・ステージにふさわしい発達課題について対処するためのレディネス」と定義されてきた。しかし,キャリア成熟では成人のキャ

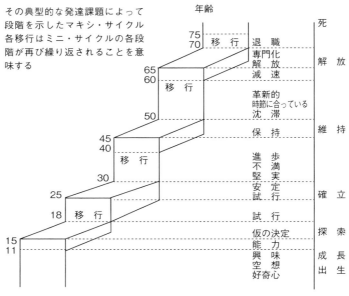

図5-7 生活段階と下位段階 (Super, 1985)

注)ライフ・ステージの最終段階については,Super(1996)をもとに加筆・修正した。

リア発達についての説明ができないとして，研究者らは「キャリア・アダプタビリティ（career adaptability）」という用語を使うようになった。スーパーは，類似した3つの概念「キャリア成熟」「アダプタビリティ」「適応（adjustment）」を，次のように区別している。キャリア成熟は思春期，アダプタビリティは成人期のキャリア発達のプロセスを表し，これら2つの結果として適応があると説明した（Super, 1985）。

2）成人の発達プロセス（レヴィンソン）

レヴィンソン（Levinson, 1978）は，中年期の男性40人を対象に個人の生活史（ライフヒストリー）について面接調査を行い，成人の発達プロセスを図式にまとめた（図5-8）。彼は，成人期を四季にたとえた「ライフサイクル」に焦点を当て，その発達はおおよそ25年間続く4つの発達期を経て徐々に進むと考えた。4つの発達期とは，児童期と青年期（0〜22歳），成人前期（17〜45歳），中年期（40〜65歳），老年期（60歳以降）である。そして各時期に特有の特性と生活の特性には関連があると考え，成人の生活構造が一定の段階

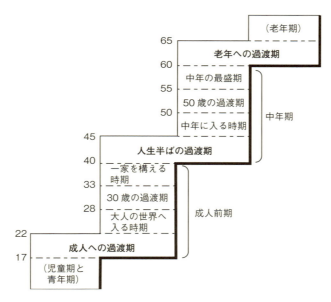

図5-8　レヴィンソンによる成人前期と中年期の発達段階（Levinson, 1978）

を経て発展することを見出した。生活構造とは，ある時期におけるその人の生活の基本的パターンないし計画のことである。これらを踏まえ，レヴィンソンは成人の心理社会的発達は，生活構造の安定期（築かれる時期）と過渡期（変わる時期）が交互に現れ進んでいくと考えた。過渡期とは，2つの発達期を結び，何らかの連続性を持たせる発達上の期間であり，内的・外的なさまざまな理由から，安定の基盤となる生活構造を修正しなければならなくなる時期である。レヴィンソンは成人前期から中年期への移行期を「人生半ばの過渡期」と呼び，①若さと老い，②破壊と創造，③男らしさと女らしさ，④愛着と分離の4つの両極性の解決が個性化の主要課題であるとした。さらに調査を行ったところ，各発達期には基本的性質が過渡期と似ている一連の発達段階があることも明らかになった。

（4）トランジション

トランジション（転機）の2つの視点である，ブリッジズの発達段階の移行期としてのトランジション，およびシュロスバーグの人生上の出来事としてのトランジションについて，簡単に解説する。

1）発達段階の移行期としてのトランジション（ブリッジズ）

ブリッジズ（Bridges, 1980）は，トランジションが古い状況から抜け出し，過渡期のどっちつかずの混乱を経験し，そこから新しい状況へ向かって再び前進し始めるプロセスであると考え，「終焉」「中立圏」「開始」の3つの様相を示すことを明らかにした（図5-9）。

図5-9　ブリッジス・モデル（Bridges, 1980の考えに基づき金井が図にまとめた：金井, 2002）

終焉とは，今まで慣れ親しんだ社会的な文脈からの離脱，アイデンティティ
の喪失，その人の世界がもはや現実でないとの覚醒，方向感覚の喪失などの「象
徴的な死」を経験することである。中立圏とは，古い生き方と新しい生き方の
間の無人地帯のことであり，一時的な喪失状態に耐える時期である。この時期
には，今までと違う見方で世界を見たり理解したりする変容体験，深刻な空虚
感が経験される。開始とは，かつての人生の局面を破壊し，どこを通ってきた
かわからない旅が終わったときである。社会的に見れば，離脱状態から帰還し，
そこで得られた洞察や考えを形にしたり，行動に移したりすることを意味する。
　ブリッジスは，これらのプロセスからなるトランジションの特徴を4つの法
則にまとめている。

〈法則1〉　トランジションのはじめの頃は，新しいやり方であっても，昔の
　　活動に戻っている。
〈法則2〉　すべてのトランジションは何かの「終わり」から始まる。新しい
　　ものを手に入れる前に，古いものから離れなければならない。それは外的
　　にも内的にもいえることである。
〈法則3〉　自分自身の「終わり」のスタイルを理解することは有益だが，誰
　　でも心のどこかでは，人生がそのスタイルに左右されているという考えに
　　抵抗する。
〈法則4〉　まず何かの「終わり」があり，次に「始まり」がある。そして，
　　その間に重要な空白ないしは休養期間が入る。

　トランジションを人生における発達過程として見ていくと，その概念は，人
生全体を通して考えたときにのみ意味を持つ。なぜなら，人生はトランジショ
ンという形でしか前進したり花開いたりできないからである。「終わり」から「始
まり」に進むというパターンは，人が変化し成長する過程を表している。トラ
ンジションのポイントは，1回の変化で簡単に切り抜けられるようなものでは
ない。たとえば，依存から自立へのトランジションは，人が両親の世界からし
だいに離れていく過程と見なしたほうがよい。それに伴って，価値観やアイデ
ンティティなどの内的変化が生じ，自己イメージや外見が発達していく。この

過程は，家を出て 20 歳になったからといって，完成するわけではない。人は30 歳になっても 40 歳になっても，さらに 50 歳になっても，自立という人生の大トランジションをやり遂げるために変化し続ける。

2) 人生上の出来事としてのトランジション（シュロスバーグ）

シュロスバーグ（Schlossberg, 1989）は，トランジションを成人のさまざまな人生上の出来事として捉え，転機に直面する個人の援助を目的としてさまざまな理論の知見を取り入れ，4S システムを提唱した。シュロスバーグは，成人の発達を考える際の視点として，①文脈的・文化的視点，②発達的視点，③ライフ・スパンの視点，④転機の視点の 4 つに整理している。成人の行動を理解するためには，個々人が自らの役割，人間関係，日常生活，考え方を変えてしまうような転機に注目することが重要であるとして，トランジションを中心概念に据えた。シュロスバーグは，個人の発達においては，出来事そのものではなく，それをどう受け取り，どう対処していくかが重要であると述べている。

シュロスバーグは，転機を理解するための構造を 3 つに整理している。1 つめは，転機へのアプローチで，転機のタイプが「予測していた転機」「予測していなかった転機」「期待していたものが起こらなかった転機」の 3 つであること，そして転機には「始まり」「最中」「終わり」というプロセスがあること

図 5-10　トランジション・プロセスの統合モデル（Goodman et al., 2006）

から，個人が転機のどの位置にいるかを見極めることが重要であるとした。2つめは，転機を乗り越えるための資源として4Sシステム（状況：situation，自己：self，周囲の援助：support，戦略：strategies）の内容を吟味していくことから，対処資源の活用と脆弱を明らかにすることができると考えた。3つめは，個人の対処資源を強化していくこと，つまり新しい戦略を採るということである。シュロスバーグは，どんな転機でも，それを見定め，点検し，受け止めるプロセスを通じて乗り越えていくことができるとしている。シュロスバーグは，トランジション・プロセスの統合モデルを図5-10のように示している。

(5) キャリア・アダプタビリティ（サビカス）

　サビカス（Savickas, 1997）は，キャリア・アダプタビリティを，「どのように職業を選択し適応していくのかに答える概念で，現在および今後のキャリア発達課題，職業上のトランジション，そしてトラウマに対処するためのレディネスおよびリソース」と定義し，キャリア・アダプタビリティを構成する4つの次元として関心・統制・好奇心・自信をあげ，表5-1のように示している。関心（concern）とは，職業上の未来についての関心であり，過去から未来への経験が連続しているという信念をもたらすものである。統制（control）とは，自らの未来を所有している，または未来を創造すべきであるという信念であり，自らのキャリアについて責任を持つことである。好奇心（curiosity）とは，新しい経験を受け入れ，さまざまな可能性を試す価値があるという信念で

表5-1　キャリア・アダプタビリティの次元（Savickas, 2005）

キャリア質問	キャリア問題	アダプタビリティ次元	態度と信念	能力	対処行動	関係性の見方	キャリア介入
私に未来はあるのか？	無関心	関心	計画的	計画能力	認識，関与，準備	依存	方向づけの学習
誰が私の未来を所有しているのか？	不決断	統制	決断的	意思決定能力	主張，秩序，意志	自立	意思決定訓練
私はみずからの未来をどうしたいのか？	非現実性	好奇心	探求的	探索能力	試行，リスクテイキング，調査	相互依存	情報探索活動
私はそれを実現できるか？	抑制	自信	効力感	問題解決能力	持続，努力，勤勉	対等	自尊心の確立

あり，自分自身と職業を適合させるために職業に関わる環境を探索することである。自信（confidence）とは，進路選択や職業選択において必要となる一連の行動を適切に行うことができるという自己効力感のことである。

(6) キャリア・アンカー（シャイン）

シャイン（Schein, 1978）は，キャリア・アンカーとは，いくつかのパターンに特徴づけられたキャリアや職業における自己概念／セルフイメージのことであり，自分がキャリア選択をしなければならないときに，どうしても捨てることができないものとして，以下の8つのアンカーを提示している。

・専門・職能別コンピタンス（TF：Technical/Functional Competence）
・全般管理コンピタンス（GM：General Managerial Competence）
・自律・独立（AU：Autonomy/Independence）
・保障・安定（SE：Security/Stability）
・起業家的創造性（EC：Entrepreneurial Creativity）
・奉仕・社会貢献（SV：Service/Dedication to a Cause）
・純粋な挑戦（CH：Pure Challenge）
・生活様式（LS：Life Style）

自らのキャリア・アンカーを確かめるためには「何が得意か」「何をやりたいのか」「何をやっている自分が充実しているのか」の3つの問いが有効であるとしている。

(7) 計画された偶発性（クランボルツ）

クランボルツ（Krumboltz, J. D.）らは自らの経験をもとに，不確実性の高まる時代において予期せぬ出来事がキャリアにもたらす重要性について主張し，計画された偶発性理論（planned happenstance theory）を提唱した（Mitchell et al., 1999）。この理論は，キャリア・カウンセリングを拡張した概念的枠組みで，不確実な出来事を学習の機会へと創造し変換するものである。理論的介入の目標は，クライエントがキャリア開発においてチャンスとなる出来事を自

ら起こし，認識し，受け入れるよう支援することである。クランボルツは，キャリアの好機の認識，創造，活用を援助する5つのスキルとして次のものをあげている。1つめは，新たな学習機会の模索を示す「好奇心」，2つめはめげない努力を指す「持続性」，3つめは態度や状況の変化を指す「柔軟性」，4つめは新たな機会を実現可能と捉えることである「楽観性」，最後に不確実な結果に対する行動を示す「リスク・テイキング」である。

3. キャリアをデザインする

　変化の激しい現代社会においては，自らのキャリアをデザインしたとしても，それを計画通り進めていくことはなかなか困難なことである。しかしながら，変化の激しい現代社会であるからこそ，自らのキャリアについて，過去を振り返り将来を展望する機会を持つことが重要である。

(1) キャリア・デザインのプロセス
　キャリア・デザインとは，個々人が自らの職業・働き方との関わり方を描くことである。キャリア・デザインのプロセスは，①現状認識，②将来像・目標，③ギャップの認識，④行動計画と実践からなる。

(2) キャリア・デザインの要素
　キャリア・デザインのプロセスにおいては，以下の5つの視点で，自らのキャリアを振り返り，資源を見直すことが必要である。

　　①自己認識・自己理解
　　　・キャリアの振り返り
　　　・キャリア志向や価値観，興味・関心，能力の理解
　　②環境認識・環境理解
　　　・事業環境や職場環境の変化の理解
　　　・周囲の人々からの期待役割の理解
　　③意思決定

第5章　人材開発とキャリア発達

・各種選択肢の将来予測をして将来像を描く
　・意思決定
④キャリア資産構築
　・キャリア資産の棚卸
　　　（能力・専門性・実績，人材，モノ，カネ・資金，健康，趣味・教養）
　・モデルとなる人
⑤変化対応
　・トランジション
　・「変化を拒むもの」に気づく
　・自ら変化を起こし機会を創出

4.　キャリア研究の視点の変化

　心理学において現在のような広義のキャリアが研究の対象とされたのはスーパー（Super, 1951）以降のことである（渡辺，2007）。その後，さまざまな研究と知見が蓄積されてきたが，時代の移り変わりや社会経済的状況などから，研究者によるキャリアの捉え方にも少しずつ変化が見られるようになっている。

　キャリアは，かつて個人の仕事経験の総体的結果と考えられていたが，今日では拠りどころのない人生行路を切り抜けるための首尾一貫した同一性の感覚の維持が不可欠な内省的プロセスとして新たに概念化されたと論じられている（Walsh & Savickas, 2005）。また，ホール（Hall, 2002）は，変わり続ける組織においては，激動の最中に個人をわが道へと導き内的な羅針盤を提供する明確な「自分らしさの感覚（sense of identity）」が必要であると主張している。つまり，近年，キャリアを捉える視点は，客観的なものから主観的なものへとシフトしていると考えられる。

　さらに，このような時代背景の変化から，キャリア理論と実践の隔たりを収束する課題（Savickas, 1994）が生まれ，キャリア研究の対象は個から関係性へと移行する動きが見られる。

121

■ 第3節 ■

人材開発施策とキャリア発達

　日本企業に導入されてきたこれまでの人材開発施策を，キャリア発達という視点で見ると，人材開発施策という組織的な取り組みが，個人のキャリア発達と密接に関わっていることがわかる。したがって，それらの組織的な取り組みが個々のキャリア発達支援の1つの形態として認識され，組織文化・風土として，職場に根づくことが重要である。このような視点に立って，実際の現実場面で実施されている人材開発施策について見てみる。

1. 人の発達に合わせて実施される階層別研修

　人材（能力）開発といえば，真っ先にあがるのが，階層別研修であろう。「新入社員研修」→「2年目研修」→「中堅社員研修」→「新任管理職研修」→「上級管理職研修」というような研修である。

　「新入社員研修」においては，一般に社会人としての基本習得に主眼が置かれる。働くことの厳しさと意義や喜びを認識させ，「リアリテイ・ショック（reality shock）」を乗り越え，企業人としての第一歩を踏み出すことを促進する。

　「2年目研修」は，入社後約1年余りが経過し，何かしら仕事の成果を上げている頃である。入社からこれまでの業務成果を発表するなどを通して，"一人の社員としての自己"と"組織の代表としての自己"の2つの役割を認識する機会となる。また，何らかの問題，悩みを持ちはじめる頃でもあり，その解決の糸口を見つけたりする機会ともなる。

　「中堅社員研修」においては，自己理解と自己の役割認識に焦点が当てられていることが多い。社内外を問わず仕事上の関係先が拡大し，自己の役割の高まり，広がりを感じる中で，自分自身を見つめ，振り返る。また後輩の指導や育成の視点も加わり，自己の役割が，他者への影響力を発揮することに発展・変化していくことを改めて認識する機会である。

　「新任管理職研修」は文字どおり管理職としての基本を修得させるための教

育である。会社側の人間としての思考・行動の原理原則を理解するとともに,「人をモチベートし動かす」という組織のリーダーとしてのスキルや態度を修得させることが目的となる。

「上級管理職研修」は,上級組織管理者としての基礎修得とともに,経営者との議論を通じ経営的観点や姿勢の醸成を目指す。また,選抜的色彩も濃くなってくる。

以上,階層別研修について簡単に触れたが,大きな環境変化の中で,その内容にはその時代に応じた変化はあるが,基本的な思想は一貫しており,個人がそのとき,そのタイミング(発達段階)で必要とされる人やものの見方,考え方などを,どのようにして自分自身で気づき高めていくか(自律),いかに人と関わり自己と環境を統合させていくか(相互作用)を,「人の成長」に合わせ修得させようというキャリア発達の視点を兼ね備えている。

2. キャリア発達の機会となる昇進昇格試験

昇進昇格の主たる目的は,いうまでもなく業務成果の評価処遇への反映である。しかしながら見方を変えると,昇進昇格に際し実施される論文試験や面接試験等には,育成・指導の側面が多分に盛り込まれている。論文試験の内容や面接試験における質疑応答等を通じて,広く社会経済情勢から自社ないしは自分の担当する仕事に関連する視野・識見を拡大する機会となる。また,仕事への取り組み姿勢,自分の役割認識,自己や組織の課題認識など,視点を大きく変える重要な機会となる。これまで意識してこなかったことに気づかせ,深く考え体系的に整理し,それを自分の言葉や文章で表現するというプロセスは非常に重要なキャリア発達の機会となる。

3. 部下育成計画の策定と指導の実践

主に若手社員を対象として,上司による部下育成計画の策定が実施されることも多い。部下育成計画の策定の本来の目的は,部下と上司,組織が部下のキャリア形成について相互認識し,合意した上で同じ意識とベクトルで部下育成を

進めていくことである。上司は部下の仕事に関する希望を理解した上で，組織ニーズとの整合性を取りながら，短期的・中期的な視点で，部下育成計画を策定する。OJTを通じて，部下の職務能力を高め，部下が適切な仕事役割を遂行できるよう指導をする。そして，その経過を把握した上で，部下育成計画を改定する。事業環境の変化に伴い計画通りにいかないことも多いが，上司は部下のキャリア発達が実現できるよう部下育成計画実行に責任を負うことが重要である。

　一方，部下育成計画の策定と指導の実践は，部下のキャリア発達だけでなく，上司自身のキャリア発達に大きく寄与する。部下育成計画を策定し，育成指導を適切に実践するためには，少なからず上司自身が，自分のこれまでの仕事への取り組みやキャリアを振り返ることが必要である。部下育成という機会を通じて，改めて自分自身と向き合うことが，上司自身のキャリア発達に繋がる。

4．コミュニケーション・ツールとしての目標管理制度

　目標管理制度は評価処遇の根幹をなす仕組みの1つである。目標管理制度の主たる目的は，個人の業績評価をすることであるが，それに加えて，もう一つの大切な役割を持っている。それは，目標管理面談を活用し，上司と部下の間で業務目標および評価に関し，しっかりとしたコミュニケーションを実施する機会と位置づけることである。上司・部下相互に利害が関連する内容であり，コミュニケーションスキルが必要とされるが，だからこそ率直な対話が実現すれば，相互理解が深まり，上司と部下，組織と個人のベクトル合わせに役立つ。さらに，目標管理制度を，業績評価のためだけに限定するのではなく，業務遂行プロセスに重点を置き，個人の強みを活かし，キャリア発達を促進するための支援・フォローのツールとして，活用することができる。

5．主体性を尊重し推奨する各種制度

　社内公募制度，自己申告制度，キャリアシート等，企業や組織によって多様な制度が運用されているが，共通しているのは社員自身が主体的に自らのキャ

リアを描き実現することを尊重し推奨している点である。自分のキャリアには自らが責任を持ち切り開いていくものであるという考え方に基づいている。企業や組織によって，その濃淡はさまざまであるが，環境変化が激しく，流動性が高まっている現代においては，社員自らの選択の自由度を高めることが重要である。

　また，企業や組織，職場，仕事のみならず，ワークライフバランス，生き方，働き方など，自らが選択し意思決定した道であれば，仕事に対するモチベーションや仕事・組織に対するコミットメントを高い水準で維持することが期待でき，成果にも繋がりやすいと考えられる。

注)
1.　メンターという用語は，ギリシャ神話に登場する賢人メントールを語源とし，メントールが親友であるオデュッセウスの息子の家庭教師として，後見・育成・支援したことに由来するとされている。

第6章

職場の人間関係と人間関係管理

"最も古い人間の努力は，われわれの仲間の人間と結びつくことである。
人類が成長し進歩してきたのは，仲間の人間への関心によってである。"

　これは，アルフレッド・アドラーの著作『人生の意味の心理学』（Adler,
1931／邦訳書2010）の一節である。これが出版された1931年は，メイヨー（Mayo,
G. E.）やレスリスバーガー（Roethlisberger, F. J.）によるホーソン実験が行
われていた頃である。メイヨーらを中心として案出された人間関係論では，組
織の生産性を規定する要因は，作業環境や労働条件だけでなく，公式／非公式
の下位集団やそこに存在する人間関係や規範が強く関わっていると主張された。
これらは，意欲や感情といった仕事に対する態度（モラール）となって現れる
ため，集団での対人的側面の理解が組織運営の中心に据えられた。
　そして，組織では，他者との関わりを重視した人間関係管理の諸施策（コミュ
ニケーションの改善・向上のための管理者教育訓練，面接制度の実施，提案制
度や従業員カウンセリング制度の設置，社内のレクリエーション活動など）が
講じられてきた。そして今，働き方や仕事の価値観が多様になる中で，私たち
は，いかに仕事に対して誇りを持ち，倫理的で創造的な活動を推進させていく
のか。そして，より豊かなひと・社会づくりに貢献する組織を構築していくの
か，改めて問われている。
　小野（2011）は，働く人々のwell-beingを心理的に高めることで，個人の
成長や長期的な生産性を期待できること，そのためには，上司－部下の関係性
はもちろん，人的ネットワークや組織風土，あるいはリーダーの価値観など多

面的に考え，快適な職場づくりを目指す必要性を論じている。本章では，この
ことを念頭に置きながら，組織やチームの人間関係を軸に，個人や組織の持続
的な発展のための要件，経営管理上のあり方を考える。

■ 第 1 節 ■
組織の人間関係と現状

　組織はひとで成り立ち，組織の活動はひとの行動から生まれる。組織の成功
も，解決すべき問題も，すべて基本的にはひと（人・間）に起因する。その中でも，
近年，企業の二大健康課題として，メタボリック・シンドロームとともに深刻
さを増しているのが，社員のメンタルヘルスである。この問題は，病気による
欠勤（sickness-related absenteeism）や疾病就業（presenteeism：心身の不調
があっても出勤し，遂行能力が低下している状態）といった業務遂行状態と密
接に関わる。わが国の現状として，仕事でストレスを強く感じる人の割合は 6
割近くを占める（厚生労働省，2017a）。心の病で 1 か月以上休職した人を見る
と，30 歳代が多く，最近では 20 歳代の割合が高まっている（日本生産性本部，
2017）。メンタルヘルス不調の原因（厚生労働省，2017a）としては，仕事の量・
質の問題とともに人間関係の悩みやコミュニケーションの問題が，他の多くの
調査でも上位にあがっている。

　もう 1 つは，ハラスメントの問題である。職場の上司や同僚からのハラス
メント経験者の比率は上昇傾向にあり（平成 24 年度実態調査では 25.3％；平
成 28 年度実態調査では 32.5％），ハラスメントを経験する頻度も高まっている
（厚生労働省，2016）。調査の中では，パワーハラスメントが生じる職場の特徴
についても言及されている。パワーハラスメントの経験者がその特徴にあげた
（それを経験していない者に比べて多く選択された）もののうち，「上司と部
下のコミュニケーションの不足（35.9％）」は，「残業が多い／休みが取り難い
（38.8％）」に次いで多く選択されている。

　人間関係に起因するこれらの問題は，当事者の活動レベルの低下や組織・チー

ム内環境の悪化（雰囲気の悪化，ハラスメント経験や他の成員の離職意図の高まりなど），そして組織運営上の損失（損害賠償等に係る経済的コスト，対外的な信頼失墜や優秀な学生の採用への影響など）を生む。その影響の大きさは，たとえば，メンタル不調に関わって発生する生産性の低下で見ると，年間500億ドル以上の損失と見積もられている。これは，年間当たり3億2,120万の労働日数分に相当する（APA, 2010）。ハラスメントに関わるもののうち，職場のいじめによって生じる損失は年間最大351億ドル，悪態をつく上司に関わって生じる損失は年間317億ドルに上るという（Hassard et al., 2018）。このように見てみると，人の関わり不全が組織にもたらす代償はあまりにも大きい。

　以下では，組織・チームが活性化したり停滞したりする現象について，職場の人間関係を，次の3つの視点で先行研究を概観する。①リーダーとフォロワーというタテ（上司−部下）の関係性，②フォロワーとフォロワーというヨコ（同僚どうし）の関係性，③組織内のネットワーク，である。そして，それぞれからみた望ましい関係構築のあり方や個人やチームを蝕む潜在的なリスクについて，先行研究の概観を通して理解する。後半では，健康的な個人や組織であるために，組織マネジメント上どのような点を踏まえて施策に反映させるべきか，その方向性を提示する。

■第2節■
チームの人間関係とコミュニケーション

　企業組織には，部署・課のような公式集団，私的に親しい関わりで成り立っている非公式集団がある。あるいは，タスク・フォースやクルーのような（目的の事業や任務のために結成され，比較的小さな）チームが多様な形態で結成されている（山口，2009）。各成員は，1つ以上のチームに所属し，2人以上の成員間で言語および非言語（たとえば，e-mail）のチャネルを通して，日常的にコミュニケーションをとっている（e.g., Marlow et al., 2018）。

　チーム・コミュニケーションは，チームや組織が設定した目標をより高い水

準で達成できるように，互いが持っているさまざまな資源を交換して補完し合うために行われる。ほかの成員から送られてきた情報がどのくらい明瞭であるか，どのくらいの頻度で情報が交換されているか，情報や知識はほかの成員たちとどのくらい共有されているか，といった項目内容で把握されるものである。

これらが適切かつ十分に行われている職場は，いわゆる風通しのよい職場である。このような職場では，互いが連携し合っているという共同意識や貢献感が育ちやすく，チームのパフォーマンスもまた促されやすい。メスナー・マグナスとデチャーチ（Mesmer-Magnus & DeChurch, 2009）の論文で注目すべきは，パフォーマンスにつながるチーム・コミュニケーションとは，e-mail などを使ってあらゆる情報を多量に流すことを意味するのではないという結果である。専門的な知識や意思決定をする上で重要な情報を共有すること，課題解決のために活用しようと情報を吟味することが，効果的なチーム・コミュニケーションであるという。通信技術の発展に伴って手軽さが増す中，情報を流すことが目的ではなく，どうすれば最適解を導くことができるのかを考え，技術を効果的に活用すべきであるといえる。

■ 第3節 ■

チームにおける人間関係の2側面と特徴

まずここで，チームの関係性を2つの側面で整理する。1つは，関係性の深さ，すなわち関係性の質の程度である。この側面には，タテ（上司−部下）の関係性やヨコ（同僚どうし）の関係性が含まれる。もう1つは，関係性の広がりである。これは，チームの成員たちが持つ対人的なネットワーク構造のことを指している。それぞれの側面に注目した研究で，関係性は，個人や組織のどのようなアウトカムに影響を及ぼすことが明らかになっているのか。また，人間関係の効果が顕著に現れるのは，どのような状況と機序によるのだろうか。

1. タテの関係性と LMX 理論

　上司－部下の関係性については，リーダー－メンバーの交換関係（LMX：Leader-Member Exchange）の理論をもとに多くの研究が展開されている（e.g., 山浦，2017）。これは，垂直的二者連鎖（vertical dyad linkage；Dansereau et al., 1975）から発展し，上司－部下の二者関係の総体として集団運営を考える立場である。互いに有用と思われるサポート資源を授受し，相互尊敬，相互信頼，互恵的な義務という3要素を基本に関係性や役割をそれぞれの二者間で形成していく（Graen & Uhl-bien, 1995）。

　上司から部下に与えられる資源とは，たとえば，上司からの信頼，昇給，経営層からの情報，キャリア発達に関わる機会の提供，専門的な技術指導である。他方，部下から上司に提供される資源には，仕事の成果，仕事に費やす時間や労力，やる気，上司に対する尊敬や好意などがある。

　クバスら（Kuvaas et al., 2012）によれば，交換される資源の性質の違いで2種類に分けられるという。その1つは，社会的な LMX の関係性である。これは，LMX 理論がもともと想定している関係性の質に対応するものである。長期的な関わりを前提とし，ギブ・アンド・テイクや相互信頼といった社会情緒的な側面を強調する関係性である。もう1つは，経済的な LMX の関係性である。この交換は，業務的な意味合いをより強く帯びているものである。特定の期間に返報が求められる取引的な特徴を持ち，当該の関係性から得るものと与えるものとのバランスが強調される。分析の結果，社会的な LMX は，仕事パフォーマンスや組織市民行動とポジティブな関連があるのに対し，経済的な LMX は，いずれの指標ともネガティブな関連が見出されている。

　これらを特徴とする LMX 理論は，社会的交換理論（Blau, 1964）と役割理論（Graen & Scandura, 1987 参照）を統合させた理論である。これによって，同じチームの，同じ上司のもとで活動していても，それぞれの部下との関係性の質は異なって形成されることが説明可能になったのである。

（1）LMX がもたらすポジティブな効果

　LMX の効果については，1990 年代以降，膨大な研究が積み重ねられてきた。

最初のメタ分析で明らかになったことは，LMX の質が高ければ，客観的なパフォーマンスやその評価，組織市民行動，上司に対する満足感，組織コミットメントが促進されること，役割葛藤や役割の曖昧さは低められ，実際の離職やその意図は抑制されるということであった（Gerstner & Day, 1997：組織市民行動との関連についての最初のメタ分析は Ilies et al., 2007）。

　続いて，ドゥルボーンら（Dulebohn et al., 2012）は，2010 年までに刊行された論文を対象に概観した。エンパワメントや公正さ認知の変数を新たに加えて，LMX の効果がよりいっそう幅広く分析された。その結果，これまでの結果が再現されるとともに，LMX は，追加された結果変数についても望ましい方向で影響を及ぼしていた。さらに，2012 年までに発行された研究論文を分析対象にしたマーティンら（Martin et al., 2016）は，LMX の効果を 3 つのパフォーマンス側面に分類した。この論文が持つ視点の新しさは，客観的なパフォーマンスや組織市民行動に関わる効果指標のほかに，非生産的なパフォーマンスを初めて扱った点にある。非生産的なパフォーマンスに含まれた変数は，欠勤や退職，離職意図，非生産的な行動，遅延行動や手抜きなどである。分析の結果，部下の非生産的なパフォーマンスは，上司との関係性が望ましく形成されていれば抑制可能であった。

　さて，今後の企業組織がグローバルな競争力を持つために注力すべきことは，新しい視点を先取りしてつくり出していく活動（proactive behavior）の促進にある。カーネベルら（Carnevale et al., 2017）は，これに該当する活動を 3 つの行動側面で整理し，LMX との関連についてメタ分析を試みた。3 つの行動側面とは，建設的な意見行動（voice behavior：組織のパフォーマンスの改善を目指して建設的な考えを表現すること），創造性（問題の特定，情報や資源の収集，アイデアの生成に関わる行動），そして変革的行動（創造性に続いて，新しく適用可能なアイデアを実現させる段階に関わる行動）である。

　その結果，いずれの行動も，LMX の質の高さとポジティブな関連が示された。その中でも，創造性（ρ =.35）は，ほかの 2 つ（建設的な意見行動 ρ =.29；変革的行動 ρ =.28）よりも強い関連であった。この結果について，カーネベルらは，以下のように解釈している。上司は，部下の創造性（アイデア生成段階）に関わる行動には好意的であり，それによって両者の関係性がダメージを

受けることはまずない。一方，部下の建設的な意見行動は，組織やチームに変化をもたらす契機となる。したがって，この行動をとることで生じる負担やリスク（変化への抵抗や上司からのネガティブな評価，関係性の悪化など）を軽減しようとして部下が口をつぐむことは，高い質の LMX を築いている間柄であっても起こりえる。また，部下の変革的行動について，上司は，部下により情緒的なサポートを与えたりして，新しい取り組みに部下を動機づけることはできる。しかしながら，上司の階層上の立場・地位によっては，変革に必要なものごとの決定や資源調達が十分に行えない場合もある。データにはこうしたケースを含んでおり，LMX と建設的な意見行動，および変革的行動との関連は，創造性の行動よりも相対的に小さい値を示したのだろうと解釈された。

　さらに，課題面だけでなく，部下のメンタルヘルス面についてはどうだろうか。ハームスら（Harms et al., 2017）のメタ分析によれば，LMX の質が高いほど，部下のストレスやバーンアウトのレベルは低かった。また，シュヘルムリーとメイヤー（Schermuly & Meyer, 2016）の研究は興味深い。この研究で得られた結果を見ると（図 6-1），LMX の高さ（第 1 回めの調査時点：Time1）は，それと同時に測定された抑うつレベルとの間に負の関連があったが，12週間後に測定された部下の抑うつの低さを直接予測するものではなかった。こ

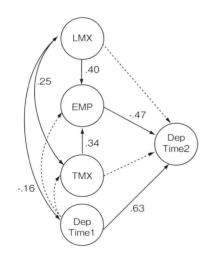

図 6-1　**LMX が抑うつに及ぼす影響**（Schermuly & Meyer, 2016 に基づいて作成）

の 12 週間後の抑うつは，LMX からエンパワメントの低さ（Time1）を介して引き出されていたのである。LMX の質の低さは，ネガティブな心理状態が一定期間蓄積されることによって，抑うつを誘発している可能性が示唆された。

（2）LMX の調整効果：高い質の LMX によって救われるとき

　個人や組織の望ましい状態の維持・向上のために，高い質の LMX が特に必要とされるのはどのようなときなのだろうか。この問いに答えるための研究，いわゆる LMX とほかの要因との組み合わせ効果に関する研究は，着実に知見を積み上げている（職場風土：Erdogan et al., 2006；Hofman et al., 2003；Tordera et al., 2008, 知覚された組織的支援：Liu & Ipe, 2010, 両者の協働年数：Maslyn & Uhl-Bien, 2001, 仕事特性としての自律性：Volmer et al., 2012）。関連する研究のうち，以下では，ストレッサー，上司とのパワー格差，および上司の対応のあり方（部下の退職時），の 3 つを紹介する。

　LMX は，役割ストレッサー（役割負荷，役割葛藤，役割の曖昧さ）の効果に対してどのように作用するのか。モンターニら（Montani et al., 2017）の研究によれば，役割葛藤が小さいときや役割が曖昧でないときはそれぞれ，LMX の程度に関係なく，部下の情緒的コミットメントは高かった。他方，これら 2 種類の役割ストレッサーが高いときは，どちらの場合も LMX の質によって差異が生じた。高い質の LMX を形成している部下であれば，情緒的コミットメントは高い水準であったが，低い質の LMX を形成している部下のコミットメントは低い水準を示した。他方，役割負荷については様相が異なっていた。まず，役割負荷が低いときには，LMX の質にかかわらず部下の情緒的コミットメントは低かった。ところが，役割負荷が高いとき，高い質の LMX が形成されていれば，部下の情緒的コミットメントは高い水準であった。すなわち，役割負荷は，ポジティブな結果を生み出す挑戦的なストレッサーとしての機能を持つということが示唆される。そうであるとすれば，この結果から，役割負荷によって生じるストレスの解消に必要なのは，個人の熟達や成長であり，そのための資源提供が有効であったと解釈できる。

　2 つめは，上司とのパワー格差が持つ効果に対して，LMX はどのような役割を果たすのかについての研究である。ここでいうパワー格差とは，社会や組

織に存在するパワーの不均整を個々人が受け入れている程度を表す文化的価値のことと定義されている。したがって、これは、互恵性の規範を基盤とするLMXとは概念上異なるものである。アナンドら（Anand et al., 2018）は、インドの情報技術産業で働く54チームの上司とその部下たちに回答を求めた（平均年齢は上司32.9 ± 4.9歳、部下27.5 ± 4.2歳であり、組織として比較的若い年齢層のサンプルであった）。その結果、上司とのパワー格差が小さいチームでは、LMXと組織市民行動との間には強いポジティブな関連がみられた。すなわち、パワー格差が小さいときほどLMXは重要で、LMXの質が高い部下たちは、役割外のことにも積極的に従事する傾向にあった。

3つめに紹介する研究は、ラグラムら（Raghuram et al., 2017）の研究である。この研究では、退職する部下に対して、上司がそれを強く引き留めたとき、そしてLMXの質の高さが担保されていたとき、最も強くポジティブな効果が見出された。このような対応を受けた部下は、退職後も会社組織のことを高く評価し、よい口コミを流すだろうと回答した。この結果が意味することは、日常的な上司の関わりが、退職者を通じて、組織の中長期的な人材確保や戦力維持・向上の地盤を築くということである。

(3) メカニズム：LMXの効果はなぜ生まれるのか

LMXが、各種のパフォーマンスにポジティブな影響を及ぼす過程で、何が起きているのか。社会的交換理論によれば、リーダーとの社会的交換を通して、ポジティブな交換がこのまま続くだろうという期待、信頼が生まれることによると予想される。また、自己決定理論（Deci & Ryan, 1985, 2000）やエンパワーメント（Spreitzer, 1995）に依拠すれば、課題に取り組む動機づけが高く、有能感を持って自律的に行動することができるとき、高い水準でのパフォーマンスが期待できる。マーティンら（Martin et al., 2016）は、メタ分析を通してこれらを支持する結果を得た。

また、役割理論に基づけば、社会的交換の過程でそれぞれの個人の役割が明確になることで、パフォーマンスの向上が予想される。しかし、このプロセスは認められず（Martin et al., 2016）、さらなる検討を必要とする部分である。

ほかにも研究知見の蓄積が必要とされるのは、LMXと非生産的なパフォー

マンスの媒介過程についてである。これに関する研究の数はまだ多くはないものの，感情的要素の関与を示唆する結果が得られている。たとえば，リウら（Liu et al., 2013）の研究によれば，LMX と非倫理的行動の間を媒介するのは，仕事満足感の低さであった。また，デュラックら（Dulac et al., 2008）は，質の低い LMX が離職意図を高めるのは，組織に対する心理的な契約不履行の認知や組織に裏切られたという感情を介したときであることを見出した。裏切られた感は，その後 1 週間のうちに，非生産的に行動（全力で仕事をしないなど）するようになるという知見（Griep et al., 2016）と考えあわせると，LMX の質の低さがネガティブな感情を介して，どれほど素早く組織・チームを蝕んでいくかに留意しておく必要がありそうである。

2. ヨコの関係性

　組織・チームにおいて，タテの関係性とヨコの関係性は相互に影響し合っている（Tse et al., 2008；Wilson et al., 2010）。チーム内の繋がりは，職務行動，健康的な職場風土醸成（Jiménez et al., 2017）や個人の心身の健康に大きく寄与する（Heaphy & Dutton, 2008 によれば，職場での質の高い繋がりは，免疫システム機能，心血管の健康，神経内分泌系活動のパターンを改善させるという）。

　ヨコの関係性がもたらす効果は，相対的にみれば，タテの関係性ほどには強くないようである（Schermuly & Meyer, 2016）。このことは，バンクスら（Banks et al., 2014）によるメタ分析において，チームメンバーの交換関係（TMX：Team Member Exchange, Seers et al., 1995, 表 6-1）と先述した LMX を対比させて報告している（個人の仕事パフォーマンス TMX $r = .25$ vs. LMX $r = .40$；仕事満足感 TMX $r = .43$ vs. LMX $r = .51$；組織コミットメント TMX $r = .45$ vs. LMX $r = .49$；離職意図 TMX $r = -.16$ vs. LMX $r = -.32$）。

　しかし，それでもヨコの関係性に注目するのは，上司よりも同僚と過ごす時間が長いことにその理由がある。すなわち，この時間の中で，成員たちはチームが持つ規範に触れ，同僚をモデルにして観察し，自分の役割を認識しながら形成していく。同僚と仕事上の関係者を紹介したり，専門的スキルを共有した

第6章　職場の人間関係と人間関係管理

表6-1　チームメンバーの交換関係（Team-Member Exchange）尺度
（Seers, 1989：Seers et al., 1995）

1. あなたは，チームのほかの成員たちに，よりよい仕事のやり方を提案することがある。
2. チームのほかの成員たちは，ふだんから，こうするともっと簡単に仕事を進めることができる（あるいは厄介になる）と，あなたに教えてくれる。
3. あなたは，ふだんから，こうするともっと簡単に仕事を進めることができる（あるいは厄介になる）と，チームのほかの成員たちに教えることがある。
4. チームのほかの成員たちは，あなたの潜在能力をよく知っている。
5. チームのほかの成員たちは，あなたが抱えている問題やニーズをよく理解してくれている。
6. あなたは，チームのほかのメンバーたちの仕事が進めやすくなるように，柔軟に対応しようとしている。
7. 忙しいとき，チームのほかの成員たちは，あなたに手伝ってほしいと言ってくることがある。
8. 忙しいとき，あなたはチームでほかの成員たちを進んで手伝おうとすることがある。
9. あなたは，ほかの成員たちの仕事を終わらせるために手伝おうとすることがある。
10. チームのほかの成員たちは，あなたの仕事を終わらせるために手伝おうとしてくれる。

（5段階尺度（全くそのとおりではない－そのとおりではない－どちらともいえない－そのとおり－非常にそのとおり）

注：原文の表現に基づいて，日本語訳を作成した後，バックトランスレーションの結果を踏まえて原版との内容の整合性を確認した。

りしながらキャリアや個人の成長が促されるように取り計らうこともある。また，仕事がうまく進むように時間や情報を提供したり，仕事外でも個人的に仲良くつき合ったりもする。このように，物質的・道具的な資源や社会情緒的な資源をもとに（Omilion-Hodges & Baker, 2013），同僚どうしの活動は，人間性の発達や組織の持続的な発展を可能にしている。とりわけ，相互作用の初期段階では，同僚からの影響過程が日常的な活動やその後のキャリア形成に大きく寄与していると考えられる。

（1）ヨコの関係がもたらすもの

水平方向の関係性を扱った研究は，大きく3つに整理できる。1つめは，TMX である（WGX：Work Group Exchange と呼ばれることもある，Dunegan et al., 1992）。2つめは，同じ上司のもとで働く部下たちどうしがそれぞれ認知している交換関係の様相（CWXs：Coworkers Exchanges）で捉えた研究である。どちらも，いわゆる関係性に基づく視点である。3つめは，同僚たちの行動傾向に注目した研究である。

TMX/WGX の様相は，チームの成員（たち）とどのくらい資源交換してい

るかによる。望ましい関わりであれば，同僚から効果的なスキルを学び，効力感を高めることができる（Liao et al., 2010）。また，同僚への同一視を高め，愛他的な行動が多くみられる（Farmer et al., 2015）。

CWXs は，同じ上司のもとで働く部下たち 2 人（同僚どうし）の交換関係に焦点を当てる。この捉え方を理解する上で役に立つのは，シェロニーとグリーン（Sherony & Green, 2002）の研究である。（回答者が所属する）チームの上司と，その部下たち（A と B）とのそれぞれの関係性（LMX）が類似しているとき，A と B それぞれが相手との関係性の評価値 CWX は高かった。この結果は，ハイダー（Heider, 1958）のバランス理論によって解釈可能である。また，CWX の評価の分散が小さい（同僚どうしの交換関係の評価が一致している）ほど，組織コミットメントは高かったが，仕事満足度との間には有意な関連は見出されなかった。これと同時に検討された LMX を見ると，組織コミットメントや仕事満足度とポジティブな関連が有意であった。ただし，これが LMX と CWX の特徴であるのかどうかの判断は，まだ今後の研究結果を待つ必要がある。

（2）同僚の行動による伝播

なぜ，同僚が常習欠勤すると，チームの中で欠勤者が続くのか。これが，3つめにあげる研究視点の例である。近年，同僚（たち）の非生産的な行動による影響に関する研究，あるいはこの影響を抑制－促進する要因を探る研究などが関心を集めている（Baeriswyl et al., 2017；Chiaburu & Harrison, 2008；Kim et al., 2017；Scott et al., 2014；ten Brummelhuis et al., 2016；Viotti et al., 2018；Wolff et al., 2018）。同僚（たち）がもたらすネガティブな影響に対して，チーム内の紐帯やサポート源（同僚，上司，組織，職場外の人からのサポート）が果たす機能の理解が試みられている。

テン ブランメルユイスら（ten Brummelhuis et al., 2016）は，同僚の欠勤をまねる者が現れるのはなぜか（研究 1），このような模倣者が現れやすくなるのはいつか（研究 2）の問いに答えるための研究を行った。非生産的な行動がチームに蔓延るメカニズムと社会的紐帯による解決の可能性を示した研究である。

138

研究1では，2つの条件が設定された。1つは，過去3か月の間，チームの成員たちが定期的に休んでいる職場状況を提示した条件（同僚の欠勤率高群）であり，もう1つは，突発的なことがない限り，成員たちが出勤している条件（同僚の欠勤率低群）であった。実験参加者は，どちらか1つのシナリオを読んだ後，自分は仮病で会社を休むか否かを回答した。その結果，欠勤率高群のチーム条件に割り当てられた者のうち，欠勤するだろうと回答した者は，欠勤しないだろうと回答した者よりも，職場に欠勤に寛容なチーム規範があると評価する傾向が強かった。

研究2は，ドイツの会社組織に勤める97チーム514名を分析対象とするフィールド調査であった。マルチレベル分析の結果，凝集性が高いチームや同僚と協力し合って進める仕事（高い課題依存性）に従事している場合には，同僚の欠勤を模倣する現象は起きにくかったのである。すなわち，チーム内に社会的かつ機能的に強く結びついた紐帯が形成されることは，このような模倣行動の抑止力になるといえるだろう。

3．関係性の広がり：ネットワーク

上司や部下が形成している関係性を，チーム内の社会的ネットワークの観点で捉えて分析した研究がある。ネットワークで捉えた関係性とは，たとえば，日常業務を遂行するとき，チームのどの範囲の人たちと関わっているか（チームの成員から選択された数が多い人は，"ワークフローの中心"にいることを意味する），あるいは，チームの人たちとどのくらい親しい間柄か（チーム内の人たちから親しい間柄にあると評価された数の多い人は，"フレンドシップ・ネットワークの中心"にいることを意味する），チームの人たちをそれぞれ非公式リーダーとしてみたとき，チームにどれくらい頼りにされているか（この評価が高い人は，"非公式リーダーとしての地位が高い"ことを意味する）などで測定されるものである。

たとえば，チーム内の社会的ネットワークと建設的な意見行動との関連を検討した研究がある（Venkataramani et al., 2016）。先述したように，建設的な意見行動は，変革を促す先取りの行動（proactive behavior）であるが，同時

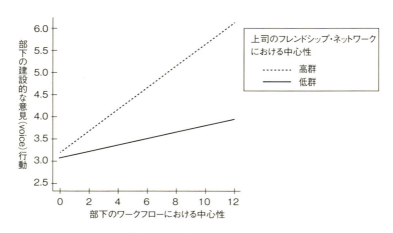

図 6-2　チームにおける上司や部下の立ち位置が部下の意見行動に及ぼす影響
(Venkataramani et al., 2016)

に諸々のリスクを伴う。この研究では，それらのリスクの軽減を考慮して，チーム内での成員の立ち位置，すなわち，支持的な社会的ネットワークの中心にいるかどうかが行動選択の鍵を握ると考えられた。部下のワークフローとフレンドシップ・ネットワーク，そして上司のフレンドシップ・ネットワークが，それぞれ測定された。その結果，ワークフローの中心性が高いと評価された成員ほど，建設的な意見行動（3 か月後に測定）をとっていた（図6-2）。そして，よりいっそう積極的に建設的な意見行動が選択されるのは，上司が，フレンドシップ・ネットワークの中心にいるときであった（部下のフレンドシップ・ネットワークによる調整効果は認められていない）。

これと類似の結果は，パンら（Pan et al., 2018）のデータでも示され，非公式リーダーとしてまわりから頼りにされている者ほど創造性が高かった。将来を先取りした建設的で能動的な部下行動は，チーム内の人たちの好意的な態度や関係性に支えられるところが大きいということだろう。

第6章　職場の人間関係と人間関係管理

■ 第4節 ■

人間関係管理

　今まで見てきたような，組織における人と人との関係は，自然に形成される
人間関係もあるが，上司－部下，同僚など，組織という枠組みの中での役割関
係として形成される側面も非常に大きい。そして，前述のように，それが組織
の効率（動機づけ，職務満足感，定着率，生産性など）に大きな影響を持つと
されるため，企業組織は，その目標達成をより円滑に進めるために，さまざま
な人事制度を整備・修正したり，その運用を現場で担う上司の管理・監督の啓
蒙や訓練などを通して，意図的に，働く人々の心理的・社会的な環境の向上を
図っている。そのような働く人々の感情などの心理的側面に働きかける制度や
管理方法について扱うのが人事・労務管理や人的資源管理の中では，人間関係
管理と呼ばれる領域である。それを踏まえて，ここでは，職場における人と人
の関係を中心に，企業の人事管理の諸側面との関係を見ていくことにする。

　関係性の質としてのタテやヨコの紐帯，これらを含んだ関係性の構造（その
なかでの立ち位置）によって，個人やチームの状態は良くも悪くもなる。これ
を支えているのは，社会情緒的な関わりであり，適時適切に資源を授受すると
いう交換活動である。自分と相手の二者という小さな単位での相互作用が，自
身の心身の健康，組織・チーム全体の風土やパフォーマンスも規定するという
ことである。

　もし，チームの中で相互理解がなく，必要なサポートを授受できないとき，
あるいはチームの雰囲気が悪いときには，ハラスメント・いじめが生まれやす
い。ハラスメント・いじめは，同僚や上司によって組織的に虐待され，不当に
苦しめられている状態のことである（Einarsen et al., 1994）。具体的には，侮
辱するような言葉や冷やかし，暴言，攻撃的な扱い，不快なからかい，仲間外
れ，社会的排斥，あるいは継続的に品位を貶めるといった，ネガティブな行為
が組織的に繰り返し行われることをいう。

　職場のハラスメント・いじめの影響は，個人の心身の健康を脅かし，チーム
の諸活動を停滞させる。近年では，それが引き起こす組織的コストが試算され，

141

この問題の重大さが強く認識されるようになっている。加害者と被害者の個人特性の要因や対人的な要因とともに状況を理解し，組織の積極的な対応が必要とされる。組織と個人が健康的であるために，組織や管理職者，そして成員自身は何に留意すべきなのか。前節までで見てきた内容を踏まえ，施策の方向性や留意点を以下にあげてまとめることにしたい。

1.「組織」による支援や取り組み

　組織の方針や価値観は，現場の成員たちへの対応に反映する。この対応のあり方は組織文脈の中で生まれ，上司と部下の対人関係を軸に体現される。すなわち，組織の支援体制は，対人関係と密接に関連しており，対人的信頼を構築する上で不可欠な要因である（Skinner & Searle, 2011）。

　部下に対する評価に関わる問題は，その最たる例である。LMX 理論が主張するように，上司は，それぞれの部下と異なる関係性を築く。逆にいえば，それぞれの部下に対する上司の評価が異なること，その評価の差異が，時として部下（たち）に不公正であると感じさせてしまうこともありうるということである。たとえば，同じ変革的な行動をとっているにもかかわらず，質の低いLMX 者は，質の高い LMX 者よりも低く評価されるようなケースである。しかもそれは，変革的な行動をとらなかった者と同程度に低い水準だったのである（Schuh et al., 2018）。

　これは，一見すると対人レベルの問題であるが，第 4 章で見た組織における人事評価システムの中で生じる問題でもある。人事評価は，評価者の体制，評価内容，教育の 3 つが有機的に体系立って，組織の中に構築される必要がある。具体的には，評価者の体制としては，2 人以上の査定者が独立に評価し，その内容を評価者たちで検討して決定することが考えられる（Schuh et al., 2018）。また，評価内容には，組織や上司が成員に期待する役割行動が含められるべきである。交換関係理論や役割理論を踏まえると，支援的なリーダーシップ行動を発揮しているか，資源の交換は十分か，協力できることは何で，それをどう実行させたかなど，互恵性に関する内容を含むこと，そして信頼性・妥当性のある尺度が提供されることが望まれる。さらに，評価したものをどう活用する

かを含めて，研修やトレーニングが施されることは，組織から評価者（上司）への支援の一環である。

このようにして知覚されるようになった組織の支援（perceived organizational support）は，組織に対する信頼や帰属意識を高め，離職意図を抑制する（Dulac et al., 2008）。組織的な取り組みが行われ，評価する側とされる側がともにそれを認識することによって，評価をめぐって生じる人間関係の軋轢を最小限に抑えることができる。

ハラスメントやメンタルヘルスの問題についても，これと同様に，取り組み体制，提供されるべき内容，教育の充実化は有効だろう。問題の大きさを認識し，組織の支援体制が整備されることは，現場にそれを活用してもよい／活用できるという規範，ハラスメントのような許容できない行動は許さないという規範があることを伝える第一歩である。特に，ハラスメントについて，マデラら（Madera et al., 2018）は，何がそれにあたるのか，法律に基づく定義を提供すべきであると主張する。また，生産的な活動に向かっていける環境の整備（厚生労働省，2017b，「職場におけるハラスメント対策マニュアル」）は，成員全体が担うべき役割であり課題であるから，情報（具体的かつ有効な対処法，行為者への措置など）や場（業務評価とあわせて，メンタルヘルス診断結果を活用した面談など）が定期的に提供される必要がある。

2. 「上司」の役割

組織の方針や施策などの第一伝達者は，マネジメント層からであり，その運用が効果的であるかどうかは直属の上司によるところが大きい。職場の成員たちは，管理上の問題があるとすれば，それは直属の上司にあると認識しているという（Hogan & Kaiser, 2005）。組織の目的・方針をどのように現場に落とし込むかは，上司の最も重要な役割だろう。そこで，ここでは，目標を設定する際の留意点について見ておきたい。それは，上司が社会的なつながりを軽視して経済価値を追求した目標を設定したとき（Kouchaki et al., 2013），あるいは高い目標を設定し続けたとき（Welsh & Ordóñez, 2014），ごまかしや虚偽の伝達といった非倫理的行動が生じやすくなるという報告があるからである。

これらの報告のうち，クーシャキら（Kouchaki et al., 2013）の研究を紹介する。この研究では，お金に単純接触するだけで，非倫理的な意図や行動（不当にお金を得ようとするなど）を誘発してしまうことが，実験的に明らかにされた（Tang & Chiu, 2003 も参照）。この非倫理的な現象が生じるのは，成員たちがビジネスライクな意思決定フレーム（それは，社会的なつながりを軽視するものである）を意識することに起因していた。ビジネスの世界で，お金の存在は切り離せない。それゆえに，社会人だけでなく，将来の職業人である学生を含めた教育で，ビジネスや金銭についても丁寧に扱う必要のあるテーマといえる。

3. 関係性の構築

（1）関係性の基盤形成

　関係性は，比較的早い段階で形成され，各種の資源が交換されて安定する（Graen & Schandura, 1987）。入社したばかりのときや異動などで新しい環境を経験するとき，上司の期待や知覚された類似性，好意の高さは，その後の関係性を決める（Liden et al., 1993）。したがって，あいさつや普段の会話の中から共通点を探すこと，そしてお互い（の立場や仕事状況）を理解することは，人間関係構築や円滑な業務遂行に効果があり，日常的に取り組める方法である。

　このような知見を応用した企業の事例がある。たとえば，株式会社資生堂は，IT 関連の情報や知識を若手社員がベテラン社員に教える「リバースメンター制度」を導入している（日本経済新聞，2017 年 3 月 14 日付）。これは，テクノロジーの活用や商品開発への応用を目的としながら，若手のコミュニケーション能力向上や上司による若手（教えられる側の気持ち）の理解やそれに伴う指導力の向上にも役立っているようである。また，コンパという名で，仕事後の懇親会を開催する企業（京セラ株式会社など）もある。単なる飲み会ではなく，目的・テーマが設定され，それに応じてさまざまな形態で親密な人間関係の構築と議論の深化が図られている（北方・久保，2015）。あるいは，ランチの時間を活用して社員交流に取り組む企業もある。制度は，組織の意向や重要性を伝えるメッセージであり，それを運用することは有効な方策になり得る。

（2）関係性に潜む2つの影

さて，関係性にまつわる2つのことに触れておきたい。その1つは，高い質のLMXのダークサイドについてである。もう1つは，低い質のLMX者への理解とそのような成員が復活するための対応についてである。[注2]

1）高い質のLMXのダークサイド

ここまでで見てきたように，質の高いLMXは，基本的に，健康的な生活時間をもたらす。しかし，万事うまくいくわけではなく，人の活動は常に何らかのリスクと隣り合わせである。したがって，そのリスクを認識し，回避することもまた人間管理上必要な方策である。

1つめは，LMXと仕事関連のストレスは逆U字の関係にあるという点である。ハリソンとカックマー（Harrison & Kacmar, 2006）は，2つの異なるサンプルを用いて分析し，どちらのサンプルでも同様の結果を見いだしている（図6-3）。上司がある特定の部下たちに対して，あまりにも多く目をかけることによって，部下はそれに応えようと過剰なまでに義務感を覚え，いつも上司を手伝おうとする。部下は，次々と仕事を引き受けた結果，ストレスが重なり，期待に添わない成果に終わるという悪循環に陥る可能性があるとして，この論文は警告する。

2つめは，組織の腐敗化に関することである。上司の侮辱的なかかわり

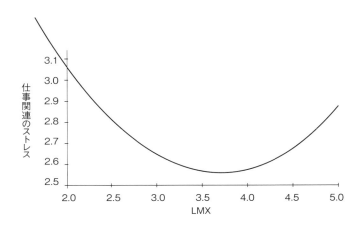

図6-3　LMXとストレスの逆U字関係（Harris & Kacmar, 2006, Figure1）

（abusive supervision）を受けた部下は，モラルを守らず，組織的な逸脱行動にはまっていく。そして，この関連が強くなるのは，LMX の質が高いときであった（Valle et al., 2018）。高い質の LMX の間柄にある部下は，上司からひどい扱いを受けたとき，そのネガティブな調子にむしろ合わせてしまう傾向があるという。しかも，高い質の関係性のもとでは，自らの非人道的な行為すらも合理化されやすかったのである。

　高い質の関係性によるポジティブな効果が強調される一方で，関係性を維持しようとする気持ちが本人を苦しめ，判断を歪ませ，ひいては非生産的・非倫理的な行動へと導く可能性が示されている。これらのことは表裏一体であることに，私たちは留意しておく必要があるだろう。

2）低い質の LMX によるネガティブ影響への対応

　チームに高 LMX 者が存在すれば，低 LMX 者も存在する。チームの底上げに向けて，低 LMX 者がもたらすネガティブな現象の抑制，もしくはポジティブな効果への転換が可能にならないものだろうか。しかし，これに応える先行研究は極めて限られている。限られた知見ゆえに解釈に注意を要する部分はあるものの，いくつかの場合に分けて対応のあり方を考えてみることができそうである。

　たとえば，上司は評価能力を有しており，部下も仕事に対するモチベーションは一定レベルで保っているけれども成果が伴わず，互いの関係性が十分に成熟しきれていない場合である。スパローら（Sparrowe et al., 2006）の結果を援用すると，このような場合には，上司から相談を持ちかけることで，部下は信頼されていると感じ，協力的な行動が促されそうである。あるいは，チーム全体における関係性（の質）を多様に形成し，努力と成果で報われることを見せていくことも有効かもしれない（Le Blanc & González-Romá, 2012；Liden et al., 2006）。なぜなら，部下にとって，高 LMX 者の存在は，上司が成果内容に応じて公正に評価してくれることの証明であり，物理的・心理的な報酬を期待させるからである。

　ほかにも，部下は課題遂行能力を有しているが，何らかの理由で仕事に対するモチベーションが停滞しており，上司との心理的な資源の交換が十分に成立していない場合が考えられる。この状態に陥っている部下には，仕事に対する

コントロール感を持たせることである。上司の手伝いを役割としてあてがうこと（Van Dyne et al., 2008），あるいは部下に決定権がある場面や自由な発言を推奨する（Kacmar et al., 2007）など，部下が"どうせ……"といわないですむ環境を整備することである。

少し視点を変えて，低 LMX 者の感情面からアプローチすることも必要かもしれない。低 LMX 者は，上司の不公正な評価が原因で，高 LMX を形成している同僚にネガティブな感情（たとえば，妬み）を抱くことがある。このような感情は，同じチームの同僚たちとの葛藤状態を生み出し，知識共有を妨げることがある（Nandedkar & Midha, 2014）。そこで，荒木・山浦（2016）は，いったん生じた仲間に対する妬み感情を緩和させる条件を検討した。その結果，LMX の質が低いことによる妬み感情を実験的に生じさせた後，チーム目標を共有させ，妬んだ者（低 LMX 者）に役割を付与することで，妬み感情が緩和することを見出した。ネガティブ感情を鎮静させるマネジメントもチーム力の底上げに一定の効果を持つだろう。

上記のものはすべて，チーム内のマネジメントによる解決法である。最後にあげるのは，チーム外の社会的紐帯の活用である。外部とのネットワークを強めることで，部下自身の視野を広げることができるとともに，チーム内部にはない新しい情報をもたらすことが可能になる。このことは，上司の戦略策定にも有益な資源となるだろう。もしそうであるならば，部下自身，チームの境界にとらわれない人脈づくりをすることは，チーム内におけるネガティブな影響の緩衝材になるだけでなく，チーム活動の活性化に繋がるかもしれない。

4.「部下」の役割

関係性の観点で見るとき，組織や上司の対応とともに欠かせないことは，部下側の認識である。上司の期待に対してなされた仕事の成果は，強力な交換資源の1つである。とはいうものの，部下は，ただ高業績を出せばよいわけではないようである。部下に，向社会的な意図に基づいて仕事に取り組む姿勢がある（と上司が認知する）とき，その部下の意見が聞き届けられやすく（Urbach & Fay, 2018），その後も多くの人の協力を得て，広がりのある仕事の展開が期

待される。

また，エピトロパキら（Epitropaki et al., 2017）は，ハラスメントを受けている部下が従順で服従的である（と上司が認知している）とき，その上司のパワーが誇張され，カリスマ・リーダーシップのネガティブな形態を発現させる危険性があると論じている。他方，部下が精力的で，自律的である（と上司に見られている）ならば，上司のカリスマ・リーダーシップのポジティブな形態が引き出されるという。

このように，上司だけでなく，部下もまた上司の行動を規定している部分がある。相対的に見れば，チームにおける上司の影響力は強いものであるが，部下もまたチームにおける重要な一端を担っていることは十分に認識しておくべきことだろう。

組織は，上司と部下，あるいは同僚どうしの関係性が多重構造的に入り組み，成り立っている。複雑で多様であるからこそ，その最小単位の二者関係について，その特徴を改めて理解してみることは重要である。一方で，私たちは，二者関係が基盤であることを経験的に知っているので，組織で生じた人間関係の問題は，基本的に個人に任されてきたところがあるように思われる。しかし，本章で見てきたように，二者関係の発達・維持の過程で生じることは，当事者だけの閉じた問題ではない。ハラスメントやネガティブな現象は，チーム内で伝播して組織的な問題となるので，組織・チームの問題として捉え，支援することが肝要である。

注）
1.　1999（平成 11）年，男女雇用機会均等法において，職場におけるセクシュアルハラスメントの防止措置が事業主に義務づけられた。その中で，"「職場」において行われる，「労働者」の意に反する「性的な言動」に対する労働者の対応によりその労働者が労働条件について不利益を受けたり，「性的な言動」により就業環境が害されること"と定義されている。その後，2017（平成 29）年，男女雇用機会均等法，育児・介護休業法の改正に伴い，妊娠・出産・育児休業等に関するハラスメントについても防止措置が義務づけられた。

その他，パワーハラスメントについては，"同じ職場で働く者に対して，職務上の地位や人間関係などの職場内での優位性を背景に，業務の適正な範囲を超えて，精神的・身体的苦痛を与えられたり，職場環境を悪化させる行為"と定義されている（厚生労働省，2012，「職場のいじめ・嫌がらせ問題に関する円卓会議」）。

2.　日本学術振興会科学研究費（16K04275，代表：山浦一保）の助成を受けた。

第 7 章

仕事の意味と快適な仕事
well-being とディーセントワーク

　1960 年代から 70 年代にかけて，労働の人間化や QWL（労働生活の質的向上）という言葉が登場し先進工業国を中心に世の中に広まった。そこでは，産業民主主義的な思想も色濃く反映した経営参加だけでなく，働く人々を自己実現人的なものとして捉え，彼らの成長要求をいかに仕事の中で満たしていくのかということが論議されていたように思える。つまり，労働の人間化や QWL の時代は，人間的な働き方とは，家族も含めた生活の維持に足るだけの賃金を得ることや，生命に危険が及ばないというものではなく，人の持っている根源的な部分，考える，それを実行に移す，自分の行動のある部分を自分で管理統制できる，環境に対して受け身ではなく能動的に働きかけることができる，という仕事の質を問題にするようになったということができる。

　職務の質の研究は，客観的な職務の質の次元として，職務の客観的特性に焦点を当てるものと，職務満足感に関する労働者の報告に焦点を当てるものという，大まかに 2 つのタイプに分けられるとされている（Brown et al., 2012）。本章では，主として職務満足感を中心に後者に注目するが，客観的な特性が無視されるべきでないことはいうまでもない。

　QWL や労働の人間化の論議やそれに付随する試みを経て，1999 年の ILO の総会において前事務局長フアン・ソマビア（Juan O. Somavia）がディーセントワーク（引用元の原文がディーセント・ワークとしている場合は原文のままの表記を用いる）という言葉を用いた（黒田，2009）ことによって，しだいにそれらの言葉にディーセントワークという言葉がとって代わるようになった。ディーセントワークは，わが国では「働きがいのある人間らしい仕事」（厚生

149

労働省）と訳されている。

　本章ではその人間らしい仕事とは何かについて，働く人々のニーズから考え，さらに，それが充足したときに生じる効果について働く“ひと”の側面と企業の側面から考えてみる。前者については，満足（職務満足感）や仕事の快適さ，それらを包含する well-being，後者については，単純に動機づけや生産性だけでなく，労働力不足の中での高度なスキルを持った（社内で蓄積した）人材の確保という観点からの定着率・リテンションやメンタルヘルスという側面にも若干触れていくことにする。

■ 第 1 節 ■

働く人々のニーズ

　近年，働く人々は高学歴化し，生活を支える社会の基盤が整備される中で，働く人々の価値観は多様化し，その結果，仕事に求めるものも多様化しつつある。西谷（20011）の指摘にみるように，古くから，労働は，生活のためにやむなくなされる「苦役」なのか，それともそれ自体に意義のある営みであり労働者にとって「喜び」ともなりうるのか，という論議がされてきた。森田（2007）はそれを，生活の手段としての仕事と，仕事を通して何かを得るという仕事を目的化したものとしている。前者には，仕事の中で得た地位をもって他者から尊敬を得たいとか，他者を支配したいという要求も含まれる可能性がある。後者には，仕事の中で自分が成長したり自分の能力を発揮したりすることや仕事を通して社会に貢献したいというニーズが中心にあり，それ以外にも，仕事の中で自分の居場所を確立するという視点もある。

　そのようなニーズが満たされたとき，働く人々の職務満足感が高まり，それが動機づけや生産性に結びつくと一般的には考えられてきた（小野，1993）。そのため，人的資源管理は，働く人々の要求についてより多くの関心を払い，働く人々のニーズに沿って well-being を充足しうる仕事や職場環境づくりを志向しなければならなくなっている。

では働く人々のニーズや well-being とは何であろうか。ここでは，最初に，働く人々が何を仕事に求めているか調査データをもとに概観し，そこで現代の働く人々が仕事の中で"ひと"らしい存在であるために必要なものを探していくことにする。

1. 調査結果に見る働く人々のニーズ

(1) 国民生活に関する世論調査

内閣府が毎年実施する国民生活に関する世論調査によれば働くことの目的は，第1位のお金のためが一貫して過半数を超え，以下「生きがいを見つける」「社会の一員としての義務」「能力の発揮」の順になっている。図7-1は，この調査の結果を時系列的に見たものである。「お金を得るため」がどの年度も50％前後を維持しており，「生きがいを見つける」が緩やかに減少して，「社会の一員としての役目を果たす」が徐々にその割合を増す傾向にある。

ただし，この調査は現役世代を終えた60歳代や70歳以上の人も対象に含まれており，2017（平成29）年度の調査結果を見ると，「お金を得るため」は60歳未満では60％以上（50歳未満ではほぼ70％以上），逆に「生きがいを見つける」は60歳以上でほぼ4分の1以上に達し（49歳以下では10％未満），いわゆる現役世代では「お金を得るため」の割合が圧倒的に高い。「自分の才能や能力を発揮する」はほぼ1割前後にとどまっている。全体的には年齢が高くなると

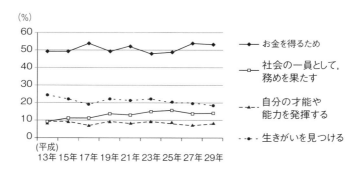

図 7-1　国民生活に関する世論調査：働く目的（内閣府，2017 をもとに筆者作成）

151

「社会の一員としての務めを果たす」と「生きがいを見つける」が増える傾向を示している。

(2) 日本生産性本部の新入社員を対象にした「働くことの意識」調査

　日本生産性本部が，毎年新入社員を対象に行う「働くことの意識」調査をみると，2018（平成30）年度新入社員1,914人を対象にした調査の「働く目的」では，「楽しい生活をしたい」が過去最高を更新（平成27年度37.0％→平成28年度41.7％→平成29年度42.6％→平成30年度41.1％，以下同じ）し，「自分の能力をためす」は過去最低を更新（13.4％→12.4％→10.9％→10.0％）しており，「社会に役立つ」も減少傾向（12.5％→9.3％→9.2％→8.8％）にある。経年変化は，図7-2の通りであり，生活の楽しさや豊かさの追求が増す半面，自己の能力発揮は着実に減少しており，バブル崩壊以後着実に増加を見せていた社会貢献も減少傾向にある（日本生産性本部, 2018）。

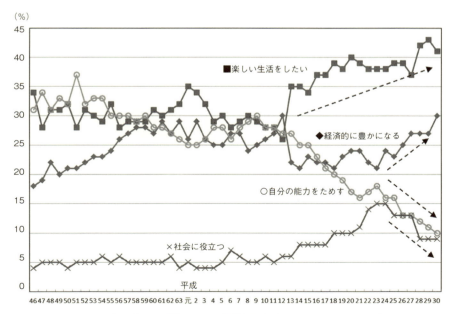

図7-2　新入社員の「働くことの意識」調査（日本生産性本部, 2018）

第7章　仕事の意味と快適な仕事

（3）厚生労働省の「平成 28 年パートタイム労働者総合実態調査」

　わが国では今日，非正規社員の割合が男女合計で 4 割近くになり，女性だけ見れば 6 割近くに上っている。なかでもパートタイマーの割合が多いので，その人々の働く目的についても見ていくことにする。

　厚生労働省の「平成 28 年パートタイム労働者総合実態調査の概況」（パート労働者 16,847 人（有効回答数 9,911 有効回答率 58.8%）を対象にした調査）によれば，パートタイマーが働いている理由の割合（複数回答）は，表 7-1 で見るように，「生きがい・社会参加のため」が 31.2%と最も高く，次いで「主たる稼ぎ手ではないが，生活を維持するには不可欠のため」29.9%，「主たる稼ぎ手ではないが，家計の足しにするため（左記以外）」29.0%，「自分の学費や娯楽費を稼ぐため」28.8%の順となっている。2 番目と 3 番目は生計維持を目的とする経済的な側面であり，4 番目を含めて考えれば，経済（金銭）的要求の大きさがうかがい知れる。

表 7-1　性・年齢階級別　パートタイマーが働いている理由（厚生労働省，2017「平成 28 年パートタイム労働者総合実態調査の概況」）

性・年齢階級	パート計	働いている理由											
		家計の主たる稼ぎ手として生活を維持するため	主たる稼ぎ手ではないが				自分の学費や娯楽費を稼ぐため	資格・技能を活かすため	以前の就業経験を活かすため	生きがい・社会参加のため	時間が余っているため	子どもに手がかからなくなったため	その他	不明
			生活を維持するには不可欠なため	子どもの教育費や仕送りの足しにするため	住宅ローン等の返済の足しにするため	家計の足しにするため（左記以外）								
総数	100.0	27.1	29.9	17.7	10.9	29.0	28.8	9.4	10.7	31.2	16.6	13.7	4.4	0.5
男	100.0	55.0	11.1	0.9	0.9	5.9	41.9	9.2	11.8	31.8	17.8	1.7	6.3	0.9
女	100.0	17.5	36.4	23.6	14.4	37.0	24.2	9.5	10.4	31.0	16.3	17.9	3.7	0.4

153

男女別に見ると、男性では「家計の主たる稼ぎ手として、生活を維持するため」55.0％が、パートタイマーの中で圧倒的に多い女性では「主たる稼ぎ手ではないが、家計の足しにするため」37.0％が最も高い割合となっている。

（4）小野の看護師と会社員に関する研究

小野が2016年に実施した、5病院に勤務する看護師（回収数：正社員1383、非正社員138）、および、中堅金融機関を主とする会社員（回収数：正社員1047、非正社員90）を対象にした質問紙調査[注1]の中で、何のために今の病院や会社で働いているのかを択一方式で訊いたところ、「生活費を得る」がいずれも60％を超え（全体では65.9％）となり、「将来重要になる何かを得る（キャリア発達）」（同11.9％）、「能力発揮や達成感」（同9.3％）を大きく引き離している。

正社員・非正社員の別で見ると、正社員では相対的にキャリア発達志向が強いのに対し、非正社員では「精神的な安らぎや自尊心の充足（社会における居

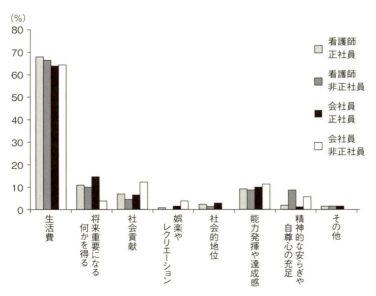

図7-3　看護師と会社員の今の職場で働く理由　（筆者作成）

場所）」が高く，また，会社員非正社員では「社会貢献」と答える割合が高い
点が特徴的な傾向であろう（図7-3）。

（5）調査結果のまとめ

　これらの調査結果を見る限りでは，働く人々が仕事に期待するもの，すなわ
ち働く目的は，生活を維持するために金銭を得ることであるといえよう。ただ
し，この"生活"のためが示す内容は，時代とともに変わってきており，20
世紀初頭前後の，働く人々の絶対的多数を占めたブルーワーカーや第二次世界
大戦後の日本の働く人々のような，生存そのものに関わるような貧困における
生理的欠乏の充足ではないことを理解しておく必要がある。

2.　人間観の変遷と仕事の意味

（1）人間観の変遷

　働く人々が仕事に求めるもの，すなわち仕事へのニーズは，働く人々にとっ
ての仕事（をすること）の意味ということができる。そのようなニーズ・意
味の変質をシャイン（Schein, 1980）の人間観の変遷に従ってたどってみれば，
合理的経済人観：（最低限の）生活の原資の獲得から，社会人観：職場集団へ
帰属しその中でのメンバーとして承認されることや居場所の確保，そして，自
己実現人観：仕事の中での成長や能力発揮，という展開をしているといえる。
そして，最後の段階として，それらが同じ時代，同じ人の中で輻輳している複
雑人観が提唱されたが，働く人々のニーズに対応した人的資源管理ではそれら
に対応することが，働く人々にとって意味のある仕事（meaningful work）を
提供することになるともいえよう。

（2）仕事の意味

　それでは，意味のある仕事の中身は何であろうか。
　ボウイ（Bowie, 1998）は，従業員に意味のある仕事を提供することは会社
の道徳的義務の１つであると私は信じているとし，カント学派の人々に受け入
れられるものとして，意味ある仕事に関して次の６つの特性をあげている。

①意味のある仕事は，自由に入る（参入する）ことができる仕事である。

②意味のある仕事は，労働者が自己裁量や独立性を行使することを許す。

③意味のある仕事は，労働者が，その合理的な能力を伸張させることを可能にする。

④意味のある仕事は，身体的な健全さを充足することができる賃金を提供する。

⑤意味のある仕事は，従業員の道徳的発達を助ける。

⑥意味のある仕事は，労働者が幸福を得たいと望む方法についての概念構築に介入するという意味では親権的ではない。

これらについて，ミカエルソン（Michaelson, 2011）の解説を要約すると，「①と④は，生理的／身体的な well-being についての労働者の基本的な権利を守る特性である。②と③は，労働者が，仕事での判断について独立性を行使することや合理的な発達を望むとき適用される，自律性や合理的発達のような特性である。⑤と⑥は，労働者がどのような種類の道徳的目標や幸福感に彼らが到達することを望むかについての概念を持つか否かに依存している」ということになる。②や③は，明らかに，ハーズバーグ（Herzberg, 1966）の動機づけ要因やハックマンとオルダム（Hackman & Oldahm, 1975）の JDS（Job Diagnostic Survey）の職務のコア次元に関連し，①と④は，マズロー（Maslow, 1943）の要求階層における基本的な要求階層に位置するものということができる。

今日の自己実現人を想定した働く人々にとっての意味のある仕事は，一般的に，上記の②と③，すなわち働く人々の自由裁量・自律性を大きく認め，仕事の中での成長の機会を与えたものであることが想定される。それに加えて，仕事以外の世界での能力発揮や自己実現を志向する人々の中では，働く既婚女性が増加し家庭の中での男女の役割観も変化していることと相まって，仕事と余暇のバランスや非仕事生活と仕事生活の関係の見直しも必要となり，ワーク・ライフ・バランスの視点からの人事施策の形成も重要になる。

西谷（2011）は，労働を「パン」確保の手段とするのは矮小化のしすぎであるとし，そのような収入保障以外に，仕事そのものの面白さ（多分に自己実現

的な要素が強い：筆者注），仕事が社会に役立っているという意識，仕事を通じての人間のつながりという4つにまとめている。この主張は，前記のさまざまな調査結果と軌を一にしているように思える。

■ 第2節 ■

職務満足感

　働く人々が仕事の中で抱く感情を職務態度という。職務態度は一般的には，職務満足感，コミットメント，職務関与がその主なものとされる（Pinder, 1998；Moorhead & Griffin, 2004；Robbins, 2005）が，自己効力感なども職務態度ということができよう。これらは，個々の働く人々のパーソナリティと仕事との関係で生み出されることも否めないが，その大きな部分は，前項で見た，働く人々のニーズと仕事やその環境との関連の中で形成されていくものといえよう。ここでは，その中心となる職務満足感と，それらの結果でもある well-being，定着意識などについてみていく。なお，コミットメントについては，第3巻において，詳しく述べられるので，ここでは触れない。

　職務満足感に関するデータについては，学問的集団そして政策的な集団の両方から関心が増加しつつある（Brown et al., 2012）。職務満足感は，組織／労働心理学の中で最も重要な変数の1つである（Satuf et al., 2018）とされ，また，最もよく利用される学術用語とされている。

　ブラウンら（Brown et al., 2012）は，その理由として，「一般的な理由は，職務満足感と職務の質の間の肯定的な関係を見るためである。もう1つの見解は，職務満足感データの有用性を退けることである。なぜならば，労働者は，職務の質が悪い仕事への満足をしばしば表明するからである」とし，前者については，「高い職務の質は，労働者が彼らに高い満足感を与えると報告するところに生じる」とし，「主観的な職務の質に対するアプローチは，仕事全体に対する自律性，スキルを伸ばす機会，そして仕事の創造的な内容のような仕事に関連したニーズの充足に関する職務の質を定義する客観的なアプローチと比

較することができる。職務の質への客観的アプローチは，well-being に対する
広範なアプローチと結びつく」としている。ここであげられている自律性，ス
キルを伸ばす機会，そして創造的な仕事などは，明らかに働く人々の成長要求
に関連しており，職務満足感を通した心理的 well-being と強い結びつきを持っ
ている。このことが，産業・組織心理学や人的資源管理において職務満足感が
重要視される原因ということができよう。ただし，「組織的文脈の外側で，労
働者の不満足は，身体的精神的な健康にダメージを与える原因になり，人の
well-being，幸福，自尊感情を減じる可能性があるという指標がある」（Satuf
et al., 2018）という指摘を忘れてはならない。

（1） 職務満足感の定義

　職務満足感に関する最初のまとまった研究であるホポック（Hoppock,
1935）の『*Job Satisfaction*（職務満足感）』の中で「より有効な仮の定義として，
われわれの関心事の中にあるものは，人をして『私は，私の仕事に満足している』
と言わしめる心理学的・生理学的なもの，そして，環境の組合せである」とさ
れ，それ以来，さまざまな定義がなされている（小野，1993）。

　その中では，「職務満足感は，個人の仕事の評価や仕事の経験からもたらさ
れる喜ばしいもしくは肯定的な感情として定義される」としたロック（Locke,
1976）の定義がよく引用される。これらに準拠すれば，仕事に対して抱く
人々の感情が肯定的なとき，職務満足感を感じるとしてよいであろう（小野，
1993）。

　また，職務満足感の要因，測定尺度の中には，仕事に直接関わるもの以外の
ものがかなり多くみられることや，生活満足感と関連づけて多くの研究がなさ
れているので，直接的に仕事に関連するものだけでなく，働く人々個々のより
広い背景にあるものも考慮に入れて仕事の場での感情を理解する必要があろう
（小野，1993）。

（2） 職務満足感に影響を与えるもの

　職務満足感が何からもたらされるか，何に影響されるのかということを考え
るには，その測定尺度から見ていくことが，最も適当であると思われるが，そ

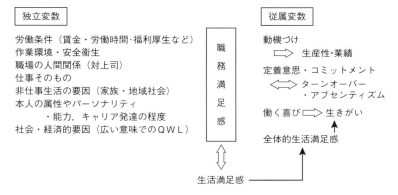

図 7-4 職務満足感の関連要因（小野，2002 を修正）

れらの内容を整理すると，図 7-4 のようになる。

職務満足感に影響を与える独立変数をより具体的に見ると，以下のようになる。

①仕事そのもの：仕事の内容，達成感，承認，責任，昇進
②労働条件：賃金，労働時間，福利厚生，作業環境
③職場の人間関係：上司・同僚；ソーシャル・サポートやメンター，リーダーシップ，動機づけと人事考課（評価）
④非仕事生活：家族・家庭，仕事以外の友人や知人との関係，地域社会やその他の社会的活動
⑤個人の属性

そして，それらの合成物としての仕事生活と非仕事生活の葛藤などがある。
①〜③は，企業がその従業員をどのように捉えるかということと関わっており，その意味では，企業の人事・労務管理の姿勢そのものが大きな規定要因ともいえる。なお，④は生活満足感と深く関わり，図でもわかるように一方的な因果関係というよりは，相関関係の存在が実証されることが多く，spill-over 関係にあることを前提にさまざまな研究が展開されているように思える。
⑤に関しては，多くの研究で，属性，とりわけ，年齢や性などに関連するさ

まざまな関係を論じているが，パーソナリティに関する議論は，ビッグ・ファイブを用いて，それらと職務満足感やそれに関連するコミットメントとの関係，さらには職務業績を解明しようとする研究が少なくなく，職務満足感とパーソナリティの特定の因子との関係が証明されている（Seddigh et al., 2016；Berglund et al., 2016；Kim & Rho, 2017）。

　さらにハーツァーとラッチ（Harzer & Ruch, 2015）の研究のように，仕事ストレスのネガティブな影響と職務満足感を調整するものとしてパーソナリティを論じる研究もある。パーソナリティは，働く人々の仕事に対するニーズ・仕事観とも関連するので，今後も重要な検討要因となるものと考えられる。

　ウェストーバ（Westover, 2012）は，1989年（11か国），1997年（26か国），2005年（32か国）の3回にわたる国際調査を分析して，男女間に内部的な職務特性（管理者や経営者との関係，同僚との関係，職務の自律性，仕事の面白さ）などについての差はないことを発見した。その上で，職務満足感に対する影響の大きさを線形回帰モデル（OLS regression model）で見ると，3回とも男女ともに1位は「仕事の面白さ」，2位は，「管理者や経営者との関係」であった。3位は，1997年2005年とも男性は「賃金」，女性は「同僚との関係」（女性は1989年も3位）であり，「同僚との関係」について見ると，男性は1989年こそ3位であるがあとの2回はともに6位であり，若干の差が見られるとしている。この結果は，内発的動機づけに関わるものや人間関係に関するものが大きな影響を職務満足感に与えることを示しており，それに比して賃金の役割は小さいことがわかる。

（3）職務満足感がもたらすもの

　職務満足感は，図7-4や図7-6（p.168参照）のJDSのモデルで示されたように業績・業務遂行，動機づけ，そして無断欠勤や離職（の減少）などさまざまなものに影響を与える。

　業績の向上やそれのもとになる動機づけや職務満足感の向上は，企業経営にとり非常に重要な問題であり，職務満足感と業績・業務遂行の関係は多くの関心を集めている。両者の関係については，吉原（2009）が指摘するように，関係なしとするものとありとするものの間で変遷をたどっており，近年，ヤロソ

ヴァら（Jarosova et al., 2017）は，文献レビューを通して，「心理学やマネジメントの文献の中では，従業員の主観的 well-being，職務満足感の概念と仕事生産性の結びつきににについて非常に多く論議してきている。非常に多くの実証的証拠が，従業員の主観的 well-being と職場の業績，そして，満足感の正の関係を指摘している」としている。

また，その存在が，仕事ストレスの影響を緩和し，ネガティブなストレス反応を弱めるという緩衝効果を論じるものも少なくない（島津, 2004）。シアハーン（Siahaan, 2017）は，「先行研究によってたてば，われわれは，従業員の職務満足感のレベルを管理することは彼らの仕事ストレスのレベルを調整するための重要なカギとなると信じてきた。従業員が彼らの仕事に満足すればするほど，彼らはますますストレスから解放される」としている。

職務満足感とリテンションや退職が論じられることも多いが，後者は，欠員補充のための募集採用や訓練に要する直接的間接的なコストに関わるので，人件費というコスト面から考えると，生産性に大きく関わっており，この後で少し詳しく見ることにする。

なお木村（2006）も職務満足感と業績の関連について研究し相関関係を見出している（$r=.44$）が，個人の業績は認知的な業績であるという点に限界があるとし，職務満足感の測定時から2年をかけて個人が認知する企業の業績だけでなく企業の利益率の関係も調べ，一定の関係の存在を見出している（木村, 2011）。確かに企業の利益率は客観的指標ではあるが，それがどれほど個人に帰属するかは，また別の問題になってしまい，職務満足感と業績・生産性の関係を明らかにすることの困難さを示している。

（4）職務満足感を人的資源管理にどのように反映させるのか

職務満足感の初期の研究は，職務不満足と離・退職の関係の研究が多く，それの裏返しとしての人材の確保・定着対策として職務満足感を高めるという視点が強かったといえよう（小野, 1993）。

今日のような人手不足感が強い中で，転職への抵抗感が薄れつつあり，組織間の労働異動が比較的容易な時代においても，優秀な人材の確保という課題への関心は薄れることはなく，そのために職務満足感を高めようとする志向は根

強い。それだけでなく，働く人々のメンタルヘルスを確保し，健全な職場を維持するために，快適な職場づくりや職務そのものの設計を通して職務満足感を高め阻害要因である仕事ストレスを減じようとする試みも根強い（後に見るように，メンタルヘルス不全による欠勤や離・退職，労働災害が企業の人事に与える負の影響は非常に大きい）。また，職務満足感と生活満足感の spill-over 関係が支持されるとすれば，働く人々の関心が仕事以外の領域へも向かうことが多い現代においては，ワーク・ライフ・バランスの促進という視点から，労働時間の短縮や休日・休暇の確保などのアプローチも必要となる。

　さらにいえば，さまざまな働く人々のニーズの中で根強い成長志向を考慮するのならば，キャリア形成支援も含めるべきであろうし，well-being の視点に立てば，物理的・生理的・心理的に働きやすい環境や働き方，職務設計も検討せざるを得ない。それらが，職務満足感を高め，結果的に働く人々の組織やその目標へのコミットメントを高め，高い質の業務遂行に結びつくと思われる。

　そのためには，①働く人々を"ひと"とみなし，人々がそのニーズを充足し，それができる仕事に満足していることに意義を見出すのか，それとも，②労働者は，生産の手段でありそのための機能さえ備えていれば，感情など関係ない代替可能な部品と見なすべきなのか，という理念のどちらに軸足を置くのかという点にかかってくるものと思われる。たとえ後者であるとしても，働く人々が満足していたほうが，組織の有効性は高まると考えられ，働く人々や雇用する側にとって，職務満足感の重要性は揺るがないように思える。

（5）リテンション・定着意識

　現在，わが国では，日本的雇用慣行の柱の1つである終身雇用が薄れ，今の事業に必要な人員のみが組織にとって必要であり，そのために，新たな事業展開に対応した人材を既存の他職務から異動させるというよりは，外部の労働市場から調達すればよい，という志向が高まっていることは否めない。逆にいえば，今の事業に必要ない人材は，どんどん解雇すればよいということになる。そのためには，解雇しやすい非正規の雇用を増やすという方針も根強くある。しかしながら，その組織固有の文化，独自の技術やノウハウに関連する暗黙知，さらには，組織への忠誠心を持った人材が不要になったわけではなく，そのよ

うな人材を組織で育成し留めておこうとする組織の意思も強い。

　近年，多くの文献でソーシャル・キャピタルが高い組織が望ましいということが強調されている。そのようなソーシャル・キャピタルが高い組織とは，誰かが困難に遭遇したとき口に出さなくても相互の助け合いが円滑に（自然に）行われる組織であり，ベースには，信頼に満ちた社会的ネットワークを持つ組織や組織文化がある（稲葉ら，2011 など）。それらの形成には，長時間が必要である。その意味でも，長期雇用を成り立たせる定着意識の醸成は，喫緊の人的資源管理の課題である。定着に関しては，山本（2009）がリテンション（retention）という用語で研究しており，そこでは「保持」「保留」「継続」「引き留め」等を指すとされている（山本，2011）。定着に関わる多くの研究は，それに影響を与える独立変数として職務満足感をあげることが多い。つまり，仕事の中で満足できればその組織に留まりたいという感情が高まるというモデルで論じられるということである。その意味では，組織コミットメントの議論との重なり合いが高いように思える。

　山本の研究は，人的資源管理施策と退職意思，退職率，勤続期間などの関係を丁寧に分析しているが，そこでも，企業のさまざまな施策と職務満足感が，リテンションや勤続の長さと関係があることを図 7-5 のように明示している。

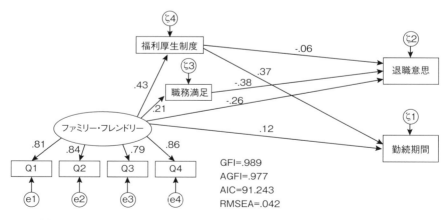

図 7-5　山本のモデル（山本, 2009）

また，坂戸（2017）は，2017 年に民間病院の看護師 94 名を対象に質問紙調査を実施し，個別の職務満足感に関する状況および全般的職務満足感とリテンションの関係（仮説 1），および，ジョブインボルブメント[注2]とキャリアコミットメントとリテンションの関係（仮説 2）を調べた。

重回帰分析の結果は，仮説 1 については，全般的職務満足感の影響が最も高く，次いで，能力開発・福利厚生・生活サポート，ビジョン・経営者，上司やリーダーの 3 つが優位にリテンションに影響を与えていた。仮説 2 については，ジョブインボルブメントが正の影響を持ち，キャリアコミットメントは負の影響を持つことを示した。

また，小川（2014）は 2008 年に 804 名の非正規従業員を対象に，職務満足感研究でもしばしば用いられる上司の配慮やストレッサーがリテンションに及ぼす影響を調査している。具体的には，仮説 3：上司による配慮はリテンションを促進する，仮説 4：上司による配慮は環境要因のストレッサーとリテンションとの関係を抑制する，仮説 5：上司による配慮は情緒的消耗感とリテンションとの関係を抑制する，という 3 つの仮説について，重回帰分析を用いて検証[注3]した。その結果，仮説 3 について，上司の配慮が離職意思を抑制していることが明らかとなり，仮説 3 は認められた，仮説 4 については，役割の曖昧葛藤が従属変数である離職意思を促進する関係を，上司の配慮の交互作用項が抑制していることが明らかとなり，仮説 4 は部分的に認められた，仮説 5 については，情緒的消耗感が離職意思を促進するか否かについて，上司の配慮が及ぼす影響について確認をした。その結果，上司の配慮が両者の関係を抑制していることが明らかとなり，仮説 5 は認められた，としている。

さらに，黒沢（2016）は，離職意向と職務満足感および生活満足感の関係を見る調査を 2014 年に郵送法による質問紙法で実施した。対象は 106 の高齢者福祉施設の職員 534 名で（有効回答 247，回収率 46.2％）であった。結果は，「職場退職意向・離職意向」と「職務内容・職務満足感」「生活満足感」の三者が関連しており，生活満足感を高めることで職場退職意向・離職意向を抑制する可能性を見出したとしている。黒沢・佐藤（2017）は 2016 年に別の地域において 250 名を対象（回収 91，36.4％）に同種の調査を実施し，同じような結果を得ている。

第7章　仕事の意味と快適な仕事

このように，快適さの指標である職務満足感やそれと関連するさまざまな要因がリテンションと結びついていることは明らかであるといえよう。

■第3節■

快適な職場：well-being とディーセントワーク

前述のように，近年，ディーセントワークという言葉が用いられるようになり，あわせて，well-being という言葉がしばしば登場するようになった。働く人々の well-being を働く人々の生活のさまざまな場面・側面における"健康・健全な状態"として考えるのならば，経済的・物理的，生理的，社会的，心理的 well-being も存在することになる。WHO 憲章の前文は，健康を"単に病気や疾患で弱っていないということでなく，完全に身体的，精神的，そして社会的 well-being が備わった状態"と定義している。

このような観点に立てば，well-being という言葉で表される"健康・健全な状態"は，快適さという言葉に置き換えてもよいように思える。仕事の場における快適さは，心理的なものを指すだけでなく，物理的な環境や，経済的な状態，対人関係からもたらされる社会的な快適さもある。さらには，主観的 well-being（SBW）をはじめとする安寧・安心感や幸福感などは，働く人々の心の健康状態を反映し究極的には生きがいの類似概念とされることも多い（小野，2011）。

1.　快適な仕事づくり：職務設計と人間性疎外

大量生産を可能にしたものの1つが科学的管理法に代表される管理であり，そこでは，仕事を客観的に把握するために職務分析が重要な役割を演じた。それを通して個々の職務を構成する作業が詳細に分析され，ムダ，ムラ，ムリを排除した作業手順などが明確にされ，さらに細分化された個々の作業の組み立て直しを通して，全員が受け持つ作業に要する時間を極力平準化することも可

165

能になった。

このような職務分析に基づく職務設計は，仕事の場において，働く人々が自らの仕事について考え自ら仕事を統制するという自律性を奪い，熟練労働者を排除し，未熟練者でもマニュアルや指示書通りに仕事をすれば，熟練工が成し遂げたのと同じ製品ができることを可能にした。ベルトコンベアでの組み立てが導入された時代は，多くの働く人々は生計維持のための金銭の必要性も大きく，金銭がさまざまな well-being を大きく規定する要因であった。そのため，未熟練者でも就業が可能でそれ以前に比して高い収入が得られることを可能にする差別出来高払いも含む科学的管理法のような管理は，働く人々の側にも歓迎されたということができよう。

その一方で仕事そのものを見ると，働く人々は仕事の歯車として位置づけられた。とりわけベルトコンベアを用いた組み立て作業などでは，短時間に多くの作業を反復するという拘束性の高い仕事が形成され，ベルトコンベアや機械の性能というテクノロジーに支配されるという感情を働く人々に抱かせることになった。それによって働く人々は，仕事の場では人間らしい存在であることを否定され，仕事の場は"（心理的）快適さ"とはほど遠いものとなり，その結果，人間性疎外の問題が生じ，ローズタウンシンドロームに代表されるような労働者の反乱をもたらした（日置，1982）。

2. 快適性の意味

現代の働く人々にとって仕事の場における快適さとはなんであろうか。それは，働く人々のニーズとその充足度として考えることも可能であろう。そうであるとするのならば，多くの働く人々が強く成長要求に動機づけられていると考えられる現代では，自己実現や自律性という言葉で快適性を論じることも可能であろう。

（1）厚生労働省の指針

快適職場に関して，中央労働災害防止協会の2つのホームページを要約すれば，「1992年に労働安全衛生法が改正され，『仕事による疲労やストレスを感

第 7 章　仕事の意味と快適な仕事

じることの少ない，働きやすい職場づくり』を目指す快適職場指針が厚生労働
大臣から公表された。職場の快適性が高いと，職場のモラールの向上，労働
災害の防止，健康障害の防止が期待できるだけではなく，職場の活性化に対し
ても良い影響を及ぼす。快適化の第一歩は作業環境等のハード面の改善を行い，
人が不快と感ずる要因を取り除くことであり，それだけでなく，労働時間，安
全衛生管理の水準，職場の人間関係，働きがいなども，人が快適さを感じるた
めの重要な要因となる」ということになる。前述のベルトコンベアによる組み
立て作業のような仕事は，拘束性が高く，また被支配感も高まるので，仕事に
よる心身の疲労を招きやすいものであることはいうまでもない。

　これらを総合して快適さを考えれば，経済的な側面以外に，心身の健康や安
全，他の主要な労働条件である労働時間が適切であること（正社員に関しては
時間外労働を極力小さくし，有給休暇も十分に取得できること），社会的な環境
の良好さ（支持的な上司やハラスメントのないこと），仕事を通して能力発揮が
でき，個人の成長が期待できることなどがその要件になるものと考えられる。

（2）人間関係と快適さ

　働きがいのある快適な仕事，"ひと"らしい仕事を考える上では，さまざま
な視点から働く人々の well-being が論じられてきている。その中で，1960・70
年代以降，成長要求の充足に関する職務内容と動機づけや職務満足感などの職
務態度の関係が強調されたこととして，その中心になったのが職務診断論であ
り，その測定尺度が，図 7-6 で示される JDS ということができよう。そこでは，
ハーズバーグのいう満足要因，マズローのいう自己実現要求の充足こそが必要
であるとされることが多かったように思われる。

　しかしながら，近年の働く人々の要求を見ていると，そのような自己実現・
成長要求の充足だけでなく，社会への貢献や対人的な接触を通した自己の成
長（自己実現でもある）に対する要求も少なくなく，仕事の場における社会的
な居場所がキャリア発達の出発点であり生きがいにもつながるとの主張もある
（小野，2010）。これらのことは，働く人々が快適さを感じる要因として人間関
係が大きな役割を担っていることを示唆している。その一方で，さまざまな調
査で離職理由を見ると，人間関係が大きな要因として取り上げられることも多

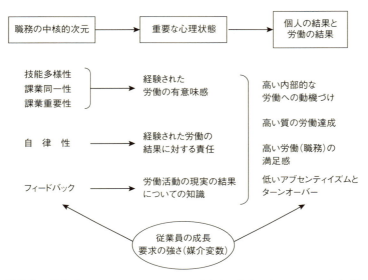

図 7-6　JDS（Hackman & Oldham, 1975 をもとに作成；小野，1993 より転載）

い。その中には，セクシュアル・ハラスメントやパワー・ハラスメントなどのモラル・ハザードも少なくなく，負の well-being 要因としての人間関係が大きく取り上げられている。そのような要因は，欠員補充のための募集採用の直接的，間接的な費用の発生だけでなく，労働災害をめぐる訴訟問題まで含んだ企業にとってのリスク要因にもなっている。

　ハーズバークの 2 要因説で対人関係が衛生要因とされ，マズローの要求階層説で所属と愛情の要求が基本的要因に位置づけられていることと相まって，人事・労務管理や産業・組織心理学の研究の中では，ともすれば，ネガティブな要因として人間関係が想起され，等閑視されがちであったことも否めないが，ここまでに見たさまざまな研究は社会的 well-being も，働く人々の well-being にとっては，相対的に重要な要因であることを意味している。

　山下（1998, 2001）は，実証研究のデータをもとに，「自律性」や「有能感」で構成される内発的要因だけでなく，外発的要因である「人間関係」もまた，「仕事が楽しい」や「仕事に生きがいを感じる」という項目で構成される「仕事の楽しさ」に強い影響を与えることをパスモデルで示している。また，チクセン

トミハイ（Csikszentmihalyi, 1990）は，生活の質を規定する要因として仕事を
どのように体験するかということと，他者との関係をあげており，後者の扱い方
が人々の"幸福"に大きく依存することを示している。この幸福感は働く人々の
生きがいや主観的 well-being と深い関係にあると考えられている（小野，2010）。

3. QWL とディーセントワークへの展開

（1）QWL の登場

　1960 年代には，労働の人間化や QWL（労働生活の質的向上）というムーブ
メントが大きくなった（奥林，1981）。これは 1 つには，大規模な製造現場に
代表されるベルトコンベアや組み立てラインで見られた単純反復作業によって
生じた人間性疎外への対応という面と，第二次世界大戦後の冷戦構造の中で産
業民主主義を促進しようとする政治的な動きという面が背景にある。

　菊野（2009）は，「アダム・スミス（産業革命）以来の『分業』と『機械化』
の進展（とりわけフォード・システムで頂点に達した）の中で喪失した『労働
の意味』と『労働の全体像』を労働者自身の手に（ないし労働生活の中に）取
り戻そうという歴史的意味を持った運動であった」としている。その一方で，
奥林（1981）はミクロ的な「労働の人間化」で用いられる技法は，とりわけ，
生産性の向上と並行して述べられることが少なくない点を見逃すことはできな
い，としている。

　QWL の指標としては，表 7-2 で見るように，JDS の 5 つの次元以外に，人
間関係，社会貢献，ワーク・ライフ・バランス，賃金などに関する公正な扱い，キャ
リア・成長機会，安全な作業環境などがあり，表 7-3 に見る EC（2008）によ
る QWL の次元では，成長要求に関わるものは具体的にあげられることはなく，
より社会全体の雇用の安定や平等を意識したものがあげられている。

（2）ディーセントワークの登場

　前述のようにディーセントワークという言葉が，しだいに QWL という言葉
に取って代わるようになった。これは単に言葉が変わったというだけではなく，
菊野（2009）は，新自由主義と IT 化による「新たな非人間的労働」への対応

表 7-2　QWL の構成要素・測定指標（小野，1986）

① 上司が自分を尊重し，自分の能力を信頼してくれる程度
② 同僚との相互依存・協力関係
③ 仕事の多様性：要求される知識・技能の多様さ
④ 仕事のもつ挑戦性：要求される諸能力・エネルギーと責任
⑤ 仕事を通しての個人の成長や学習の機会
⑥ ⑤が，将来のよりよい職務に繋がる可能性
⑦ 自律性：個人の意思決定の枠の大きさ，計画及び結果の判断
⑧ 結果に対する的確なフィード・バックを含む正確な情報
⑨ 公正で十分な賃金および報酬
⑩ 健康で安全な作業環境（心身両面）
⑪ 仕事以外の生活と仕事との生活のバランスおよび相互作用
⑫ 自分の仕事が社会に貢献する程度

表 7-3　欧州委員会（EC）の QWL の次元 2008（Royuela et al., 2008；小野，2011，p.97）

1. 内部的な職務の質
2. 技能，生涯にわたる学習，そして，キャリア発達
3. ジェンダーの平等
4. 仕事における健康と安全
5. 柔軟性と雇用保障
6. 労働市場への包摂と接近
7. 仕事組織とワーク・ライフ・バランス
8. 社会的対話と労働者の関与
9. 多様性と非差別
10. 全体的な仕事業績

でありネオ QWL であるとしている。その意味では，管理すべき "ひと" の枠組みが仕事の中の人から，生活全体を視界に入れた生活者に拡大したということができ，ワーク・ライフ・バランスも視野に入れた管理が企業には望まれる。

　ILO 駐日事務所のホームページによれば，ディーセント・ワークとは，雇用が確保され，仕事の中では，権利，社会保障，社会対話が確保されていて，自由と平等が保障され，働く人々の生活が安定する，すなわち，人間としての尊厳を保てる生産的な仕事のことであり，前述の EC の QWL の次元に共通するところが多い。これに対して，わが国の厚生労働省（2012）は，上記に沿って，以下のように整理した。

　1）働く機会があり，持続可能な生計に足る収入が得られること。

2）労働三権などの働く上での権利が確保され，職場で発言が行いやすく，それが認められること。

　3）家庭生活と職業生活が両立でき，安全な職場環境や雇用保険，医療・年金制度などのセーフティネットが確保され，自己の鍛錬もできること。

　4）公正な扱い，男女平等な扱いを受けること。

　それらは概ね①ワーク・ライフ・バランス軸，②公正・平等軸，③自己鍛錬軸，④収入軸，⑤労働者の権利軸，⑥安全衛生軸，⑦セーフティネット軸という7つの軸で構成されているとしている。

　これらの公の機関が唱える趣旨や定義は，基本的な人権を充足するレベルのことであるように思えるが，西谷（2011）は，日本に関しては，人々の単なる願望の集大成ではなく，まさに「働き甲斐のある人間らしい仕事」という内実を持った労働でなければならず，日本国憲法の制定以来，ディーセント・ワークの保証は一貫して国と社会に求められる責務であった，と指摘している。この西谷の指摘は，「正社員と非正規の労働者はいずれもそれぞれの意味でディーセント・ワークに値しない労働をよぎなくされている。のみならず，労働者の『非正規化』の流れが生き残った正社員の職務と責任を拡大させ，正社員を一層過重な労働に追い立てる」（西谷，2011）という状況を背景としており，この状況は今でも変わっていないと筆者も考える。

　その一方で，日本労働組合総連合会（連合）が2014年に行ったディーセントワークに関する調査で「"働きがいのある人間らしい仕事"とはどのような仕事をイメージするか」（自由回答方式1,000件）という問いに関してみると，図7-7で見るように，1位は「人の役に立つ・貢献できる仕事」191件で，他の回答の2.5倍近くあり，以下，「好きなこと・やりたいことができる仕事」「自分に合った・能力が活かせる仕事」各80件，「報酬が見合っている・きちんと評価されている仕事」77件，「喜ばれる・感謝される仕事」69件の順であり，他者への貢献が大きな割合を占めている。次が，自己実現的な項目であり，報酬にしても正当な評価と結びついたもので，4位にとどまっており，仕事の目的とは大いに異なることがイメージされていることがわかる。

　ILOや厚生労働省のあげるものが，西谷（2011）で見たように最低限の経済

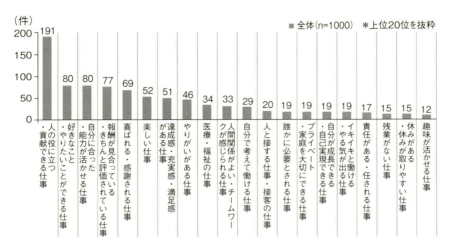

図 7-7 「働きがいのある人間らしい仕事」とはどのような仕事をイメージするか（日本労働組合総連合会，2014）

的生活レベルや基本的な人権との関わり合いをあげているのに対して，この調査の結果は，より高次なレベルのイメージが展開されており，わが国の働く人々が，比較的恵まれた状態の中で，ディーセントワークを捉えていることがわかる。逆にいえば，働きがいという言葉への反応であって，現実がそうであるかどうかとは，全く別のことを意味しているともいえよう。そうであるのならば，その可能性が高いと思われるが，人々が尊厳を持って働くことのできる仕事という原点に返った，仕事のあり方の追求が求められているということができる。

注)
1. この調査における職務満足感や働く目的に関する分析の詳細は未発表。
2. 坂戸は職務関与という和文ではなく，ジョブインボルブメントと表記している。
3. 小川の研究には，仮説1,2もあるが，それらは本稿に関連しないので省略する。
4. Lordstown Syndrome
   米国オハイオ州ローズタウンのGMベガ工場で，オートメーションによる単調労働に反発した労働者が，自然発生的なストライキ（山猫スト）を爆発させた。職務の内容にかかわるもので，通常の賃金によって解決がはかられるストライキとは異なるタイプのストライキによる操業の不全である（日置，1982）。

172

第8章

人事心理学と法制度

　本章のタイトルは「人事心理学と法制度」である。このタイトルから想像されるのはいわゆる「法と心理学」（たとえば，木下・棚瀬，1991 所収の諸論稿や，近時では「法と心理学会」で展開されている司法面接や目撃証言の信憑性に関する研究など[注1]）かもしれない。しかし本章ではそれとは異なり，さまざまな企業をはじめとする組織内の「ひと」に関する法，つまり「労働法」とこれに関連する心理学的知見を述べていく。したがって人事諸制度にも関連するので，経営学的視点も入ってくる。その意味で極めて学際的な分野といえる。

　ただし，それぞれの立法施策や法的問題について心理学上の知見がどのような具体的影響を与えたか，もしくは与えているかという点に関しては必ずしも明らかではない。その意味では「法制度や人事制度は心理学的にはこのように説明できる」という仮説を提起するにとどまることになるが，ご理解戴きたい。

■ 第1節 ■
長時間労働と法：いわゆる過労死問題

1. 過労死問題の提起

　2000 年代に入って盛んに議論されてきた人事上の問題として「過労死」があげられる。この言葉は石井（2004）によれば 1978 年 6 月，日本産業衛生学会において上畑鉄之丞が「過労死に関する研究─第 1 報，職種の異なる 17 ケー

スでの検討―」と題した報告で用いたものが最初とされている。このように現象自体は従来からみられたものだが，話題とされるようになったのは，過労による自殺がマスコミに取り上げられるようになってからであろう。

その契機がいわゆる「電通事件」（最二小判平成12年3月24日　労働判例779号13頁）である。この事件は長時間労働を契機として罹患したうつ病によって自殺した若手社員の遺族が会社を相手取って安全配慮義務違反による損害賠償を請求したものである。結果として最高裁は会社の賠償責任を認め，金額の算定などを審理させるため高裁に差し戻したところ，差し戻し審の途中で和解が成立した。和解金額は約1億6,800万円とされている。最高裁は安全配慮義務について陸上自衛隊八戸事件（最三小判昭和50年2月25日　労働判例222号13頁）で一般的な契約に内在する義務として認め，さらに民間企業の労働契約では川義事件（最三小判昭和59年4月10日　労働判例429号12頁）においてその存在を確認している。そのため法理論的には意外性は乏しいが，自殺という世間の耳目を集める事案だったこともあり，過労死という言葉が普遍化されることになったとみることができる。

ところが，この最高裁判決の事案は1991年の出来事であったが，2015年に再び同じ電通において，同じく長時間労働による過労自殺とされる事案が発生し，世間から注目されることとなった。それではこの間，国はどのような長時間労働対策を講じていたのか，概観する。

2. 法制度と過労死

(1) 脳・心疾患と労働災害

従来，過労による死亡は過度な心身への負担による脳出血，脳梗塞，あるいは心筋梗塞による死亡が労災保険法上の労働災害となるかどうか，という点から議論されてきた。最も早期の脳・心疾患に関する労災認定基準としては，1961年に「中枢神経及び循環器系疾患（脳卒中，急性心臓死等）の業務上外認定基準について」（昭和36年2月13基発116号）が発出されている。その後「脳血管疾患及び虚血性心疾患等の認定基準について」（昭和62年10月26日基発620号），「脳血管疾患及び虚血性心疾患等（負傷に起因するものを除く）

の認定基準」（平成 7 年 2 月 1 日基発 38 号）として通達が発出されてきた。その後 2001 年に抜本的改正がなされ（「脳血管疾患及び虚血性心疾患等（負傷に起因するものを除く）の認定基準について」（平成 13 年 12 月 12 日基発 1063 号），2010 年の改正を経た後，今日に至っている。

（2）長時間労働に対する行政施策

　上記平成 13 年通達を受けて，「業務による脳・心臓疾患の発症の防止のため」に 2002 年，長時間労働関連の通達が発出された。「過重労働による健康障害防止のための総合対策について」（平成 14 年 2 月 12 日基発 0212001 号）がそれである。ここでは「疲労の蓄積をもたらす長期間の過重業務」を解消するための施策として時間外労働の削減，年次有給休暇の取得，健康診断の実施，産業医の助言指導等を企業に求めている。

　その後 2006 年にはこの総合対策に代わるものとして同名の通達が発せられ（平成 18 年 3 月 17 日基発 0317008 号），基本的にはこの総合対策が行われていることとなっている。最新の改正は 2016 年であり（平成 28 年 4 月 1 日基発 0401 第 72 号），ここでは労働基準監督署による窓口指導，監督指導，再発防止対策指導が掲げられている。

（3）精神障害・自殺防止と行政指導

　これまで見てきた行政施策は脳・心疾患関連のものであったが，それではいわゆる過労死自殺が労災に該当するか否かについては，どのような取り組みがなされてきたのであろうか。最初に現れた通達は 1999 年の「心理的負荷による精神障害等に係る業務上外の判断指針について」（平成 11 年 9 月 14 日基発第 544 号，最終改正平成 21 年 4 月 6 日基発 0406001 号），ならびに「精神障害による自殺の取扱いについて」（平成 11 年 9 月 14 日基発第 545 号）である。

　その後精神障害について「セクシュアルハラスメントによる精神障害等の業務上外の認定について」（平成 17 年 12 月 1 日基労補発 1201001 号），「上司のいじめによる精神障害等の業務上外の認定について」（平成 20 年 2 月 6 日基労補発 0206001 号）が発せられ今日に至っている。なお自殺対策一般としては 2006 年に自殺対策基本法が制定されている。

（4）近時の展開

　その後，今日では国は過労死一般の対策として，2014（平成26）年11月に「過労死等防止対策推進法」を施行し，「過労死等の防止のための対策に関する大綱」（平成27年7月24日閣議決定）を定めている。ここでは「業務における強い心理的負荷による精神障害を原因とする自殺による死亡」も過労死と位置づけ，自殺を明確に包含している。こうして過労死・過労自殺問題と長時間労働問題，そして労災補償など諸問題を統合した対策をうつことができるようになっている（これが実効性を伴っているかは別問題である）。

　また，労働安全衛生規則では，ストレスや長時間労働への対策として，ストレスチェック（条文上は「心理的な負担の程度を把握するための検査」労働安全衛生法66条の10）と医師の面接指導（労働安全衛生法66条の8）の2種が規定されている。これらは長時間労働などのストレッサーに対する総合的な対処と捉えてよいであろう。

3. 人事心理学との関連

　産業心理学上，また精神医学上の知見として，長時間労働が労働者に心身のストレスを与え，それがうつ病などの精神疾患を引き起こすことはよく知られている[注4]。そしてうつ病に罹患した者は自殺の希死念慮を生じやすく，結果として自殺に至ってしまうことも周知のことといえよう[注5]。したがって，上記通達や施策の基本となる検討会などの会議には，心理学エリアからも出席しており，たとえば2016年から開催された「新たな自殺総合対策大綱の在り方に関する検討会」の委員名簿には臨床心理士の名前も見ることができる[注6]。

　ただし具体的な施策において，心理学関係者が関わる場面はどのようなものであろうか。上述したストレスチェックと医師の面接指導がそれに該当するであろう。後者の面接指導は医師に限定されているが，前者のストレスチェックにおいては検査実施者を「医師等」によると規定しており[注7]，医師に限定されていない。ここで，2018年8月8日までは医師以外の者として，保健師，特定の看護師・精神保健福祉士と定められていて（労働安全衛生規則52条の10），臨床心理士は含まれていなかったのである。

第8章　人事心理学と法制度

　労働者がストレスフルな状態になっているかどうかについては各種心理テストによって判断されるところが大きく，心理学を学んだエキスパートである臨床心理士が含まれないことには若干の違和感を覚えていた。この点，精神保健福祉士は国家資格であり，臨床心理士と異なることが理由となっていたと推測していた。その見方が正しかったことが，公認心理師制度確立によって明らかになった。2018年8月9日付で労働安全衛生規則52条の10第1項3号が改正され，歯科医師と並んで公認心理師がストレスチェックの実施者として追加されたのである。公認心理師にも公的に長時間労働，過労死問題に取り組むことができるようになったことは，国家資格化のメリットと捉えることができよう。

■ 第2節 ■

人事考課における法と人事心理学

1. 裁判例に見る人事考課

　人事考課（人事評価と称することもあるが，以下本章では「人事考課」と称することとする）は法的にははっきりしない論点である。法律には明文の規定がなく，近時の判決によると人事考課は一般論として使用者の裁量にゆだねられ，裁量権を逸脱，濫用した場合には違法と評価されるとしており，これは従来の判断を踏襲している（「国立精神・神経医療研究センター事件」東京地判平成28年2月28日　労働判例1141号56頁）。また，使用者の一般的義務として「公正査定義務」があると論じたものもある（「中部電力事件」名古屋地判平成8年3月13日　判例時報1579号3頁）が，その「義務」の内容は必ずしも明らかではない。

　一方，人事考課が違法とされたケースでは，評定期間外の言動を考慮に入れた場合（「マナック事件」広島高判平成13年5月23日　労働判例811号21頁）や女性を一律に低く評価した場合（「住友生命保険事件」大阪地判平成13年6月27日　労働判例809号5頁）がある。この状況からすると，人事考課は使

177

用者の権限の範囲内だが，その権限を逸脱・濫用した場合は，考課結果が違法
とされているのが現状といえよう。

2. 人事考課の法的分析

　ところで，人事考課ほど確たる基準を作成することが難しい人事制度はない。
つまるところ主観に左右される部分が出てきてしまうのは致し方ない面がある。
考課基準を作成しても，最終的にその基準を解釈する必要があるからだ。客観
的に業績を評価できるとされる目標管理制度（MBO）によって人事考課を行っ
た場合でも，その目標達成度において，外部環境の変動を考慮するならば，評
価者の主観が入る余地が出てきてしまう。

　このように「主観」という，ブラックボックスを経由する人事考課において
は被考課者が考課結果について公平に評価されているのか，疑問を持ったとし
ても無理はない。こうした側面から法理論的に「使用者の公正考課（評価）義
務」を論じているのが石井（2000）である。一方，この使用者の義務論に対し，
「人事考課の公正さ」を人事権発動の必須要件とし，「成果主義賃金制度におけ
る人事考課は，もはや使用者の自由裁量ではなく，使用者は，労働者の納得が
得られるよう公正に評価する責務（注意義務）を負う」とするものに土田（2003）
がある（最新の見解は土田（2016）だが，この両者の違いについては法律学の
論争に入るため本章では省略するので，詳細については土田（2016）を参照さ
れたい）。これら両者において構成の違いはあるものの，最終的に人事考課制
度において法的に「公正」と評価されるための内容はほぼ一致しており，次の
ように整理できる。①公正かつ客観的な評価制度の整備，開示，②公正な評価
の実施，③評価結果（理由も含む）の開示・説明がそれである。

　土田（2016）によれば，これを具体的に述べると，「ⓐ透明性・具体性のあ
る評価項目・基準の整備，ⓑ評価の納得性を確保するための評価方法（多面評価，
評価方法の開示）の導入，ⓒ評価を処遇（昇降給，昇降格，昇進，能力開発・育成，
異動）に反映させるためのルールの整備，ⓓ個々の労働者との間の面談・説明・
情報提供，ⓔそれらルールの労働者への説明・情報提供・開示（フィードバック），
ⓕ紛争処理制度の整備がポイントとなる」(p.294) としている。若干敷衍すると，

人事考課制度が整備されているだけではなく，労働者に開示されることが必要であり，その結果も労働者本人に開示されねばならない，としているところがポイントと思われる。筆者も概ねこの論調には賛意を表したいが，現実的にはこの「義務」を果たしている企業がどの程度あるか，大変心許なく，法的な義務というにはかなりの躊躇を覚えている。

3. 手続き的公正と人事考課

　前項で指摘した制度と結果の開示については，法学的にはデュープロセス（due process of law；適正手続き）と呼ばれる問題に似通っている。デュープロセスは適正な手続きを経ていないと罰せられない，という刑事法の原則に由来しているといわれるが，アメリカ合衆国憲法修正5条と14条では民事手続きにも適用があるとされ，当事者の参加・関与は納得感を得るための必須条件とも考えられる。そのため，土田らは労働契約にも類似の概念を援用したのではないかと推察している（なお日本法では憲法31条が罪刑法定主義を明記したものであるが，民事関係についての明文規定はない）。

　さて，人事心理学の立場からすると，この問題は手続き的公正（procedural justice）の問題として捉えることができる。手続き的公正については，最近のものとして余合（2016）がレビューしているものがあるが，守島（1997），井出（1998），高橋（2001）らのように，2000年前後に活発に議論されていたことが目に付く。これは「成果主義的人事制度」など能力・実績重視型人事制度が企業に積極的に受け入れられるようになった時点と時期を同じくしており，この企業の動向に触発されて研究されたものと考えられる。

　これらの研究からは，人事考課制度に限定すると，制度の公開，本人の参加，フィードバックが制度への信頼感や公正感を増し，結果の受容に大きく影響している，と総括できる。これらの研究が先述した土田，石井らの研究にどの程度影響を与えたかは定かではないが，結果として軌を一にしたものとなっている。人事心理学が法理論と交錯した一例ということができるのではなかろうか。

■ 第3節 ■

労働時間法制と人事心理学

1. 労働時間法制の考え方

　長時間労働問題については既述したので，本節では労働時間制度の柔軟化に関する事項について述べる。

　わが国の法定労働時間が1日8時間，1週40時間であること（労働基準法32条）は大原則であるが，近年，働き方の多様化と共に，法制度も変化してきている。その大きな要因が労働者のホワイトカラー化である。以下詳述しよう。

　従来の法制度，特に労働基準法は工場勤務のブルーワーカーを主たる保護の対象者としていた。そのため，製造機械が稼働していた時間だけ製品を製造することができ，労働時間と生産活動が比例していたといえる。この時代には労働時間をはっきりと定めることができ，それがすなわち労働者の生産活動時間だったのである。仮に法定労働時間で終了しないだけの生産量を定められたなら，時間外労働を行うことになるが，この場合も時間と生産量が比例するので，時間に応じた割増賃金を支払うこととされたのである。一言でいえば労働時間＝生産量＝賃金という等式が成り立っていたのである。

　ところがこの前提が崩れてきた。ホワイトカラー化の進展である。ホワイトカラーの働き方はこの等式通りではない。企画業務を例にとろう。ある製品の企画を立てるとする。すると優秀な者は要領よく調査・分析し，短時間で企画を立案することが想定できる。しかしそうでない者は1つの企画を立案するのに延々と長時間を要することもあろう。それでは支払われる賃金はどうなるか。短時間で終了した者は所定の賃金しかもらえないが，長時間かかった者はそれに加え，時間外労働割増手当を支給されることになる。同一の仕事でも時間がかかるほど収入が高くなるのは，ある意味不合理ともいえよう。こうした観点から賃金を労働時間と切り離してはどうか，という議論が出てきた。前節でも若干触れた成果主義賃金という発想がそれである。

180

第8章　人事心理学と法制度

2.　労働基準法の改正：変形労働時間制とみなし労働時間制

　こうした動きに対応して労働基準法も数度にわたる改正を経て，今日では変形労働時間制と，みなし労働時間制の2種が原則に対する例外措置として設けられている。

　変形労働時間制とは，毎日の始業・終業時刻を一律に決定せず，ある一定期間内で始業・終業時刻を変動させ，その範囲内で平均して一日8時間，一週40時間に収めるという制度である。現在では1週間単位（労基法32条の5），1月単位（労基法32条の2），1年単位（労基法32条の4）という3種類の変形労働時間制が規定され，その他フレックスタイム制（労基法32条の3）も変形労働時間制の1つとされている。この制度では平均して法定労働時間を超過した場合などには時間外労働割増賃金（労基法37条）を支払わねばならない。

　一方みなし労働時間制においては，大別して事業場外みなし労働時間制と裁量労働制の2種がある。「みなし」という言葉は反証を許さないという，法律用語で大変強い意味を持っている。たとえば8時間みなし労働とした場合には16時間働いたとき，16時間働いたという証拠が存在しても8時間働いたことにしてしまう，ということなのである。したがって「8時間とみなした」場合にはそれ以上何時間多く働いても8時間働いたこととされ，時間外労働割増賃金の対象外になってしまうのである。もっとも，逆に2時間しか働いていなくとも8時間とみなされてしまうことになる。これを前提として，2種の「みなし労働制」について概略を述べよう。

　まず事業場外労働は，外回りの営業担当者のように労働者が事業場の外に出てしまって，「労働時間を算定し難いとき」に適用される（労基法38条の2第1項本文）。みなし時間は所定労働時間か，労使協定で定めた時間（同条2項）とされる。

　一方，裁量労働制の場合においては専門業務型裁量労働制と企画業務型裁量労働制に分かれる。いずれも労働時間や業務の遂行の方法について労働者本人の裁量に任されている場合に適用されるものである。専門業務型は対象業務が法令で限定されており，実施に当たっては労使協定が必要とされる（労基法38条の3）。企画業務型裁量労働制は，労使委員会を設置して，労基法38条の

181

4に定めるさまざまな要件を定めた決議と本人の同意を得た上で「企画・立案・調査・分析」の業務に従事する一定の者につき労働時間を「みなす」という制度である。

　制度を悪用すれば時間外割増賃金を払わずにすますこともできるため，これらの裁量労働制については適用要件が大変厳しく定められている。

3. 労働時間の裁量と人事心理学

　このように見た場合，人事心理学上関連が深いのは裁量労働制である。そもそもなぜ労働時間を本人の裁量に任せるのであろうか。2つの観点から議論が可能である。1つはモチベーションの観点，そしてもう1つは創造性の発揮という観点である。モチベーションとの関連では，直接裁量労働制がモチベーションに影響を与えるという趣旨の研究は寡聞にして見当たらなかったが，職務の遂行方法を労働者自らがコントロールできるという観点から「職務自律性（task autonomy）」なり，「仕事のコントロール」といった概念を経由してモチベーションに正の影響を与えるという研究は多い（たとえば Parker & Wall (1998)。また川上（2012）のように仕事のコントロールが心身の健康やワークエンゲージメントに影響を及ぼす，とするものもある）。ここから裁量労働制の正当性を根拠づけることも可能であろう。

　一方，創造性との関係としては，厚生労働省労働基準局監督課が企画業務型裁量労働制の趣旨として「経済社会の構造変化や労働者の就業意識の変化等が進む中で，活力ある経済社会を実現していくために，事業活動の中枢にある労働者が創造的な能力を十分に発揮し得る環境づくりが必要となっています。労働者の側にも，自らの知識，技術や創造的な能力をいかし，仕事の進め方や時間配分に関し主体性をもって働きたいという意識が高まっています」[注8]と述べているように，労働時間の裁量性と創造性との間には相関があるという論調が多くみられる。

　ところが，この点に関する学術的な研究はあまり見られない。守島（2016）は裁量労働制に限った研究ではないが，成果主義人事とイノベーションの関係について，2つの研究を引用している。その結果，「成果主義的処遇制度のみ

ではイノベーションに関連しないが，これに会社が探索を奨励するという組織文化を持っている程度を掛け合わせた交互作用項がイノベーションに正に関連することが明らかになった」としている。

　守島（2016）によれば，労働時間の裁量性と創造性の発揮との関係については相関がある，とは言い切れない。守島（2016）は大内（2014）を引用し，働き方には2種類あり，「ノルマ型」と「インセンティブ型」に分かれる。ノルマ型は，「仕事のアウトプットの内容とか締め切りなどが，使用者によって設定されている場合」であり，インセンティブ型は「仕事の量や質を高めることが義務とはなっていないが，どれだけの質や量を上げたかが処遇に反映される場合」である。そして成果主義型人事制度はインセンティブ型の業務に妥当する，としている。ノルマ型は仕事の量・質や締め切りが労働者本人の裁量に委ねられていないので，最終的に業務は労働者にとって圧力と感じられ，労働時間の裁量性も失われてしまうということになろうか。

　このように人事心理学の立場からすると，裁量労働制についてサポートできる面もあるが，真にエビデンスに基づいた法制度といえるのか，という疑問は残る。特に守島（2016）や大内（2014）の指摘するインセンティブ型の労働をしている労働者は，守島（2016）が自ら認めている通り，どの程度存在するのだろうか。筆者はごく少数しか存在しないと思っている。「どれだけの仕事をいつまでに」やることを指示されない業務などありうるのだろうか。このような業務がめったに存在しないのであれば，人事心理学上，裁量労働制は必ずしも有効とはいえない，という結論になるのかもしれない。

　なお，裁量労働制についてあまり議論されていない重要な問題も指摘しておこう。それは真に「裁量」であるならば早く退社することも可能な組織になっているのか，という点である。日本の企業は同質性を求めている。[注9]皆一緒に行動し，同様の思考をするよう求められる。その中で労働者は裁量労働制だから，同僚より早く帰る，という行動をとることができるだろうか。早く仕事が終わったら，所定終業時刻まで他の同僚の仕事を手伝うよう命じられる，あるいは他の仕事を命じられる，ということはないだろうか。専門業務型裁量労働制であれば，このような懸念は少ないかもしれない。しかし企画業務型裁量労働制においては，純粋なホワイトカラー職場である。ここでは同調圧力が強いのでは

ないかと懸念されるのである。

　仮に裁量労働制の労働者にかような圧力がかかるとするならば，それはすでに「裁量」ではない。そして長時間労働にならざるをえなくなる。ホワイトカラー職場でも真に裁量で「早く帰る」ことが認められなければ，裁量労働による生産性向上など画餅にすぎない。組織風土的に真に日本企業が「裁量性」を認めるのだろうか，はなはだ疑問なのである。

4.　高度プロフェッショナル制度

　2018年6月に可決された，「働き方改革推進法」に盛り込まれた改正労働基準法の中にいわゆる「高度プロフェッショナル制度」があるので，この点にも触れておこう。

　この制度は改正労基法41条の2で制定されたものであり，「使用者との間の書面その他の厚生労働省令で定める方法による合意に基づき職務が明確に定められて」おり，「労働契約により使用者から支払われると見込まれる賃金の額を一年間当たりの賃金の額に換算した額が基準年間平均給与額（中略）の三倍の額を相当程度上回る水準として厚生労働省令で定める額以上である」労働者であって，本人の同意を得た場合，「高度の専門的知識等を必要とし，その性質上従事した時間と従事して得た成果との関連性が通常高くないと認められるものとして厚生労働省令で定める業務のうち，労働者に就かせることとする業務」に従事させたときは労働時間，休憩，休日および深夜の割増賃金に関する規定は，対象労働者については適用しない，とするものである。

　この制度についても前項の指摘が当てはまる。「時間と成果の関連性が高くない」と認められる業務として金融機関のトレーダー，経営コンサルタント，研究開発業務等があげられているが（労基法施行規則34条の2，第3項），時間と成果の切り離しという意味では裁量労働制と同じ方向性を持つ制度といえる。しかしながら，この業務が本当に時間と成果との関連性が高くないといえるのか，また管理監督者については労基法41条2号でそもそも労働時間等の規定は適用にならないため，非管理監督者で高年収の者が何人くらい対象となるのか（2019年5月20日付日本経済新聞によると，2019年4月末時点で適用者

が1名だったと報じられている），という点が疑問として残る。そして人事心理学からしてもこの制度が真にモチベーションの向上やイノベーションの創出につながるのか，確たるエビデンスは存在しないということもできるだろう。

いずれにしても裁量労働制をはじめとする種々の労働時間法制が企業のモチベーション向上，イノベーション創出に資するものとなるか，今後の展開を待つことになる。

■ 第4節 ■

ハラスメントと法制度

さまざまなハラスメントが心理学上の重要なテーマとなっていることは，今日では周知のことであろう。[注12]それでは法制度としてハラスメントがどのように扱われているのか，概観する。

1. セクシュアルハラスメント

筆者がセクシュアルハラスメント（sexual harassment：セクシャルハラスメントという表記もあるが，本稿では厚生労働省の指針で用いられているセクシュアルハラスメントと表記する）を修士論文で扱った1985年には該当する日本語がなく，「性的嫌がらせ」と訳した記憶があるが，今日ではもはや日本語としてセクシュアルハラスメントが巷間通用するようになってきた。これは法制度で規定された以上に，社会にセクシュアルハラスメントが蔓延していたということもでき，複雑な感慨を覚える面もある。以下法制度との関係を整理しておく。

（1）雇用機会均等法改正[注13]の経緯

セクシュアルハラスメントに関しては1985年の男女雇用機会均等法制定当初，規定が存在していなかった。セクシュアルハラスメントに関する規定が制

185

定されたのは 1996 年の改正である。ただしセクシュアルハラスメントという文言は使用されず，21 条として「事業主は，職場において行われる性的な言動に対するその雇用する女性労働者の対応により当該女性労働者がその労働条件につき不利益を受け，又は当該性的な言動により当該女性労働者の就業環境が害されることのないよう雇用管理上必要な配慮をしなければならない。」（下線部筆者）と定められた。

さらに 2006 年改正では 11 条で「事業主は，職場において行われる性的な言動に対するその雇用する労働者の対応により当該労働者がその労働条件につき不利益を受け，又は当該性的な言動により当該労働者の就業環境が害されることのないよう，当該労働者からの相談に応じ，適切に対応するために必要な体制の整備その他の雇用管理上必要な措置を講じなければならない。」（下線部筆者）とされ，今日に至っている。

つまり 1996 年改正法では「配慮義務」であるのに対し，2006 年改正法では「措置義務」と強化されたことになる。「配慮する」ことと「措置を講じる」こととでは事業主に対する強制力は大きく異なるのである。具体的な行動を要求することになるからである。

(2) 事業主が講ずべき措置

それでは，いかにすれば「措置を講じた」ことになるのか。これについては，同じく 2006 年に発出された「事業主が職場における性的な言動に起因する問題に関して雇用管理上講ずべき措置についての指針」（平成 18 年厚生労働省告示第 615 号）において大要次のように定められている。

1　事業主の方針の明確化及びその周知・啓発
（1）職場におけるセクシュアルハラスメントの内容およびセクシュアルハラスメントがあってはならない旨の方針を明確化し，管理・監督者を含む労働者に周知・啓発すること。
（2）セクシュアルハラスメントの行為者については，厳正に対処する旨の方針・対処の内容を就業規則等の文書に規定し，管理・監督者を含む労働者に周知・啓発すること。

第8章　人事心理学と法制度

2　相談（苦情を含む）に応じ，適切に対応するために必要な体制の整備

（3）相談窓口をあらかじめ定めること。

（4）相談窓口担当者が，内容や状況に応じ適切に対応できるようにすること。また，広く相談に対応すること。

3　職場におけるセクシュアルハラスメントに係る事後の迅速かつ適切な対応

（5）事実関係を迅速かつ正確に確認すること。

（6）事実確認ができた場合には，速やかに被害者に対する配慮の措置を適正に行うこと。

（7）事実確認ができた場合には，行為者に対する措置を適正に行うこと。

（8）再発防止に向けた措置を講ずること。（事実が確認できなかった場合も同様）

4　1から3までの措置と併せて講ずべき措置

（9）相談者・行為者等のプライバシーを保護するために必要な措置を講じ，周知すること。

（10）相談したこと，事実関係の確認に協力したこと等を理由として不利益な取扱いを行ってはならない旨を定め，労働者に周知・啓発すること。

つまり以上を要約すると，方針を明確化し，対応窓口を設け，適正に対応することを求めているものといえる。

（3）法規制の実効性と裁判例

このような法令の規定はあるものの，それではこれらに対する違反行為があった場合にはどのような制裁が加えられるのか。雇用機会均等法にはセクシュアルハラスメント関係の罰則規定は存在しない。

ただし当事者間の紛争が生じた場合には次のような制度を設けている。

①苦情の自主的解決（雇用機会均等法15条）：事業主に自主的解決の努力義務を課す。

②都道府県労働局長による助言・指導・勧告の紛争解決の援助（同法17条）

187

③都道府県労働局長から紛争調整委員会への調停委任（同法 18 条）

　しかしいずれも強制力のない制度であり，仮に被害者が調停による救済を求めても，加害者や事業主は調停案を受諾する義務はない（同法 22 条は調停案の「受諾を勧告することができる」に留まる）。ちなみに育児介護休業法，パート労働法は上記①から③の制度を同様に設けており，雇用機会均等法と合わせて，いわゆる均等 3 法と称している。この均等 3 法において東京労働局が処理した件数は，2017 年度で紛争解決の援助が 55 件，調停が 9 件（うちセクシュアルハラスメントが 3 件）という数字が得られている（2018年 6 月 29 日 報 道 発 表 https://jsite.mhlw.go.jp/tokyo-roudoukyoku/content/contents/000252820.pdf　2018 年 8 月 16 日閲覧）。この数字の解釈について，制度の実効性の有無を判断することは難しいが，潜在的なセクシュアルハラスメント事案は極めて多数にのぼるのではないかと思わせるものといえよう。

　そのため，その他の法制度としては，被害者からの民事訴訟による損害賠償請求（民法 709 条）が考えられることとなる。ただしハラスメントを行った者に対する請求だけではなく，合わせて不法行為法上の使用者責任（民法 715 条）を事業主に対して問うのが一般的である。

　被害者が勝訴した裁判例は数多い。性的行為の強要に関する 1990 年の「ニューフジヤホテル事件」（静岡地裁沼津支判平成 2 年 12 月 20 日　労働判例580 号 17 頁）を嚆矢として，性的言動（「広告代理店 A 社—事案の性質上，匿名にされた—事件」東京地判平成 8 年 12 月 25 日　労働判例 707 号 20 頁）や職場環境配慮義務違反を認めたもの（「三重県厚生農協連合会事件」津地判平成 9 年 11 月 5 日　労働判例 729 号 54 頁）などさまざまなものがある。

　以上，裁判例で被害者側勝訴の判例が相次ぎ，セクシュアルハラスメントの違法性が社会に浸透していったともいえるだろう。ちなみに，妊娠・出産・育児に関する，いわゆるマタニティハラスメントも育児介護休業法関連の問題として，法的には同じ枠組みで考えられている。

2. パワーハラスメント

（1）厚生労働省の「提言」

　いわゆるパワーハラスメントに関しては明確な立法施策が存在しない。しかしながら厚生労働省は全く施策を展開していないわけではない。2013 年に「職場のパワーハラスメントの予防・解決に向けた提言」がそれであり，この提言をまず概観しよう。[注16]

　この提言はパワーハラスメントを，「同じ職場で働く者に対して，職務上の地位や人間関係などの職場内の優位性を背景に，業務の適正な範囲を超えて，精神的・身体的苦痛を与える又は職場環境を悪化させる行為」と定義した上で，次の 6 類型に整理した。

　　1）身体的な攻撃：暴行・傷害
　　2）精神的な攻撃：脅迫・名誉毀損・侮辱・ひどい暴言
　　3）人間関係からの切り離し：隔離・仲間外し・無視
　　4）過大な要求：業務上明らかに不要なことや遂行不可能なことの強制，仕事の妨害
　　5）過小な要求：業務上の合理性なく，能力や経験とかけ離れた程度の低い仕事を命じることや仕事を与えないこと
　　6）個の侵害：私的なことに過度に立ち入ること

　そして，パワーハラスメントをなくすために国に提言の周知と対策の支援を行うよう求めたのである。

（2）国の対策

　この提言を受けて，厚生労働省は次の対策を講じるとしている。[注17]

　　1）社会的気運を醸成するための周知・啓発
　　　下記の媒体を通じて，企業の方，労働者の方双方に向けて，この問題の重要性や取組の方法についての情報を発信する。

・ポータルサイト「あかるい職場応援団」や twitter アカウントの運営
・ポスターやリーフレットの配布
2）労使の取組の支援
・企業向けのパワーハラスメント対策導入マニュアルの策定
・上記マニュアルを活用したパワーハラスメント対策導入セミナーの全国
での開催

また 2012 年，2016 年と「職場のパワーハラスメントに関する実態調査」を行っている。パワーハラスメントに関する調査は筆者が座長を務めた「パワー・ハラスメントの実態に関する調査研究報告書」（2005 年　中央労働災害防止協会）以来みられなかったが，定期的にパワーハラスメントの状況を把握することができるようになっているとはいえるだろう。

しかしながら，これらは「当事者の自覚を促す」ことに留まり，何らかの施策を講じることを事業主に求めたり，ハラスメントの加害者や事業主に制裁を行ったりする措置には触れられていない。そのため強制力はないものとなっている。したがって，被害者が何らかの救済や加害者への制裁を求める法的手段としては民事訴訟の提起しか存在しないこととなる（刑事制裁を求める場合は別論である）。

なお，2019 年 5 月 29 日，労働施策総合推進法[注18]が改正され，その 30 条の 2 以下でパワーハラスメントに対する相談体制の整備等の措置を講じる義務が事業主に課せられ，またパワーハラスメントを防止する努力義務が国，事業主，労働者に課されることになった。

（3）裁判例

パワーハラスメントという言葉が一般的になる以前から，同類の事案は裁判例として散見された。たとえば共産党の構成員・支持者に対する仲間外しなどが不法行為とされた事例「関西電力事件」（最三小判平成 7 年 9 月 5 日　労働判例 680 号 28 頁），いじめが人格権侵害の不法行為とされた「ネッスル事件」（大阪高判平成 2 年 7 月 10 日　労働判例 580 号 42 頁）がある。最近ではいじめ，パワーハラスメントがあったとして提訴され，判決が出された事例は枚挙にい

とまがないほどである。

　問題となる事例では「注意・指導」が過度にわたるかどうかが議論されることが多いが，これは事実関係を詳細に吟味し，個々に判断せざるをえないであろう。なお，最も悲惨な例としてパワーハラスメントが自殺を引き起こしたとして，7,261万円強の損害賠償請求を認めた「暁産業ほか事件」（福井地判平成26年11月28日　労働判例1110号34頁）がある（ただし本件は控訴されており，その後の推移は不詳である）。このようにパワーハラスメント事案における事実関係と相当因果関係の認定は難しい面があるが，少なからぬ事例が存在し，一定の防止効果は認められるように思われる。もっとも裁判となると日本人の感覚としてハードルが高いことも否めない（川島，1967）。今後さらに何らかの施策が必要となることもありえよう。

3. その他の「ハラスメント」

　セクシュアルハラスメント，パワーハラスメント以外にも，「ハラスメント」として近時議論されているものに，大学などにおけるアカデミックハラスメント，LGBTに関するジェンダーハラスメントなどがあるが，これらに対する包括的な法令上の規定は存在しない。

　国の機関において「ハラスメント」という用語が使用されているものとしては，たとえば文部科学省「大学における教育内容等の改革状況について（平成26年度）」[19]において「セクシャル・ハラスメント等には，アカハラ，パワハラ等を含む」としているものがあり，また「性同一性障害や性的指向・性自認に係る，児童生徒に対するきめ細かな対応等の実施について」[20]（H28.4.1初等中等教育局児童生徒課）とするものがあるが，社会一般に対する施策はみられない。

　なおアカデミックハラスメントについては，大学院生に対し「お前はバカ」などと言ったことに対する出勤停止3か月などの懲戒処分を准教授になしたところ，この懲戒処分の有効性が争われ，有効と認められた事例（国立大学法人X大学事件東京高判平成25年11月13日　労働判例1101号122頁）など多数あり，民法一般の不法行為論に沿った解決がなされている。

■ 第5節 ■

個別労働紛争解決と人事心理学

次に検討するのは個別労働紛争解決促進法[注21]（以下，個労紛法と略す）と人事心理学との関連である。後述する通り，個労紛法においてはあっせんが解決手段の1つであるが，筆者も東京労働局の紛争調整委員（あっせん員）を務めており，あっせんの現場における過程は，カウンセリングと極めて似ていると感じたところから，このテーマを取り上げる次第である。

1. 個労紛法の概要

詳述する前にまず個労紛法の全体像をみておきたい。個別労働紛争とは同法1条によれば，「労働条件その他労働関係に関する事項についての個々の労働者と事業主との間の紛争（労働者の募集及び採用に関する事項についての個々の求職者と事業主との間の紛争を含む）」と定義されている。すなわち労働組合と使用者間の集団的労使関係にかかる紛争は除外される。

こうした個別労働紛争に対し，裁判外紛争解決システム（ADR：Alternative Dispute Resolution）として都道府県労働局（現実には総合労働相談コーナー）が情報提供を行い，相談を受付け，また局長が助言・指導を行い，あるいは局長があっせんを紛争調整委員会へ委任することを通じて解決を図る制度が個労紛法であると理解できる。

民事裁判以外にこのような制度を設ける必要性は2点ある。第1点は民事労働裁判の審理期間が長いことである。2017年7月21日付の最高裁「裁判の迅速化に係る検証に関する報告書」[注22]によると，労働事件における第一審裁判所の平均審理期間は14.3か月であり，民事事件全体が8.6か月であることと比較すると顕著に長い。こうした傾向は以前から続いており，紛争解決短期化への解決策として，原則3回の審理で結論を出す労働審判制度が労働審判法により2004年に設けられた。しかし労働審判においても平均審理期間は79.1日となっている。

第2点は，民事裁判では給付の訴え，確認の訴え，形成の訴えがあるとされているが，いずれにしても裁判で審理されるのは権利の有無に関する権利紛争である。そのため，たとえばある労働者に対する人事考課の査定においてAが妥当なのかBが妥当なのか，といった利益紛争には裁判という形態はなじまないことである。そして個別労働紛争においては，こうした利益紛争に属する問題が非常に多く，個別労働紛争に関して迅速・簡便な手続きが求められる所以である。

2. あっせんに至る手続き

あっせんに至る手続きを図で示すと，以下のようになる（図8-1）。

まず労働者個人，あるいは事業主が労基署・都道府県労働局に設けられた総合労働相談コーナーを訪れる。ここで法違反という問題があげられた場合には，

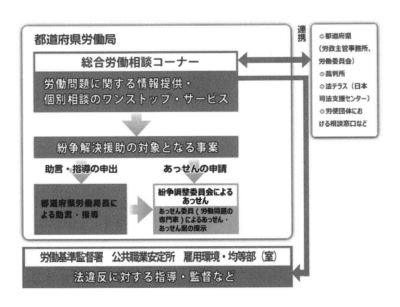

図8-1 個別労働紛争に関する解決手続き（厚生労働省ＨＰより）

それぞれの担当部署を紹介する（違法か合法かを直接相談コーナーが判断することはない）。

　紛争解決援助の対象となる場合には都道府県労働局長による助言・指導の申出やあっせんの申請があればそれぞれ対応することとなる。あっせんの場合，申請があったとしても一方当事者が同意しないとあっせんを開始しない。この場合はあっせん打ち切りとなる（個労紛法施行規則 12 条）。なお個別労働紛争のうち募集・採用に関する事項はあっせんの対象事項から除外されている（個労紛法 5 条）。

3. あっせんの実際

　あっせんが開始された場合，東京労働局においては 1 回の期日で終了させることを原則としている。したがって限られた時間内でいかに両当事者の一致点を見出すかがポイントとなる。

　あっせん申請の事案は個別に異なり，一般化するのは困難だが，基本的には金銭解決に終わることが多数である。たとえば，解雇・退職・雇止めの事案では労働者はその理由が明確でない，あるいは不当であると感じて著しく感情を害しており，そのような措置をとった従前の企業には復帰したくない，と考えていることが多く，自分の正当性を何らかの形で認めてほしい，というのが最終的な要求と思われる事例が多い。この「認める」ことの具現化が金銭なのである。

　この場面において，申請人（労働者）の最終的な要求を引き出し，解決策（あっせん案）を提示するのがあっせん員の仕事となる。金銭の要求なのか，相手の謝罪なのか，もしくは他の何なのかという点である。しかしながら労働者は自分の正当化に終始することも多く，過大な要求もみられる。また感情的になっていることも多いので，客観的な事実を述べているかは不明な点もある。

4. あっせんの展開：ラポールの形成

　このとき想起するのがラポール（rapport）の形成である。労働者に「なん

でも話せる」という思いを持ってもらうだけでなく，仮に労働者の主張にも問題があり，申請より低額の金銭を支払うあっせん案を提示する場合，その受容にも資するというのが筆者の経験である。換言すれば労働者に「あっせん員は自分を理解してくれている」と捉えてもらうと，その後のあっせんがスムーズに進むのである。

　具体的にいえば筆者は「かかわり行動」と「基本的傾聴」を意識し，目標を「あっせん案の受諾」と構成して労働者と接することを行っている。[注23]

　ラポールが形成されたと感じるまでは基本的に労働者に不利なことは発言せず，傾聴に徹する。ラポールが形成されたと感じられたら，労働者の発言に対し「別の見方もあるかもしれない」「あなたにも誤解される面があったかもしれない」などと振り返りを行わせ，気づきを与える。その後，被申請人（多くの場合事業主）との対話を通じて一致点を見出すよう努めることになる。こうした作業を時間的制約の中で行わねばならず，厳しく感じることもある。

　しかし労働者の話を1回聞いた段階で，いきなり法理論を提示したり，主張に沿わない発言をしたりすると，労働者は感情的に反発するであろうことは容易に想像がつく。こうなってはあっせんもまとまらない。あっせんの場は理論や論理をやりとりする場だけではなく，感情をやりとりする場でもあるというのが筆者の率直な感想である。

　同じあっせんでもおそらく労働委員会における労使間のあっせん（条文上は漢字で「斡旋」であるが，用語の統一のためひらがなで表記する）はかなり様相が異なると推察している。労働組合と使用者との紛争は集団的労使紛争ともいう通り，集団対集団の問題である。そこでは感情という要素は入りにくい。いわば論理と論理との衝突であり，その場におけるあっせんは異なるものにならざるを得ないだろう。

　これは個労紛法のあっせんでも事業主と接する場合には同様である。事業主は1つの組織体として行動している。その組織体の代表者は個人的な感情とは別次元であっせんの場に臨んでいるからである。そのため筆者も事業主と対応する際には論理的な会話をするように努めている。この点，労働者に対する場合とは大きく異なっている。

5. 「自主的解決」への示唆

　個労紛法では紛争の解決手段として，「自主的解決」を条文の並びで最初に掲げている（同法2条）。当事者間でまず解決を図ることは当然でもある。その場合に何が必要か，顧みない事業主も多いのではないだろうか。紛争に至ったような事案では労働者としては多かれ少なかれ，感情の問題を抱えている。この感情の問題を看過している事業主が被申請人としてあっせんの場に来ているともいえるように思う。

　紛争の最初の段階において論理で納得させるのではなく，感情的に納得させる手段をとることができれば，個別労働紛争の多くは解決するのではないかと筆者は考えている。2017年度の総合労働相談コーナーにおける相談件数は全国で110万4,758件に上っている。カウンセリングとはいわないまでも，人事心理学の要素が企業に浸透していれば，この数字もかなり減少するのではなかろうか。

　以上，法制度と人事心理学について，関連が密と思われる5項目について振り返ってみた。心理学と法律学，就中労働法学とは全く異なる学問分野ではあるが，「ひと」を対象としていることでは共通している。そのために両者が交錯する場面が多いともいえよう。

　2018年に「働き方改革法」が成立し，多くの法律が改正されることになったが，まさに「働き方」は心理学と労働法学との共通領域でもある。心の問題を無視して法制度の構築はありえない分野なのである。逆に心理学だけで社会の変革は難しい。ストレスの原因となる長時間労働がない社会，ハラスメントがない社会を構築するには法制度の手を借りねばならない。この心理学と法制度の両者が相まって，真に「働きやすい」これからの社会をつくり上げていくことを期待したい。

注)
1. たとえば，仲（2018），藤田（2018）を参照。
2. 日本経済新聞 2000 年 6 月 23 日付夕刊。
3. 石井（2004）を参照。本節は石井によるところが多い。

第 8 章　人事心理学と法制度

4. たとえば，島（2008）を参照。
5. たとえば，吉村（2007）を参照。
6. https://www.mhlw.go.jp/file/05-Shingikai-12201000-Shakaiengokyokushougaihokenfukushibu-Kikakuka/0000144486.pdf（2018 年 8 月 9 日閲覧）
7. 「産業医」ではないところに注意されたい。
8. https://www.mhlw.go.jp/general/seido/roudou/kikaku/（2018 年 8 月 12 日閲覧）
9. 最近のものとして松浦・木村（2014）を参照。
10. 正式名称は「働き方改革を推進するための関係法律の整備に関する法律」である。
11. 労基法施行規則 34 条の 2，第 6 項で年収 1,075 万円とされた。
12. たとえば，長嶋（2015）を参照。
13. この法律は，もともと「勤労婦人福祉法」の改正という経緯を経ている。制定当初の正式名称は「雇用の分野における男女の均等な機会及び待遇の確保等女子労働者の福祉の増進に関する法律」であったが，改正を経て，今日では「雇用の分野における男女の均等な機会及び待遇の確保等に関する法律」という名称となった。本稿では雇用機会均等法と略称で述べる。
14. 正式名称は「育児休業，介護休業等育児又は家族介護を行う労働者の福祉に関する法律」。
15. 正式名称は「短時間労働者の雇用管理の改善等に関する法律」。ただし 2018 年に成立した「働き方改革関連法」によって 2020 年 4 月 1 日から「短時間労働者及び有期雇用労働者の雇用管理の改善等に関する法律」と改称される。
16. 次の資料を参照のこと。
https://www.mhlw.go.jp/stf/houdou/2r98520000025370-att/2r9852000002538h.pdf（2018 年 8 月 16 日閲覧）
17. https://www.mhlw.go.jp/stf/seisakunitsuite/bunya/0000126546.html
18. 正式名称は「労働施策の総合的な推進並びに労働者の雇用の安定及び職業生活の充実等に関する法律」
19. http://www.mext.go.jp/a_menu/koutou/daigaku/04052801/005.htm
20. http://www.mext.go.jp/b_menu/houdou/28/04/1369211.htm。
21. 正式名称は「個別労働関係紛争の解決の促進に関する法律」。
22. http://www.courts.go.jp/about/siryo/hokoku_07_hokokusyo/index.html（2018 年 8 月 17 日閲覧）
23. 用語については，木村（2010）にならった。
24. 厚生労働省「平成 29 年度個別労働紛争解決制度の施行状況」。
https://www.mhlw.go.jp/stf/houdou/0000213219.html

文　献

■ 第 1 章

安藤公平（1977）．知能心理学研究　福村出版　pp.40-49, pp.81-82, pp.103-119, pp.332-388.

APA (2007). *APA Dictionary of Psychology* 2nd. InVand, G. R. (Eds.), p.785.

浅井正昭（1969）．人間・機械系　古賀行義（編）　産業心理学　共同出版　pp.194-198.

淡路圓治郎（1930）．職業心理学〈訂正第 4 版〉　教育研究会　pp.332-337.

淡路圓治郎（1942）．産業心理学　河出書房

馬場昌雄（1983）．組織行動〈第 2 版〉白桃書房　pp.6-7.

馬場昌雄（2005）．産業・組織心理学―定義と歴史―　馬場昌雄・馬場房子（監修）　岡村一成・小野公一（編著）　産業・組織心理学　白桃書房　p.2.

Brody, N. (1985). The validity of the intelligence test. In B. B.Wolman (Ed.), *Handbook of Intelligence, part two*. 杉原一昭（監訳）（1992）．知能心理学ハンドブック〈第二編〉　田研出版　pp.3-42.

Brown, J. A. C. (1954). *The social psychology of industry*. Penguin Books.　伊吹山太郎・野田一夫（訳）（1955）．産業の社会心理―工場における人間関係―　ダイヤモンド社　pp.75-111.

Cartwright, S., & Cooper, C. L. (Eds.) (2008), *The Oxford Handbook of Personnel Psychology*. Oxford.

Cascio, W. F. (1998). *Applied psychology in human resource management* (5thed.). Prentice Hall. p.2.

Drenth, P. J. D., Thierry, H., & Wolff, C. J. (Eds.) (1998). *Handbook of work and organizational psychology*. (2nded.) Psychology Press.

藤林敬三（1935）．経済心理学（1）　慶應出版社　p.20.

Guilford, J. P. (1985). Model of Structure of Intellect. In B. B.Wolman, *Handbook of intelligence part one*. 杉原一昭（監訳）（1992）．知能心理学ハンドブック〈第一編〉　田研出版　pp.219-264.

百田義治（1991）．アメリカ労務管理の生成　吉田和夫・奥林康司（編著）現代の労務管理　ミネルヴァ書房　pp.27-33, pp.107-116.

岩出　博（2005）．産業・組織心理学と人事労務―人的資源管理―　馬場昌雄・馬場房子（監修）　岡村一成・小野公一（編著）　産業・組織心理学　白桃書房　pp.275-282.

Kaufman, A. S. et al. (1985). The Kaufman Assessment Battery for Children (K-ABC). In B. B.Wolman, *Handbook of intelligence part two*. 杉原一昭（監訳）（1992）．知能心理学ハンドブック〈第二編〉　田研出版　pp.314-350.

桐原葆見（1953）．日本の産業心理学―回顧と展望―　桐原葆見（監修）　最近の産業心理学　金澤書店　p.9.

Mayo, E. (1933). *The human problems of an industrial civilization*. The Macmillan Company.　村本栄一（訳）（1967）．新訳 産業文明における人間問題―ホーソン実験とその展開―　日本能率協会　pp.59-79, pp.94-95.

正田　亘（1992）．産業・組織心理学　恒星社厚生閣　pp.3-5, p.8.

増田幸一（1932）．適性考査法　三友社　pp.51-61，pp.721-729.

松本卓三・熊谷信順（1992）．職業・人事心理学　ナカニシヤ出版　p.1.

三好　稔（1951）．差異心理学　金子書房　pp.5-9，pp.34-36，pp.41-44，pp.62-71.

Münsterberg, H. (1913). *Psychology and industrial efficiency.* Houghton Mifflin Co., Boston. pp.17-24.

岡田行正（2008）．新版 アメリカ人事労務・人的資源管理史　同文舘　pp.54-55.

岡村一成（1994）．産業心理学から産業・組織心理学への発展　岡村一成（編著）　産業・組織心理学入門　福村出版　p.14.

岡村一成（2003）．産業心理学から産業・組織心理学への発展　岡村一成（編著）　産業・組織心理学入門〈第2版〉福村出版　pp.10-12, pp.14-17.

岡村一成（2012）．経営心理学の発展　岡村一成（監修），藤田主一（編著）　経営心理学　学文社pp.159-166.

奥林康司（1975）．人事管理学説の研究　有斐閣　pp.3-9，pp.48-49.

小野公一（2009）．人事心理学　産業・組織心理学会（編）　産業・組織心理学ハンドブック　丸善　p.14.

Roger, A., et al. (1985). Intelligence：Life developmental viewpoint. In B. B. Wolman (Ed.), *Handbook of intelligence part one.* 杉原一昭（監訳）（1992）．知能心理学ハンドブック〈第一編〉田研出版pp.305-313.

佐々木土師二（1996）．産業心理学への招待　有斐閣　pp.11-12.

Schein, E. H. (1965). *Organizational psychology,* Prentice Hall. 松井賚夫（訳）（1966）．組織心理学岩波書店　pp.3-5.

角　隆司（1973）．組織行動の科学　ミネルヴァ書房　pp.2-5，pp.19-20，p.30，pp.50-63.

島　弘（1979）．科学的管理法の研究〈増補版〉有斐閣　pp.106-131.

鈴木祐子（2004）．産業・組織心理学史　外島　裕・田中堅一郎（編著）　産業・組織心理学エッセンシャルズ〈増補改訂版〉ナカニシヤ出版　pp.282-295.

Tiffin, J., & McCormick, E. J. (1965). *Industrial psychology.* (5th ed.) Prentice Hall Inc. 正戸　茂（監訳）（1980）．産業心理学―産業行動科学の基礎理論と実践―〈第5版改定版〉評論社　pp.16-18.

上野陽一（1929）．産業能率論　千倉書房　pp.54-57，pp.93-95.

Viteles, M. S. (1923). *Industrial psychology,* Thirty Bedford Square, pp.20-23.

山田雄一（1966）．人事管理の職能と組織　近藤貞次・松浦健児（編）　産業人事心理学　産業心理学講座3　朝倉書店　pp.42-45.

山本純一（1969）．科学的管理の体系と本質〈第2増補版〉森山書店　pp.94-95.

吉田光雄（1989）．パーソナリティ　糸魚川直祐・春木　豊（編）　心理学の基礎　有斐閣　pp.255-257.

■ 第2章

Akiyama, H. (2015). Japan's longevity challenge. *Science*, 350(6265), 1135.

Anderson, N., Salgado, J. F., & Hülsheger, U. R. (2010). Applicant reactions in selection: Comprehensive meta-analysis into reaction generalization versus situational specificity. *International Journal of Selection and Assessment, 18*(3), 291-304.

Arthur, W., & Villado, A. J. (2008). The importance of distinguishing between constructs and methods when comparing predictors in personnel selection research and practice. *Journal of Applied Psychology, 93*, 435-442.

Barrick, M. R., & Mount, M. K. (1991). The Big Five Personality dimensions and job performance: A meta-analysis. *Personnel Psychology, 44*, 1-26.

Bonner, S. E., & Sprinkle, G. B. (2002). The effects of monetary incentives on effort and task performance: Theories, evidence, and a framework for research. *Accounting, Organizations and Society, 27* (4-5), 303-345.

Brown, A., & Maydeu-Olivares, A. (2011). Item response modeling of forced-choice questionnaires. *Educational and Psychological Measurement, 71*(3), 460-502.

Burns, G. N., Shoda, E. A., & Roebke, M. A. (2017). Putting applicant faking effects on personality tests into context. *Journal of Managerial Psychology, 32* (6), 460-468.

Chapman, D. S,, Uggerslev, K. L., & Webster, J. (2003). Applicant reactions to face-to face and technology-mediated interviews: A field investigation. *Journal of Applied Psychology, 88*, 944-953.

Costa Jr, P. T., & McCrae, R. R. (1992). Four ways five factors are basic. *Personality and Individual Differences, 13* (6), 653-665.

Dany, F., & Torchy, V. (1994). Recruitment and selection in Europe: Policies, practices and methods. In C. Brewster, & A. Hegewisch (Eds.), *Policy and practice in European human resource management: The price waterhouse cranfield survey*, pp.68-88.

Di Milia, L., Smith, P. A., & Brown, D. F. (1994). Management selection in Australia: A comparison with British and French findings. *International Journal of Selection and Assessment, 2* (2), 80-90.

Dingemans, E., Henkens, K., & Solinge, H. V. (2015). Access to bridge employment: Who finds and who does not find work after retirement? *The Gerontologist, 56*(4), 630-640.

Frederick, T. (1911). *The principles of scientific management*. New York: Harper Bros, pp.5-29.

玄田有史・神林　龍・篠崎武久（2001）．成果主義と能力開発：結果としての労働意欲 ―特集「成果主義」の課題と将来展望― 　組織科学，*34*（3），18-31.

Gerhart, B., & Milkovich, G. T. (1992). Employee compensation: Research and practice. In M. D. Dunnette & L. M. Hough (Eds.), *Handbook of industrial and organizational psychology, Vol. 3*. Palo Alto. pp.481-569.

Gerhart, B., Rynes, S. L., & Fulmer, I. S. (2009). 6 pay and performance: Individuals, groups, and executives. *The Academy of Management Annals, 3* (1), 251-315.

Goldberg, L. R. (1990). An alternative "description of personality": The big-five factor structure. *Journal of Personality and Social Psychology, 59* (6), 1216.

Goldberg, L. R. (1992). The development of markers for the Big-Five factor structure. *Psychological Assessment, 4*(1), 26.

Gowing, M. K., & Slivinski, L. W. (1994). A review of North American selection procedures: Canada and the United States of America. *International Journal of Selection and Assessment, 2* (2), 103-114.

Guion, R. M. (1976). Recruiting, selection, and job placement. In M.D. Dunnette (Ed.), *Handbook of industrial and organizational psychology*. Chicago: Rand-McNally. pp.777-828.

Guion, R. M., & Gottier, R. F. (1965). Validity of personality measures in personnel selection. *Personnel Psychology, 18* (2), 135-164.

Hough, L. M. (1992). The "Big Five" personality variables-construct confusion: Description versus prediction. *Human Performance, 5* (1-2), 139-155.

Hough, L. M., Oswald, F. L., & Ployhart, R. E. (2001). Determinants, detection and amelioration of adverse impact in personnel selection procedures: Issues, evidence and lessons learned. *International Journal of Selection and Assessment, 9* (1-2), 152-194.

Huffcutt, A. I., & Arthur, W. A. (1994). Hunter and Hunter (1984) revisited: Interview validity for entry-level jobs. *Journal of Applied Psychology, 79,* 184-190.

Hunter, J. E., & Hunter, R. F. (1984). Validity and utility of alternative predictors of job performance. *Psychological bulletin, 96* (1), 72.

Hunter, J. E., & Schmidt, F. L. (1996). Intelligence and job performance: Economic and social implications. *Psychology, Public Policy, and Law, 2* (3-4), 447.

今城志保（2016）．採用面接評価の科学―何が評価されているのか―　白桃書房

石田光男（2006）．賃金制度改革の着地点　日本労働研究雑誌，*554,* 47-60．

Janz, J. T. (1982). Initial comparisons of patterned behavior description interviews versus unstructured interviews. *Journal of Applied Psychology, 67,* 577-580.

Jenkins Jr, G. D., Mitra, A., Gupta, N., & Shaw, J. D. (1998). Are financial incentives related to performance? A meta-analytic review of empirical research. *Journal of Applied Psychology, 83* (5), 777.

Kim, N., & Hall, D. T. (2013). Protean career model and retirement. In M. Wang (Ed.), *The Oxford Handbook of retirement.* New York: Oxford University Press. pp. 102-116.

Laitner, J., & Sonnega, A. (2013). Economic theories of retirement. In M. Wang (Ed.), *The Oxford Handbook of retirement.* New York: Oxford University Press. pp. 136-151.

Latham, G. P., Saari, L. M., Pursell, E. D., & Campion, M. (1980). The situational interview. *Journal of Applied Psychology, 65,* 422-427.

Lawler III, E. E. (1971). *Pay and organizational effectiveness.* New York: McGraw Hill.

Lawler III, E. E. (1981). *Pay and organization development* (Vol. 3990). Prentice Hall.

Lawler III, E. E. (1990). *Strategic pay: Aligning organizational strategies and pay systems.* Jossey-Bass.

Lazear, E. P. (2000). Performance pay and productivity. *American Economic Review, 90* (5), 1346-1361.

Locke, E. A., Feren, D.B., McCaleb, V.M., Shaw, K.N., & Denny, A.T. (1980). The relative effectiveness of four ways of motivating employee performance. In K. D. Duncan, M. M. Gruenberg, & D. Wallis, *Changes in Working Life.* pp. 363-388. New York: Wiley.

Martocchio, J. J. (2011). Strategic reward and compensation plans. *APA Handbook of Industrial and Organizational Psychology, 1,* 343-372.

Mayfield, E. C. (1964). The selection interview: A-Re-evaluation of published research 1. *Personnel Psychology, 17* (3), 239-260.

McDaniel, M. A., Whetzel, D. L., Schmidt, F. L., & Maurer, S. D. (1994). The validity of employment interviews: A comprehensive review and meta-analysis. *Journal of Applied Psychology, 79,* 599-616.

持弓子・今城志保・内藤　淳・二村英幸（2004）．適性検査の予測的妥当性―適性検査と職務遂行能力評価の収集時期のひらきからの分析―　産業・組織心理学会 20 回大会

守島基博（1999）．成果主義の浸透が職場に与える影響　日本労働研究雑誌，*41*（12），2-14．

村山　航（2012）．妥当性概念の歴史的変遷と心理測定学的観点からの考察　教育心理学年報，51，118-130．

日本経済団体連合会（2009）．2008 年度・新卒者採用に関するアンケート調査結果

日本経団連教育問題委員会（2004）．企業の求める人材像についてのアンケート結果

日本労働研究機構（2003）．情報技術革新と雇用・人事管理の変化ホワイトカラー労働者の仕事と職場に与える影響　日本労働研究機構調査研究報告書，No. 163．

岡田謙介（2015）．心理学と心理測定における信頼性について　教育心理学年報，54，71-83．

O'Neill, T. A., Lewis, R. J., Law, S. J., Larson, N., Hancock, S., Radan, J., ... & Carswell, J. J. (2017). Forced-choice pre-employment personality assessment: Construct validity and resistance to faking.

Personality and Individual Differences, 115, 120-127.

Ones, D. S., Dilchert, S., & Viswesvaran, C. (2012). 10 cognitive abilities. *The Oxford Handbook of Personnel Assessment and Selection,* 179.

Ones, D. S., Viswesvaran, C., & Reiss, A. D. (1996). Role of social desirability in personality testing for personnel selection: The red herring. *Journal of Applied Psychology, 81* (6), 660.

大竹文雄・唐渡広志（2003）．成果主義的賃金制度と労働意欲　経済研究．*54* (3), 193-205.

Pearlman, K., & Sanchez, J. I. (2010). Work analysis. *Handbook of Employee Selection,* 73-98.

Pfeffer, J., & Sutton, R. I. (2006). *Hard facts, dangerous half-truths, and total nonsense: Profiting from evidence-based management.* Harvard Business Press.

労働政策研究・研修機構（2012）．入職初期のキャリア形成と世代間コミュニケーションに関する調査　JILPT 調査シリーズ，No.97.

Ryan, A. M., McFarland, L., Baron, H., & Page, R. (1999). An international look at selection practices: Nation and culture as explanations for variability in practice. *Personnel Psychology, 52*(2), 359-392.

Salgado, J. F. (1997). The five factor model of personality and job performance in the European Community. *Journal of Applied Psychology, 82,* 30-43.

Salgado, J., & Anderson, N. (2002). Cognitive and GMA testing in the European Community: Issues and evidence. *Human Performance, 15*(1-2), 75-96.

Sanchez, J. I., & Levine, E. L. (2012). The rise and fall of job analysis and the future of work analysis. *Annual Review of Psychology, 63,* 397-425.

Schmidt, F. L., & Hunter, J. E. (1998). The validity and utility of selection methods in personnel psychology: Practical and theoretical implications of 85 years of research findings. *Psychological Bulletin, 124*(2), 262.

Schmitt, N., Clause, C. S., & Pulakos, E. D. (1996). Subgroup differences associated with different measures of some common job-relevant constructs. *International Review of Industrial and Organizational Psychology, 11,* 115-140.

Schuler, R. S. (1986). Fostering and facilitating entrepreneurship in organizations: Implications for organization structure and human resource management practices. *Human Resource Management, 25*(4), 607-629.

Shackleton, V., & Newell, S. (1997). International assessment and selection. *International Handbook of Selection and Assessment, 13,* 81-95.

Shultz, K. S. (2003). Bridge employment: Work after retirement. In G. A. Adams & T. A. Beehr (Eds.), *Retirement: Reasons, processes, and results.* New York: Springer. pp. 215-241.

Shultz, K. S., & Wang, M. (2011). Psychological perspectives on the changing nature of retirement. *American Psychologist, 66* (3), 170.

社会経済生産性本部・労使関係常任委員会（1999）．職場と企業の労使関係の再構築―個と集団の新たなコラボレーションにむけて―　社会経済生産性本部

Silzer, R., & Davis, S. (2010). Assessing the potential of individuals:The prediction of future behavior. In J.C. Scott & D. H. Reynolds (Eds), *Handbook of workplace assessment: Evidence based practices for selecting and developing organizational Talent.* John Wiley & Sons, San Francisco, CA, pp. 495-532.

Society for Industrial and Organizational Psychology (2003). Principles for the Validation and Use of Personnel Selection Procedure. http://www.siop.org/_Principles/principles.pdf

高橋伸夫（2004）．虚妄の成果主義―日本型年功制復活のススメ―　日経 BP 社

Taylor, F. W. (1911). *The principles of scientific management*. New York: Harpar.

Tippins, N. T. (2015). Technology and assessment in selection. *Annual Review of Organizational Psychology and Organizational Behavior, 2* (1), 551-582.

Tippins, N. T., & Margaret, L. H. (2010). *A database for a changing economy: Review of the occupational information network* (O*NET). Washington DC: The National Academic Press.

都澤真知子・二村英幸・今城志保・内藤　淳（2005）．　一般企業人を対象とした性格検査の妥当性のメタ分析と一般化　経営行動科学, *18*, 21-30.

東京都健康長寿医療センター研究所・東京大学高齢社会総合研究機構・ミシガン大学（2012）．長寿社会における暮らし方の調査— 2012 年調査の結果報告—　中高年者の健康と生活，No.4.

Uggerslev, K. L., Fassina, N. E., & Kraichy, D. (2012). Recruiting through the stages: A meta-analytic test of predictors of applicant attraction at different stages of the recruiting process. *Personnel Psychology, 65*(3), 597-660.

Wang, M., Henkens, K., & van Solinge, H. (2011). Retirement adjustment: A review of theoretical and empirical advancements. *American Psychologist, 66* (3), 204.

Wang, M., & Shi, J. (2014). Psychological research on retirement. *Annual review of psychology, 65*, 209-233.

Wang, M., & Shultz, K. S. (2010). Employee retirement: A review and recommendations for future investigation. *Journal of Management, 36* (1), 172-206.

Wang, M., Zhan, Y., Liu, S., & Shultz, K. S. (2008). Antecedents of bridge employment: A longitudinal investigation. *Journal of applied Psychology, 93* (4), 818.

Wiesner, W. H., & Cronshaw, S. F. (1988). A meta-analytic investigation of the impact of interview format and degree of structure on the validity of the employment interview. *Journal of Occupational Psychology, 61*, 275-290.

Wright Jr, O. R. (1969). Summary of research on the selection interview since 1964. *Personnel Psychology, 22* (4), 391-413.

Wright, P. M., Dyer, L. D., Boudreau, J. W., & Milkovich, G. T. (1999). Strategic human resources management in the twenty-first century. *Research In Personnel and Human Resources Management Supplement 4,* Stanford, CT: JAI Press.

■ 第 3 章

Bartolome, F. (1983). The work alibi: When it's harder to go home. *Harvard Business Review, 61*(2), 67-74.

Carlson, D. S., Kacmer, K. M., Wayne, J. H., & Grzywacz, J. G. (2006). Measuring the positive side of the work-family interface: Development and validation of a work-family enrichment scale. *Journal of Vocational Behavior, 68*, 131-164.

Edwards, J. R., & Rothbard, N. P. (2000). Mechanisms linking work and family: Clarifying the relationship between work and family constructs. *Academy of Management Review, 25*, 178-199.

Greenhaus, J. H., & Beutell, N. J. (1985). Sources and conflict between work and family roles. *Academy of Management Review, 10*, 76-88.

Greenhaus, J. H., & Powell, G. N. (2006). When work and family are allies: A theory of work-family enrichment. *Academy of Management Review, 31*(1), 72-92.

浜口桂一郎（2013）．　若者と労働—「入社」の仕組みから解きほぐす—　中央公論新社　新書ラクレ

Hanson, G. C., Colton, C. L., & Hammer, L. B. (2003). Development and validation of a multidimensional scale of work-family positive spillover. Paper presented at the 18th Annual Meeting of SIOP, Orlando, FL.

北海道二十一世紀総合研究所（2014）．労務管理人材育成事業　非正規労働者正社員化等プロジェクト―待遇改善や正社員化により非正規労働者の能力を活かそう―

今野晴貴（2015）．ブラック企業2―「虐待型管理」の真相―　文藝春秋

厚生労働省（2014）．就業形態の多様化に関する総合実態調査

厚生労働省（2017a）．賃金構造基本統計調査（平成29年）

厚生労働省（2017b）．外国人雇用状況の届出状況まとめ（平成29年10月）

守屋貴司（2016）．日本における「グローバル人材」育成論議と「外国人高度人材」受け入れ問題―日本多国籍企業のタレントマネジメントとの関わりから―　社会政策，第8巻，第1号

守屋貴司（2018）．外国人労働者の就労問題と改善策　日本労働研究雑誌，696，30-39.

永井裕久（2012）．日本企業におけるグローバル人材育成システムの構築に向けて　日本労働研究雑誌，623，17-28.

Small, S. A., & Riley, D. (1990). Toward a multidimensional assessment of work spillover into family life. *Journal of Marriage and the Family, 52*, 51-61.

総務省（2017）．労働力調査（2017年）

■ 第4章

Atkins, P. W. B., & Wood, R. E. (2002). Self-versus others' ratings as predictors of assessment center ratings: Validation evidence for 360-degree feedback programs. *Personnel Psychology, 55*, 871-904.

Boyatzis, R. E. (1982). *The competent manager.* New York: Wiley.

Campbell, J. P., Dunnette, M. D., Arvey, R. D., & Hellervik, L. V. (1973). The development and evaluation of behaviorally based rating scales. *Journal of Applied Psychology, 57* (1), 15-32.

Campbell, J. P., McCloy, R. A., Oppler, S. H., & Sager, C. E. (1993). A theory of performance. In N. Schmitt & W. C. Borman (Eds.), *Personnel selection in organizations*. San Francisco: Jossey-Bass. pp.35-70.

Drucker, P. (1954). *The practice of management.* New York: Harper & Row. 現代経営研究会（訳）（1956）．現代の経営　自由国民社

遠藤公嗣（1999）．日本の人事査定　ミネルヴァ書房

藤田　忠（1962）．人事考課と労務管理　白桃書房

藤田　忠（1973）．職務分析と労務管理　白桃書房

古畑仁一・高橋　潔（2000）．目標管理による人事評価の理論と実際　経営行動科学，13，195-205.

Gilford, J. P. (1936). *Psychometric method.* New York: McGraw-Hill.

Henderson, R. I. (1980). *Performance appraisal: Theory to practice*. Virginia: Reston.

今野浩一郎・佐藤博樹（2009）．人事管理入門〈第2版〉　日本経済新聞出版社

今城志保（2017）．「正確性の追求」から「パフォーマンスの向上へ」　RMS Message，45，7-10.

伊藤隆一・伊藤ひろみ・鯵坂登志雄・荒田芳幸（2011）．人事アセスメントノート―人事アセスメントの4つのレベル―　小金井論集，8，35-52.

岩出　博（2016）．LECTURE人事労務管理〈増補補訂版〉　泉文堂

鎌形みや子（2005）．第5章　人事評価と人事制度　馬場昌雄・馬場房子（監修）　産業・組織心理学　白桃書房

加藤恭子（2011）．日本企業のHRMにおけるコンピテンシーの再定義―コンピテンシー概念とコンピ

テンシー・モデルの使い分け— 日本労務学会誌, 12 (2), 25-41.

Latham, G. P., & Wexley, K. N. (1977). Behavioral observation scales for performance appraisal purposes. *Personnel Psychology, 30*, 255-268.

松丘啓司（2016）. 人事評価はもういらない ファーストプレス

マネージメント・サービス・センター（1989）. ヒューマン・アセスメントはどこまで進んだか ダイヤモンド社

McConkie, M. L. (1979). A clarification of the goal setting and appraisal processes in MBO. *Academy of Management Review, 4*, 29-40.

McClelland, D. C. (1973). Testing for Competence Rather Than for "Intelligence". *American Psychologist, January 1973*, 1-14.

森 五郎（1969）. 新訂労務管理概論 泉文堂

二村英幸（1998）. 人事アセスメントの科学 産能大学出版部

二村英幸（2001）. 人事アセスメント入門 日本経済新聞社

二村英幸（2002）.「識者からの一言」①アセスメントはデータの蓄積にものを言わせる技術 Works Feb.-Mar. 11-12.

二村英幸（2005a）. 人事アセスメント論 ミネルヴァ書房

二村英幸（2005b）. 人事部門報告 成熟化社会における産業・組織心理学の課題—人事アセスメント領域における信頼性と妥当性の概念をめぐって— 産業・組織心理学研究. 18 (1), 53-60.

二村英幸（2009）. 第7章 人事アセスメント 白樫三四郎（編） 産業組織心理学への招待 有斐閣

O'Boyle, J. R., & Aguinis, E. H. (2012). The best and the rest: Revisiting the norm of normality of individual performance. *Personnel Psychology, 65*, Issue 1, 79-119.

奥野明子（2004）. 目標管理のコンティンジェンシーアプローチ 白桃書房

小野公一（1997）."ひと"の視点からみた人事管理 白桃書房

Probst, J. P. (1931). *Service ratings*. Baltimore, Maryland: Lord Baltimore Press.

Rarick, C. A., & Baxter, G. (1986). Behaviorally anchored rating scales (bars): An effective performance appraisal approach. *Sam Advanced Management Journal*, 36-39.

労務行政研究所（2014）. 新人事制度事3ダイハツ工業 労政時報第3876号. 59-68.

労務行政研究所（2016）. 成果・業績の評価と処遇反映 労政時報第3903号. 20-43.

Schneier, C. E., & Beatty, R.W. (1979). Developing behaviorally anchored rating scales (bars). *The Personnel Administrator*, 59-68.

白井泰四郎（1982）. 現代日本の労務管理 東京経済新報社

Spencer L. M., & Spencer, S. M. (1993). *Competence at work*. New York:Wiley. 梅津祐良・成田 攻・横山哲夫（訳）（2001）. コンピテンシー・マネジメントの展開 生産性出版

高橋 潔（2006）. 第8章 人事評価 山口裕幸・高橋 潔・芳賀 繁・竹村和久 産業・組織心理学 有斐閣アルマ

高橋 潔（2010）. 人事評価の総合科学—努力と能力と行動の評価— 白桃書房

武脇 誠（2016）. 360度評価における同僚評価の研究 東京経大学会誌. 292. 41-52.

厨子直之（2010）. 第6章 組織は仕事の結果をどのように評価するのか 上林憲雄・厨子直之・森田雅也 経験から学ぶ人的資源管理 有斐閣ブックス

■ 第5章

Bridges, W. (1980). *Transitions: Making sense of Life's Changes*. Reading, MA: Addison-Wesley Publishing

Company. 倉光　修・小林哲郎（訳）（1994）．トランジション―人生の転機―　創元社

Goodman, J., Schlossberg, H. K., Mary, L., & Anderson. (2006). *Counseling adults in transision: Linking practice with theory* (3rd ed.) . New York:Springer.

Hall, D. T. (2002). *Careers in and out of organizations*. California: Sage.

Holland, J. L. (1997). *Making vocational choices: A theory of vocational personalities and work environments* (3rd ed.), Florida: Psychological Assessment Resources, Inc.

本間正人・松瀬理保（2006）．コーチング入門　日本経済新聞出版社

金井壽宏（2002）．働くひとのためのキャリア・デザイン　PHP 研究所

金井壽宏・渡辺俊一（2004）．組織行動の考え方　東洋経済新報社

Law, H., Ireland, S., & Hussain, Z.（2007）．*The psychology of coaching, mentoring and learning*. Chichester, West Sussex, UK: John Wiley & Sons.

Levinson, D. J. (1978). *The seasons of a man's life*. New York: Ballantine Book. 南 博（訳）（1992）．ライフサイクルの心理学〈上〉　講談社　pp.10-26.

Mitchell, K. E., Levin, A. S., & Krumboltz, J. D. (1999). Planned happenstance: constructing unexpected career opportunities. *Journal of Counseling & Development, 77*(2), 115-124.

Nevill, D. D., & Super, D. E. (1986). *The values scale manual: Theory, application, and research*. Palo Alto, CA: Consulting Psychologists Press.

Savickas, M. L. (1994). Convergence prompts theory renovation, research unification, and practice coherence. In M. L. Savickas & R. W. Lent (Eds.), *Convergence in career development theories: Implications for science and practice*. Palo Alto, CA: CPP Books. pp.235-257.

Savickas, M. L. (1997). Career adaptability: An integrative construct for life-span, life-space theory. *The Career Development Quarterly, 45*, 247-259.

Savickas, M. L. (2005). The theory and practice of career construction. In S. D. Brown & R. W. Lent (Eds.), *Career development and counseling: Putting theory and research to work*. Hoboken, NJ: John Wiley & Sons. pp.42-70.

Schein, E. H. (1978). *Career dynamics: Matching individual and organizational needs*. Reading, MA: Addison-Wesley.

Schlossberg, H. K. (1989). *Overwhelmed: Coping with life's ups and downs*. Lexington Books.　武田圭太・立野了嗣（監訳）（2000）．「選職社会」転機を活かせ　日本マンパワー出版

Super, D. E. (1951). Vocational adjustment: Implementing a self- concept. *Occupations, 30*, 88-92.

Super, D. E. (1957). *The psychology of careers*. New York: Harper & Row, Publishers.

Super, D. E. (1980). A life-span, life-space approach to career development. *Journal of Vocational Behavior, 13*, 282-298.

Super, D. E. (1984). Career and life development. In D. Brown & L. Brooks (Eds.), *Careers choice and development*. Jossey-Bass.

Super, D. E. (1985). *New dimensions in adult vocational career counseling*. Occasional Paper No.106. Ohio State University, Columbus, National Center for Research in Vocational Education.

Super, D. E., Savickas, M .L., & Super, C. M. (1996). The life-span, life-space approach to careers. In D. Brown, L. Brooks & Associates (Eds.), *Career choice and development* (3rd ed.) San Francisco: Jossey-Bass, pp121-178.

Walsh, W. B., & Savickas, M. L. (Eds.) (2005). *Handbook of vocational psychology: Theory, research, and practice* (3rd ed.) Mahwah, New Jersey: Lawrence Erlbaum Associates, Publishers. pp.3-11.

渡辺三枝子（編著）（2007）．新版キャリアの心理学　ナカニシヤ出版

渡辺三枝子・ハー，E. L.（2001）．キャリアカウンセリング入門　ナカニシヤ出版

■第6章

Adler, A. (1931). What life should mean to you. Little, Brown. 岸見一郎（訳）（2010）．人生の意味の心理学〈下〉アルテ

American Psychological Association Practice Organization. (2010). Psychologically healthy workplace program fact sheet: By the numbers. Retrieved from http://www.apaexcellence.org/resources/goodcompany/newsletter/article/487 (accessed September 09, 2018).

Anand, S., Vidyarthi, P., & Rolnicki, S. (2018). Leader-member exchange and organizational citizenship behaviors: Contextual effects of leader power distance and group task interdependence. *Leadership Quarterly, 29* (4), 489-500.

荒木貴仁・山浦一保（2016）．チームマネジメントによる妬み緩和条件の検討　京都滋賀体育学会第146回大会

Baeriswyl, S., Krause, A., Elfering, A., & Berset, M. (2017). How workload and coworker support relate to emotional exhaustion: The mediating role of sickness presenteeism. *International Journal of Stress Management, 24* (S1), 52.

Banks, G. C., Batchelor, J. H., Seers, A., O'Boyle Jr, E. H., Pollack, J. M., & Gower, K. (2014). What does team-member exchange bring to the party? A meta-analytic review of team and leader social exchange. *Journal of Organizational Behavior, 35* (2), 273-295.

Blau, P. M. (1964). *Exchange and power in social life*. New York: Wiley.

Carnevale, J. B., Huang, L., Crede, M., Harms, P., & Uhl-Bien, M. (2017). Leading to stimulate employees' ideas: A quantitative review of leader-member exchange, employee voice, creativity, and innovative behavior. *Journal of Applied Psychology, 66* (4), 517-552.

Chiaburu, D. S., & Harrison, D. A. (2008). Do peers make the place? Conceptual synthesis and meta-analysis of coworker effects on perceptions, attitudes, OCBs, and performance. *Journal of Applied Psychology, 93* (5), 1082-1103.

Dansereau Jr, F., Graen, G., & Haga, W. J. (1975). A vertical dyad linkage approach to leadership within formal organizations: A longitudinal investigation of the role making process. *Organizational Behavior and Human Performance, 13* (1), 46-78.

Deci, E. L., & Ryan, R. M. (1985). *Intrinsic motivation and self-determination*. New York: Plenum.

Deci, E. L., & Ryan, R. M. (2000). The "what" and "why" of goal pursuits: Human needs and the self-determination of behavior. *Psychological Inquiry, 11*, 227-268.

Dulac, T., Coyle-Shapiro, J. A-M., Henderson, D. J., & Wayne, S. J. (2008). Not all responses to breach are the same: The interconnection of social exchange and psychological contract processes in organizations. *Academy of Management Journal, 51* (6), 1079-1098.

Dulebohn, J. H., Bommer, W. H., Liden. R. C., Brouer, R. L., & Ferris, G. R. (2012). A meta-analysis of antecedents and consequences of leader-member exchange: Integrating the past with an eye toward the future. *Journal of Management, 38* (6), 1715-1759.

Dunegan, K. J., Tierney, P., & Duchon, D. (1992). Perceptions of an innovative climate: Examining the role of divisional affiliation, work group interaction, and leader/subordinate exchange. *IEEE Transactions on Engineering Management, 39* (3), 227-236.

Einarsen, S., Raknes, B. R. I., & Matthiesen, S. B. (1994). Bullying and harassment at work and their relationships to work environment quality: An exploratory study. *European Journal of Work and Organizational Psychology, 4* (4), 381-401.

Epitropaki, O., Kark, R., Mainemelis, C., & Lord, R. G. (2017). Leadership and followership identity processes: A multilevel review. *Leadership Quarterly, 28* (1), 104-129.

Erdogan, B., Liden, R. C., & Kraimer, M. L. (2006). Justice and leader-member exchange: The moderating role of organizational culture. *Academy of Management Journal, 49*(2), 395-406.

Farmer, S. M., Van Dyne, L., & Kamdar, D. (2015). The contextualized self: How team-member exchange leads to coworker identification and helping OCB. *Journal of Applied Psychology, 100* (2), 583.

Gerstner, C. R., & Day, D. V. (1997). Meta-analytic review of leader-member exchange theory: Correlates and construct issues. *Journal of Applied Psychology, 82* (6), 827-844.

Graen, G. B., & Scandura, T. A. (1987). Toward a psychology of dyadic organizing. *Research in Organizational Behavior, 9,* 175-208.

Graen, G. B., & Uhl-Bien, M. (1995). Relationship-based approach to leadership: Development of leader-member exchange (LMX) theory of leadership over 25 years: Applying a multi-level multi-domain perspective. *Leadership Quarterly, 6* (2), 219-247.

Griep, Y., Vantilborgh, T., Baillien, E., & Pepermans, R. (2016). The mitigating role of leader–member exchange when perceiving psychological contract violation: a diary survey study among volunteers. *European Journal of Work and Organizational Psychology, 25* (2), 254-271.

Harms, P. D., Credé, M., Tynan, M., Leon, M., & Jeung, W. (2017). Leadership and stress: A meta-analytic review. *Leadership Quarterly, 28*(1), 178-194.

Harrison, K. J., & Kacmar, K. M. (2006). Too much of a good thing: The curvilinear effect of leader-member exchange on stress. *Journal of Social Psychology, 146* (1), 65-84.

Hassard, J., Teoh, K. R., Visockaite, G., Dewe, P., & Cox, T. (2018). The financial burden of psychosocial workplace aggression: A systematic review of cost-of-illness studies. *Work and Stress, 32* (1), 6-32.

Heaphy, E. D., & Dutton, J. E. (2008). Positive social interactions and the human body at work: Linking organizations and physiology. *Academy of Management Review, 33*(1), 137-162.

Heider, F. (1958). *The psychology of interpersonal relation.* New York: Wiley. 大橋正夫（訳）（1978）．人間関係の心理学　誠信書房

Hofmann, D. A., Morgeson, F. P., & Gerras, S. J. (2003). Climate as a moderator of the relationship between leader-member exchange and content specific citizenship: Safety climate as an exemplar. *Journal of Applied Psychology, 88* (1), 170-178.

Hogan, R., & Kaiser, R. B. (2005). What we know about leadership. *Review of General Psychology, 9* (2), 169-180.

Ilies, R., Nahrgang, J. D., & Morgeson, F. P. (2007). Leader-member exchange and citizenship behaviors: A meta-analysis. *Journal of Applied Psychology, 92* (1), 269-277.

Jiménez, P., Winkler, B., & Dunkl, A. (2017). Creating a healthy working environment with leadership: The concept of health-promoting leadership. *The International Journal of Human Resource Management, 28* (17), 2430-2448.

Kacmar, K. M., Zivnuska, S., & White, C. D. (2007). Control and exchange: The impact of work environment on the work effort of low relationship quality employees. *Leadership Quarterly, 18* (1), 69-84.

Kim, H.J., Hur, W. M., Moon, T. W., & Jun, J. k. (2017). Is all support equal? The moderating effects of supervisor, coworker, and organizational support on the link between emotional labor and job performance. *BRQ Business Research Quarterly, 20* (2), 124-136.

北方雅人・久保俊介（著）（2015）．稲盛流コンパ―最強組織をつくる究極の飲み会―　日経 BP 社

Kouchaki, M., Smith-Crowe, K., Brief, A. P., & Sousa, C. (2013). Seeing green: Mere exposure to money triggers a business decision frame and unethical outcomes. *Organizational Behavior and Human Decision Processes, 121* (1), 53-61.

厚生労働省（2012）．職場のいじめ・嫌がらせ問題に関する円卓会議―職場のパワーハラスメントの予防・解決に向けた提言とりまとめ―
https://www.mhlw.go.jp/stf/shingi/2r98520000025370.html（2019 年 8 月 17 日閲覧）

厚生労働省（2016）．平成 28 年度　職場のパワーハラスメントに関する実態調査

厚生労働省（2017a）．平成 29 年　労働安全衛生調査（実態調査）

厚生労働省（2017b）．職場におけるハラスメント対策マニュアル―予防から事後対応までのサポートガイド―

Kuvaas, B., Buch, R., Dysvik, A., & Haerem, T. (2012). Economic and social leader-member exchange relationships and follower performance. *Leadership Quarterly, 23* (5), 756-765.

Le Blanc, P. M., & González-Romá, V. (2012). A team level investigation of the relationship between Leader-Member Exchange (LMX) differentiation, and commitment and performance. *Leadership Quarterly, 23* (3), 534-544.

Liao, H., Liu, D., & Loi, R. (2010). Looking at both sides of the social exchange coin: A social cognitive perspective on the joint effects of relationship quality and differentiation on creativity. *Academy of Management Journal, 53* (5), 1090-1109.

Liden, R. C., Erdogan, B., Wayne, S. J., & Sparrowe, R. T. (2006). Leader-member exchange, differentiation, and task interdependence: Implications for individual and group performance. *Journal of Organizational Behavior, 27* (6), 723-746.

Liden, R. C., Wayne, S. J., & Stilwell, D. (1993). A longitudinal study on the early development of leader-member exchanges. *Journal of Applied Psychology, 78* (4), 662-674.

Liu, S., Lin, X., & Hu, W. (2013). How followers' unethical behavior is triggered by leader-member exchange: The mediating effect of job satisfaction. *Social Behavior and Personality: An International Journal, 41* (3), 357-366.

Liu, Y., & Ipe, M. (2010). The impact of organizational and leader-member support on expatriate commitment. *The International Journal of Human Resource Management, 21* (7), 1035-1048.

Madera, J. M., Guchait, P., & Dawson, M. (2018). Managers' reactions to customer vs coworker sexual harassment. *International Journal of Contemporary Hospitality Management, 30* (2), 1211-1227.

Marlow, S. L., Lacerenza, C. N., Paoletti, J., Burke, C. S., & Salas, E. (2018). Does team communication represent a one-size-fits-all approach? A meta-analysis of team communication and performance. *Organizational Behavior and Human Decision Processes, 144*, 145-170.

Martin, R., Guillaume, Y., Thomas, G., Lee, A., & Epitropaki, O. (2016). Leader-member exchange (LMX) and performance: A meta-analytic review. *Personnel Psychology, 69*, 67-121.

Maslyn, J., & Uhl-Bien, M. (2001). Leader-member exchange and its dimensions: Effects of self-effort and other's effort on relationship quality. *Journal of Applied Psychology, 86* (4), 697-708.

Mesmer-Magnus, J. R., & DeChurch, L. A. (2009). Information sharing and team performance: A meta-analysis. *Journal of Applied Psychology, 94* (2), 535.

Montani, F., Courcy, F., & Vandenberghe, C. (2017). Innovating under stress: The role of commitment and leader-member exchange. *Journal of Business Research, 77*, 1-13.

Nandedkar, A., & Midha, V. (2014). An international perspective concerning impact of supervisor-subordinate relationship on envy, knowledge sharing, and relational conflict among employees. *Journal of International & Interdisciplinary Business Research, 1* (1), 89-104.

日本生産性本部（2017）．第 8 回「メンタルヘルスの取り組み」に関する企業アンケート調査結果

日本経済新聞（2017）．資生堂，部下が上司に教育　IT 機器活用に弾み（2017 年 3 月 14 日付）
https://www.nikkei.com/article/DGXLZO14023940T10C17A3TI1000/（2019 年 8 月 17 日閲覧）

Omilion-Hodges, L. M., & Baker, C. R. (2013). Contextualizing LMX within the workgroup: The effects of LMX and justice on relationship quality and resource sharing among peers. *Leadership Quarterly, 24*(6), 935-951.

小野公一（2011）．働く人々の well-being と人的資源管理　白桃書房

Pan, J., Liu, S., Ma, B., & Qu, Z. (2018). How does proactive personality promote creativity? A multilevel examination of the interplay between formal and informal leadership. *Journal of Occupational and Organizational Psychology, 91*, 852-874.

Raghuram, S., Gajendran, R. S., Liu, X., & Somaya, D. (2017). Boundaryless LMX: Examining LMX's impact on external career outcomes and alumni goodwill. *Personnel Psychology, 70* (2), 399-428.

Schermuly, C. C., & Meyer, B. (2016). Good relationships at work: The effects of Leader-Member Exchange and Team-Member Exchange on psychological empowerment, emotional exhaustion, and depression. *Journal of Organizational Behavior, 37* (5), 673-691.

Schuh, S. C., Zhang, X. A., Morgeson, F. P., Tian, P., & van Dick, R. (2018). Are you really doing good things in your boss's eyes? Interactive effects of employee innovative work behavior and leader-member exchange on supervisory performance ratings. *Human Resource Management, 57* (1), 397-409.

Scott, K. L., Zagenczyk, T. J., Schippers, M., Purvis, R. L., & Cruz, K. S. (2014). Co-worker exclusion and employee outcomes: An investigation of the moderating roles of perceived organizational and social support. *Journal of Management Studies, 51* (8), 1235-1256.

Seers, A. (1989). Team-member exchange quality: A new construct for role-making research. *Organizational Behavior and Human Decision Process, 43* (1) 118-135.

Seers, A., Petty, M. M., & Cashman, J. F. (1995). Team-member exchange under team and traditional management: A naturally occurring quasi-experiment. *Group and Organization Management, 20* (1), 18-38.

Sherony, K. M., & Green, S. G. (2002). Coworker exchange: Relationships between coworkers, leader-member exchange, and work attitudes. *Journal of Applied Psychology, 87* (3), 542.

Skinner, D., & Searle, R. H. (2011). Trust in the context of performance appraisal. In R. H. Searle & D. Skinner (Eds.). *Trust and human resource mangement*. Edward Elgar. pp.177-197.

Sparrowe, R. T., Soetjipto, B. W., & Kraimer, M. L. (2006). Do leaders' influence tactics relate to members' helping behavior? It depends on the quality of the relationship. *Academy of Management Journal, 49* (6), 1194-1208.

Spreitzer, G. M. (1995). Psychological empowerment in the workplace: Dimensions, measurement, and validation. *Academy of Management Journal, 38* (5), 1442-1465.

Tang, T. L. P., & Chiu, R. K. (2003). Income, money ethic, pay satisfaction, commitment, and unethical behavior: Is the love of money the root of evil for Hong Kong employees? *Journal of Business Ethics, 46*(1), 13-30.

ten Brummelhuis, L. L., Johns, G., Lyons, B. J., & ter Hoeven, C. L. (2016). Why and when do employees imitate the absenteeism of co-workers? *Organizational Behavior and Human Decision Processes, 134*, 16-30.

Tordera, N., González-Romá, V., & Peiró, J. M. (2008). The moderator effect of psychological climate on the relationship between leader-member exchange (LMX) quality and role overload. *European Journal of Work and Organizational Psychology, 17* (1), 55-72.

Tse, H. H. M., Dasborough, M. T., & Ashkanasy, N. M. (2008). A multi-level analysis of team climate and interpersonal exchange relationships at work. *Leadership Quarterly, 19* (2), 195-211.

Urbach, T., & Fay, D. (2018). When proactivity produces a power struggle: How supervisors' power motivation affects their support for employees'promotive voice. *European Journal of Work and Organizational Psychology, 27* (2), 280-295.

Valle, M., Kacmar, K. M., Zivnuska, S., & Harting, T. (2018). Abusive supervision, leader-member exchange, and moral disengagement: A moderated-mediation model of organizational deviance. *Journal of Social Psychology,* 1-14.

Van Dyne, L., Kamdar, D., & Joireman, J. (2008). In-role perceptions buffer the negative impact of low LMX on helping and enhance the positive impact of high LMX on voice. *Journal of Applied Psychology 93*(6), 1195-1207.

Venkataramani, V., Zhou, L., Wang, M., Liao, H., & Shi, J. (2016). Social networks and employee voice: The influence of team members' and team leaders' social network positions on employee voice. *Organizational Behavior and Human Decision Processes, 132*, 37-48.

Viotti, S., Essenmacher, L., Hamblin, L. E., & Arnetz, J. E. (2018). Testing the reciprocal associations among co-worker incivility, organisational inefficiency, and work-related exhaustion: A one-year, cross-lagged study. *Work and Stress,* 1-23.

Volmer, J., Spurk, D., & Niessen, C. (2012). Leader-member exchange (LMX), job autonomy, and creative work involvement. *Leadership Quarterly, 23* (3), 456-465.

Welsh, D. T., & Ordóñez, L. D. (2014). The dark side of consecutive high performance goals: Linking goal setting, depletion, and unethical behavior. *Organizational Behavior and Human Decision Processes, 123* (2), 79-89.

Wilson, K. S., Sin, H. P., & Conlon, D. E. (2010). What about the leader in leader-member exchange? The impact of resource exchanges and substitutability on the leader. *Academy of Management Review, 35* (3), 358-372.

Wolff, M. B., Gay, J. L., Wilson, M. G., DeJoy, D. M., & Vandenberg, R. J. (2018). Does organizational and coworker support moderate diabetes risk and job stress among employees? *American Journal of Health Promotion, 32* (4), 959-962.

山口裕幸（2009）．第 4 章 個の能力を紡ぎ上げるチーム・マネジメント　山口裕幸（編）　コンピテンシーとチーム・マネジメントの心理学　朝倉書店　pp. 53-68.

山浦一保（2017）．　第 4 章 交換関係としてのリーダーシップ　坂田桐子（編）　社会心理学的リーダーシップ研究のパースペクティブⅡ　pp. 83-107.

■ 第 7 章

Berglund, V., Ingemar, J., & Strandh, M. (2016). Subjective well-being and job satisfaction among self-employed and regular employees. *Journal of Small Business and Entrepreneurship, 28* (1), 55-73.

Bowie, N. E. (1998). A kantian theory of meaningful work. *Journal of Business Ethics, 17*, 1092-1098.

Brown, A., Charlwood, A., & Spencer, D. (2012). Not all that it might seem: Why job satisfaction is worth studying despite it being a poor summary measure of job quality. *Work, Employment and Society, 26* (6), 1007-1018.

中央労働災害防止協会 「快適職場づくりとは」

https://www. jisha. or.jp/kaiteki/about01.html（2018 年 9 月閲覧）

中央労働災害防止協会 「快適職場指針について」

https://www.jisha.or.jp/kaiteki/about02.html（2018 年 9 月閲覧）

Csikszentmihalyi, M. (1990). *Flow : The psychology of optimal experience*. Harper & Row. 今村浩明（訳）（1996）．フロー体験　喜びの現象学　世界思想社

Hackman, J. R., & Oldham, G. R. (1975). Development of the job diagnostic survey. *Journal of Applied Psychology, 60,* 159-170.

Harzer, C., & Ruch, W. (2015). The relationships of character strengths with coping, work-related stress, and job satisfaction. *Frontiers in Psychology/ Personality and Social Psychology, 6,* 1-12.

Herzberg, F. (1966). *Work and the nature of man*. New York. T. Y. Crowell. 北野利信（訳）（1968）．仕事と人間性　東洋経済新報社

日置弘一郎（1982）．社会システム・アプローチと新しい組織　二村敏子（編）組織の中の人間行動：組織行動論のすすめ　有斐閣　pp.273-300.

Hoppock, R. (1935). *Job satisfaction*. Haper & Brothers.

ILO 駐日事務所　ディーセント・ワーク

https://www.ilo.org/tokyo/about-ilo/decent-work/lang--ja/index.htm（2018 年 10 月 3 日閲覧）

稲葉陽二・大守　隆・近藤克則・宮田加久子・矢野　聡・吉野諒三（編）（2011）．ソーシャル・キャピタルのフロンティア　ミネルヴァ書房

Jarosova, D., Gurkova, E., Ziakova, K., Nedvedova, D., Palese, A., Godeas, G., Wai-Chi, Chan, S., Song, M. S., Lee, J., Cordeiro, R., Babiarczyk, B., & Fras, M. (2017). Job satisfaction and subjective Well-being among midwives: Analysis of a multinational cross-sectional survey, *Journal of Midwifery and Women's Health, 62* (2)，180-189.

菊野一雄（2009）．「労働の人間化（QWL）運動」再考　三田商学，51（6），13-24.

Kim, H. J., & Rho, P. (2017). Influence of the big five personality traits of IT workers on job commitment and job satisfaction. *Information, 20,* 5 (B), 5329-3537.

木村　亨　（2006）．企業従業員のストレスと経営諸施策に関する研究　産業ストレス研究，13，113-123.

木村　亨（2011）．従業員の職務満足と企業業績　労働科学，87（4），157-168.

厚生労働省　ディーセント・ワーク（働きがいのある人間らしい仕事）について

https://www.mhlw.go.jp/seisakunitsuite/bunya/hokabunya/kokusai/ilo/decent_work.html（2018 年 10 月 3 日閲覧）

厚生労働省（2012）．ディーセントワークと企業経営に関する調査研究事業報告書　みずほ情報総研株式会社

厚生労働省（2017）．「平成 28 年パートタイム労働者総合実態調査の概況」

https://www.mhlw.go.jp/toukei/itiran/roudou/koyou/keitai/16/dl/kojin1-3.pdf（2019 年 9 月 10 日閲覧）

黒田兼一（2009）．グローバリゼーションとディーセント・ワーク　黒田兼一・守屋貴司・今村寛治（編著）　人間らしい「働き方」・「働かせ方」　ミネルヴァ書房　pp.1-6.

黒沢麻美（2016）．介護職員の生活満足感と職務満足感に関する一考察　東北文化学園大学　保健福祉学研究，14，1-7.

黒沢麻美・佐藤直由（2017）．介護職員の生活満足感と職務満足感の検討　東北文化学園大学　保健福祉学研究，15，11-20.

Locke, E. A. (1976). The nature and causes of job satisfaction. In M. D. Dunnet (Ed.), *Handbook of Industrial and Organizational Psychology*. Rand McNally College Publishing, pp. 1338-1340

Maslow, A. H. (1943). A theory of human motivation. *Psychological Review, 50*, 370-396.

Michaelson, C. (2011). Whose responsibility is meaningful work？ *Journal of Management Development, 30*(6), 548-557.

Moorhead, G., & Griffin, R. W. (2004). *Organizational behavior* (7th ed.), Houghton Mifflin Company.

森田慎一郎（2007）．日本の会社員におけるポジティブな労働観と職務満足感との関係　産業・組織心理学研究，21（1），3-14.

内閣府（2017）．平成29年度「国民生活に関する世論調査」

　　https://survey.gov-online.go.jp/h29/h29-life/index.html（2019年9月10日閲覧）

日本労働組合総連合会（2014）．ディーセント・ワーク（働きがいのある人間らしい仕事）に関する調査　調査結果ニュースリリース

　　https://www.jtuc-rengo.or.jp/activity/kokusai/decentwork/（2019年9月10日閲覧）

日本生産性本部（2018）．平成30年度新入社員「働くことの意識」調査　日本生産性本部

西谷　敏（2011）．人権としてのディーセント・ワーク　旬報社

小川悦史（2014）．非正規従業員に対する上司の配慮が情緒的消耗間およびリテンションに及ぼす影響　経営行動科学学会年次大会発表論文集，（17），349-354.

奥林康司（1981）．労働の人間化　有斐閣

小野公一（1986）．労働の人間化　亜細亜大学経営論集，21（1），63-82.

小野公一（1993）．職務満足感と生活満足感　白桃書房

小野公一（2002）．職務満足感　上里一郎（監修）心理学基礎事典　至文堂　p.216.

小野公一（2010）．働く人々のキャリア発達と生きがい　ゆまに書房

小野公一（2011）．働く人々のwell-beingと人的資源管理　白桃書房

Pinder, C. C. (1998). *Work motivation in organizational behavior*. Prentice Hall.

Robbins, S. P. (2005). *Organizational behavior (11th ed.)*. Prentice-Hall.

Royuela, V., López-Tamayo, J., & Suriñach, J.（2008）The institutional vs. the academic definition of the Quality of Work Life. What is the focus of the European Commission? *Social Indicator Research, 86*, 401-415.

坂戸　渉（2017）．病院における看護人材の確保―リテンションとワークシチュエーション・ワークコミットメントとの関係―　兵庫県立大学大学院　商大ビジネスレビュー，17（2），37-49.

Satuf, C., Monteiro, S., Pereira, H., Esgalhado, G., Afonso, M. R., & Loureiro, M. (2018). The protective effect of job satisfaction in health, happiness, well-being and self-esteem. *International Journal of Occupational Safety and Ergonomics, 24*(2), pp.181-189.

Schein, E. H. (1980). *Organizational Psychology* (3rd ed.). Prentice-Hall. 松井賚夫（訳）（1981）．組織心理学　〈第三版〉　岩波書店

Seddigh, A., Berntson, E., Platts, L. G., & Westerlund, H. (2016). Does personality have a different impact on self-rated distraction, job satisfaction, and job performance in different office types? *Plos One*, 11(5). e0155295, doi:10.1371/journal.pone.0155295

Siahaan, E. (2017). Can we rely on job satisfaction to reduce job stress? *International Journal of Management Science and Business Administration, 3*(3), 17-26.

島津美由紀（2004）．職務満足感と心理的ストレス　風間書房

Westover, J. H. (2012). The job satisfaction-gender paradox revisited A cross-national look at gender differences in job satisfaction. 1989-2005, *Journal of Global Responsibilty, 3* (2), 263-277.

ＷＨＯ Our Planet, Our Health, Our Future: Human health and the Rio Conventions biological diversity climate change_and desertification p.9.

https://www.researchgate.net/publication/269334236_Our_Planet_Our_Health_Our_Future_Human_health_and_the_Rio_Conventions_biological_diversity_climate_change_and_desertification

山本　寛（2009）．人材定着のマネジメント　中央経済社

山本　寛（2011）．人材の定着　経営行動科学学会（編）　経営行動科学ハンドブック　中央経済社 pp.438-443.

山下　京（1998）．仕事の楽しさに及ぼす内発的報酬と外発的報酬の効果　産業・組織心理学研究, 11（2），147-157.

山下　京（2001）．産業場面における認知的評価理論の有効性の検討　対人社会心理学研究, 1, pp. 37-44.

吉原克枝（2009）．職務満足　産業・組織心理学会（編）産業・組織心理学ハンドブック　丸善 pp.168-171.

■ 第8章

藤田政博（2018）．法と心理学に関連するコメント　法社会学, 84, 116-122.

井手　亘（1998）．人事評価手続きの公平さと昇進審査の公平さに対する従業員の意識　日本労働研究雑誌, 455, 27-39.

石井保雄（2000）．人事考課・評価制度と賃金処遇　日本労働法学会（編）　講座21世紀の労働法 第5巻─賃金・労働時間─　有斐閣　pp.124-141.

石井義脩（2004）．過労死に学ぶ労災認定理論　日本職業・災害医学会誌, 52, 138-141.

川上憲人（2012）．労働者のメンタルヘルス不調の第一次予防の浸透手法に関する調査研究　東京大学平成23年度総合研究報告書

川島武宜（1967）．日本人の法意識　岩波書店

木村　周（2010）．キャリア・コンサルティング　雇用問題研究会

木下冨雄・柳瀬孝雄（編）（1991）．法の行動科学　福村出版

松浦民恵・木村美幸（2014）．日本企業の弱さは同質性にあり　人材教育, 26（1），48-51.

守島基博（1997）．新しい雇用関係と過程の公平性　組織科学, 31（2），12-19.

守島基博（2016）．成果主義人事制度と労働時間　日本労働研究雑誌, 677, 28-38.

長嶋あけみ（2015）．ハラスメント　臨床心理学, 15（3），363-367

仲　真紀子（2018）．法と人間科学の歩み　法社会学, 84, 96-115

大内伸哉（2014）．雇用改革の真実　日本経済新聞出版社

Parker, S., & Wall, T. D. (1998). A critique of existing theory and research. In S.Parker, & T. D. Wall, (Eds.), *Job and work design*. Thousand Oaks, California: Sage.

島　悟（2008）．過重労働とメンタルヘルス─特に長時間労働とメンタルヘルス─　産業医学レビュー 2008年2月号, 161-173

高橋　潔（2001）．雇用組織における人事評価の公平性　組織科学, 34（4），26-38.

土田道夫（2003）．成果主義人事と人事考課・査定　土田道夫・山川隆一（編）　成果主義人事と労働法　日本労働研究機構　pp.57-89.

土田道夫（2016）．労働契約法〈第二版〉　有斐閣

余合　淳（2016）．組織的公正理論の課題と理論的展望―公正な人事管理に向けて―　岡山大学経済学会雑誌，47（2），187-203.

吉村玲児（2007）．自殺予防の観点から見たうつ病の治療　精神神経学雑誌，109（9），822-833.

索　引

人　名

▶あ行

アナンド（Anand, S.）　135
荒木貴仁　147
石井義脩　173
石田光男　40
今城志保　33
岩出　博　18
ウェストーバ（Westover, J. H.）　160
上野陽一　10
エドワーズ（Edwards, J. R.）　69
エピトロパキ（Epitropaki, O.）　148
大内伸哉　183
オーサー（Arthur, W. A.）　33
大原孫三郎　10
岡村一成　9
小川悦史　164
奥野明子　90
奥林康司　18, 169
小野公一　127

▶か行

カーネベル（Carnevale, J. B.）　132
ガイオン（Guion, R. M.）　32
カウフマン夫妻（Nadeen Kaufman and Alan Kaufman）　15
カックマー（Kacmar, K. M.）　145
加藤恭子　82
金井壽宏　110
キャンベル（Campbell, J. P.）　81

菊野一雄　169
木村　亨　161
桐原葆見　10
ギルフォード（Gilford, J. P.）　95
ギルブレス夫妻（Lillian Gilbreth and Frank Gilbreth）　3
クーシャキ（Kouchaki, M.）　144
クバス（Kuvaas, B.）　131
クランボルツ（Krumboltz, J. D.）　119, 120
グリーン（Green, S. G.）　138
グリーンハウス（Greenhaus, J. H.）　70, 71, 75
黒沢麻美　164
クロンショウ（Cronshaw, S. F.）　33
ゲハート（Gerhart, B.）　38
今野晴貴　64

▶さ行

サーストン（Thurstone, L. L.）　17
坂戸　渉　164
サビカス（Savickas, M. L.）　118
サルガド（Salgado, J. F.）　31
シアハーン（Siahaan, E.）　161
シェロニー（Sherony, K. M.）　138
シャイン（Schein, E. H.）　8, 109, 119, 155
シュルツ（Shultz, K. S.）　43
シュロスバーグ（Schlossberg, H. K.）　117
スーパー（Super, D. E.）　111, 112, 114
スクラー（Schuler, R. S.）　36
スコット（Scott, W. D.）　16, 32
スパロー（Sparrowe, R. T.）　146

217

スペンサー（Spencer, L. M.）　83
スペンサー（Spencer, S. M.）　83
角　隆司　8

▶た行

ターマン（Terman, L. M.）　14
高橋伸夫　40
田中寛一　15
チクセントミハイ（Csikszentmihalyi, M.）　168
土田道夫　178
ティピンズ（Tippins, N. T.）　34
ティフィン（Tiffin, J.）　7
テイラー（Taylor, F. W.）　3, 4, 22
デチャーチ（DeChurch, L. A.）　130
デュラック（Dulac, T.）　136
テン ブランメルユイス（ten Brummelhuis, L. L.）　138
ドゥルボーン（Dulebohn, J. H.）　132
ドラッカー（Drucker, P. F.）　90

▶な行

西谷　敏　156, 171
二村英幸　97, 98

▶は行

ハーツァー（Harzer, C.）　160
ハームス（Harms, P. D.）　133
パウエル（Powell, G. N.）　75
馬場昌雄　2
ハフカット（Huffcutt, A. I.）　33
浜口桂一郎　62
ハリソン（Harrison, K. J.）　145
バリック（Barrick, M. R.）　30
パン（Pan, J.）　140
バンクス（Banks, G. C.）　136
ハンソン（Hanson, G. C.）　74

ハンター（Hunter, J. E.）　29
ハンター（Hunter, R. F.）　29
ビネー（Binet, A.）　14
ヒュー（Hough, L. M.）　30
ビュテル（Beutell, N. J.）　70, 71
フアン・ソマビア（Somavia, J. O.）　149
ブラウン（Brown, A.）　157
ブリッジス（Bridges, W.）　115
ボウイ（Bowie, N. E.）　155
ホール（Hall, D. T.）　110, 121
ホポック（Hoppock, R.）　158
ボヤジス（Boyatzis, R. E.）　83
ホランド（Holland, J. L.）　110, 111

▶ま行

マーティン（Martin, R.）　132
マウント（Mount, M. K.）　30
マクレランド（McClelland, D. C.）　82
マコーミック（McCormick, E. J.）　7
正田　亘　9
マデラ（Madera, J. M.）　143
ミカエルソン（Michaelson, C.）　156
ミュンスターバーグ（Münsterberg, H.）　1
メイヨー（Mayo, G. E.）　5, 127
メスナー・マグナス（Mesmer-Magnus, J. R.）　130
守島基博　182, 183
守屋貴司　60, 61, 67, 68
モンターニ（Montani, F.）　134

▶や行

山浦一保　147
山下　京　168
山田雄一　18
山本　寛　163
ヤロソヴァ（Jarosova, D.）　160

▶ら行

ラグラム（Raghuram, S.） 135

ラッチ（Ruch, W.） 160

リウ（Liu, S.） 136

レヴィンソン（Levinson, D. J.） 114, 115

レスリスバーガー（Roethlisberger, F. J.）
　127

ロウ（Low, H.） 108

ローラー（Lawler III, E. E.） 35

ロスバード（Rothbard, N. P.） 69

ロック（Locke, E. A.） 37, 158

▶わ行

ワイスナー（Wiesner, W. H.） 33

ワン（Wang, M.） 43, 45

事　項

▶あ行

アセスメント　77, 96
アセスメント・センター方式　97
あっせん　193-195
いじめ　141
一般知的能力検査　29
インセンティブ型　183
ウェクスラー成人知能検査（WAIS）　15

▶か行

外国人労働者　58
階層別研修　122, 123
快適職場　166
科学的管理法　3, 165
課業管理　3
家庭生活領域から仕事領域への葛藤　71
過労死　173, 176
キャリア・アダプタビリティ　118
キャリア・アンカー　119
キャリアカウンセリング　108
キャリア的機能　107
キャリア発達段階　112
強制分布法　85
金銭報酬（PFP：Pay for Performance）　37
倉敷労働科学研究所　10
グローバル人材　65, 66
計画された偶発性理論　119
構造化面接　32
行動基準評定尺度法　87
高度外国人材　66
高度プロフェッショナル制度　184
コーチング　107, 108
個人－環境適合理論　110
個別労働紛争解決促進法　192
コンピテンシー　25, 82, 103

▶さ行

差異心理学　13
採用選考　27
採用面接　32
在留資格　58
裁量労働制　181, 182
差別的出来高給制度　4
産業能率研究所　10
3 次元モデル　109
360 度評価　94
時間研究　4
自己啓発　106
仕事領域から家族生活領域への葛藤　71
尺度の信頼性　92
尺度の妥当性　92
集団規範　7
集団式知能検査　16
重要事象法　87
主観的 well-being（SBW）　165
照合表法　87
職業心理学　12
職業適性　19
職能資格制度　81
職能等級　40
職務等級　40
職務分析　22
職務満足感　157
序列法　85
仕分け効果　38
人材（能力）開発　122
人事異動　104
人事考課　177
人事考課の公正さ　178
人事心理学　11
信頼性　27
心理・社会的機能　107
図式評定尺度法　86
スピルオーバー　69
性格検査　30
成果主義　39

索　引

成果主義賃金　180
成人の発達プロセス　114
セカンドキャリア　44
セクシュアルハラスメント　185
絶対評価　86
相対評価　85
組織心理学　8
組織の支援　143
措置義務　186

▶た行

退職　42
妥当性　27
田中ビネー式知能検査法　15
多面評価　94
多様な正社員　53
チーム・コミュニケーション　129, 130
チームメンバーの交換関係（TMX）　137
チェックリスト法　87
知的心理検査　14
ディーセントワーク　149, 169
低LMX者　146, 147
定年退職　42
手続き的公正　179
電通事件　174
動作研究　3
トランジション　115-117

▶な行

日本型成果主義　39
人間関係管理　141
人間関係論　5, 127
人間観の変遷　155
ネットワーク　139
能力の3階層モデル　103
ノー・レーティング　100
ノルマ型　183

▶は行

バイアス　95
配慮義務　186
働く人々のニーズ　150
パフォーマンス　80
ハラスメント　128, 129, 141, 143
パワーハラスメント　189, 190
非公式集団　6
非正規雇用　48, 50
ビッグ・ファイブ　30
評価エラー　95
評価者訓練　95
評価の尺度　85, 86
評価要素　79
評定誤差　95
フェイキング　31
ブラック企業　62
ブリッジ就労　44
分布制限法　85
変形労働時間制　181
報酬制度　35, 37
ホーソン実験　5, 127

▶ま行

みなし労働時間制　181
メンター　107
メンタリング　107
メンタルヘルス　128
メンティー　107
目標管理　90, 106
目標管理制度　124

▶や行

役割等級　40
歪み　95

221

▶ ら行

ライフ・キャリア・レインボー　111

ラポール　194

リーダー－メンバーの交換関係（LMX）理論
　131

リテンション　163

リバースメンター制度　144

労働時間制度　180

労働生活の質的向上（QWL）　169

労働の人間化　149

ローズタウンシンドローム　166

6角形モデル　110

▶ わ行

ワーク・ファミリー・エンリッチメント　74

ワーク・ファミリー・コンフリクト　68, 70,
　74

▶ 欧文

CWX　138

CWXs（Coworkers Exchanges）　137

F → WC　71

GATB（General Aptitude Test Battery）　19

JDS　167

K-ABC（Kaufman Assessment Battery for
　Children）　15

KSAOs（Knowledge, Skills, Abilities, and
　Others）　24

LMX（Leader-Member Exchange）　131

LMX のダークサイド　145

LMX 理論　131, 142

Off-JT（Off the Job Training）　105

OJT（On the Job Training）　105

O*NET（Occupational Information Network）
　23

QWL（労働生活の質的向上）　149, 169

TMX（Team-Member Exchange）　137

VPI（職業興味検査）　110

well-being　165

W → FC　71

執筆者一覧

*は編者

金井篤子（名古屋大学大学院教育発達科学研究科）
　　　　　………刊行の言葉

小野公一*（亜細亜大学経営学部）
　　　　　………はじめに，第 7 章

関口和代（東京経済大学経営学部）
　　　　　………第 1 章

今城志保（（株）リクルートマネジメントソリューションズ組織行動研究所）
　　　　　………第 2 章

藤本哲史（同志社大学政策学部）
　　　　　………第 3 章

加藤恭子（日本大学経済学部）
　　　　　………第 4 章

岡田昌毅（筑波大学大学院人間総合科学研究科）
　　　　　………第 5 章

山浦一保（立命館大学スポーツ健康科学部）
　　　　　………第 6 章

廣石忠司（専修大学経営学部）
　　　　　………第 8 章

編者紹介

小野　公一（おの・こういち）

1951 年：静岡県に生まれる
1980 年：亜細亜大学大学院経営学研究科博士後期課程単位取得退学
1980-83 年：株式会社社会調査研究所（現インテージ）勤務
現　　在：亜細亜大学経営学部教授

〈主著・論文〉
　働く女性のメンタルヘルス（共著）　同朋舎　1989 年
　職務満足感と生活満足感（単著）　白桃書房　1993 年
　“ひと”の視点からみた人事管理（単著）　白桃書房　1997 年
　キャリア発達におけるメンタリングの役割（単著）　白桃書房　2003 年
　産業・組織心理学（共編著）　白桃書房　2005 年
　「働く女性」のライフイベント（共著）　ゆまに書房　2007 年
　働く人々のキャリア発達と生きがい（単著）　ゆまに書房　2010 年
　人間関係の心理パースペクティブ（共著）　誠信書房　2010 年
　働く人々の well-being と人的資源管理（単著）　白桃書房　2011 年
　心理学（共著）　勁草書房　2016 年
　産業・組織心理学　改訂版（共編著）　白桃書房　2017 年
　職場におけるソーシャル・キャピタルとその効果に関する実証的研究　亜細亜大学『経営論集』第 54 巻第 1 号，3-24，2018 年

—— 産業・組織心理学講座　第 2 巻 ——

人を活かす心理学

仕事・職場の豊かな働き方を探る

2019 年 11 月 10 日　初版第 1 刷印刷	定価はカバーに表示
2019 年 11 月 20 日　初版第 1 刷発行	してあります。

企画者　産業・組織心理学会
編　者　小 野 公 一
発行所　㈱北 大 路 書 房
　　　　〒 603-8303　京都市北区紫野十二坊町 12-8
　　　　電　話　(075) 431-0361 ㈹
　　　　F A X　(075) 431-9393
　　　　振　替　01050-4-2083

編集・製作　本づくり工房　T.M.H.
装　幀　　　野田和浩
印刷・製本　亜細亜印刷（株）

ISBN 978-4-7628-3085-3　C3311　Printed in Japan© 2019
検印省略　落丁・乱丁本はお取替えいたします。

・ JCOPY 〈㈳出版者著作権管理機構 委託出版物〉
本書の無断複写は著作権法上での例外を除き禁じられています。
複写される場合は，そのつど事前に，㈳出版者著作権管理機構
（電話 03-5244-5088,FAX 03-5244-5089,e-mail: info@jcopy.or.jp)
の許諾を得てください。

産業・組織心理学会設立 35 周年記念出版
産業・組織心理学講座 [全 5 巻]

- ■ 企　画………… 産業・組織心理学会
- ■ 編集委員長…… 金井篤子
- ■ 編集委員……… 細田　聡・岡田昌毅・申　紅仙・小野公一・角山　剛・芳賀　繁・永野光朗

第 1 巻は，すべての心理職が習得すべき産業・組織心理学の知見をコンパクトに解説した標準テキスト。第 2 巻から第 5 巻は，それぞれ「人事部門」「組織行動部門」「作業部門」「消費者行動部門」の研究分野をより深く専門的に扱う。研究者と実務家の双方にとっての必携書。

―― 第 1 巻 ――
産業・組織心理学を学ぶ
心理職のためのエッセンシャルズ
金井篤子 編

―― 第 2 巻 ――
人を活かす心理学
仕事・職場の豊かな働き方を探る
小野公一 編

―― 第 3 巻 ――
組織行動の心理学
組織と人の相互作用を科学する
角山　剛 編

―― 第 4 巻 ――
よりよい仕事のための心理学
安全で効率的な作業と心身の健康
芳賀　繁 編

―― 第 5 巻 ――
消費者行動の心理学
消費者と企業のよりよい関係性
永野光朗 編

各巻Ａ5判・約 240 頁〜280 頁
本体価格：第 1 巻 2400 円／第 2 巻〜第 5 巻 3100 円